모바일 앱의 시작

C 프로그래밍

공학박사 안 동 찬

오성미디어

머 리 말

C 언어는 1972년에 미국 벨 연구소의 데니스 리치(Dennis Ritchie)에 의해 개발된 프로그래밍 언어다. 이 보다 앞선 1969년 벨 연구소의 켄 톰슨(Ken Thompson)이 만든 B 언어의 성능을 개선 시켜 C 언어를 개발하였다. 개발의 주된 목적은 많은 컴퓨터에서 사용되는 운영체제 즉, 유닉스를 제작한다는 것이었다. C 언어는 강력한 기능과 유연성을 가진 언어라서 벨 연구소가 아닌 다른 곳으로도 빠르게 보급 되었다. 이렇게 빠르게 보급되어 세계 많은 프로그래머들이 여러 가지 종류의 프로그램을 작성하는데 C 언어를 사용하기 시작하였다. 하지만 그렇게 사용하면서 여러 기관에서 그들만의 C 언어 표준을 만들어 내어 기관 끼리 모두 전체적인 형태는 같으나, 세부적으로는 다른 C 언어 문장이 나오기 시작하였다. 이러한 문제를 해결하기 위해 미국 국가 표준 협회에서 C 언어에 대한 표준을 제정하기 위해 1983년 설립한 ANSI 표준 C를 제정하였으며, 지금의 거의 모든 C 컴파일러는 이 표준안을 따르고 있다. 그래서 현재 우리는 ANSI 표준 C에 맞춘 컴파일러를 사용하고 있다.

저자가 대학에서 C 언어를 강의한지도 꽤 여러 해가 지나가고 있다. 최근에는 스마트 폰의 붐으로 모바일 애플리케이션 개발에 대한 관심이 그 어느 때 보다 증폭되고 있다. 대부분의 사람들은 최신 유행을 좋아하며 마치 그 유행을 따르지 않으면 큰 일 이라도 날 것처럼 두려워한다. IT 분야에서는 더욱 그러하다. 프로그래밍 언어를 배우는 학생들도 마찬가지이다. 최근에 듣는 많은 질문 가운데 '어떻게 해야 모바일 프로그래밍을 잘 할 수 있느냐?' 이다. 사실 기존 프로그래밍과 모바일 프로그래밍은 크게 다르지 않다. 스마트 폰의 대표적인 운영체제인 안드로이드와 아이폰 OS는 각각 자바와 C 언어를 근간으로 하고 있다. 결국 C 언어로 기본기를 잘 닦아두면 안드로이드 기반의 모바일 프로그래밍뿐만 아니라, C 언어에 근간을 둔 자바를 활용한 아이폰 OS 기반의 모바일 프로그래밍도 문제없을 것이다. 결국 기본에 충실하란 애기이다.

이제 막 이 책으로 프로그래밍을 공부하려는 학생들에게 당부하고 싶다. 글로벌 시대에 국제사회에서 원활한 의사소통을 위해 외국어 한가지쯤 마스터해야 하는 것처럼 IT 분야에서 원활한 의사소통을 위해 그것이 사람이든 컴퓨터든 간에 프로그래밍 언어 하나쯤은 마스터하길 바란다. 이왕이면 C 언어를 마스터 하면 더할 나위 없을 것이다.

이 책은 다음과 같이 구성되어있다. 제1장에서 프로그램의 개발과 C 언어의 구성요소에 대해 설명하고 제2장에서 C 언어의 자료형에 대해 살펴본다. 제3장은 연산자에 대해 살펴보고, 제4장은 순서도에 대해 설명한다. 제5,6,7장은 다양한 제어문을 살펴보고, 제8장에서 배열에 대해 설명한다. 제9장과 제14장은 함수에 대해 설명하고, 제10장은 포인터와 배열에 대해 설명한다. 제11장은 문자열, 제12장은 변수의 통용범위에 대해 그리고 제13장과 제15장은 구조체에 대해 설명한다. 또한, 제16장은 선행처리기 및 사용자 자료 정의 그리고 제17장은 파일 입출력에 대해 설명한다. 제18장은 포인터, 다차원 배열, 함수에 대해 설명하고 마지막 장인 제19장에서는 기억장소의 동적 할당에 대해 설명한다.

끝으로 이 책이 출간되기까지 수고를 아끼지 않으신 오성걸 사장님과 편집진 여러분께 감사드리며, 이 책으로 공부하시는 여러분 모두에게 무궁한 발전을 기원합니다.

2011년 7월

연구실에서

제 1 장

프로그램의 개발과 C 언어의 구성요소

01 프로그래밍 절차

컴퓨터를 이용하여 어떤 문제를 해결하기 위해서는 데이터를 입력하여 논리적인 순서에 따라 처리한 후 출력할 수 있는 프로그램이 작성되어야 한다. 이러한 일을 컴퓨터에게 수행시키기 위한 구체적인 프로그래밍 절차는 다음과 같다.

① 문제의 정의 및 분석
② 알고리즘 작성
③ 프로그램의 작성
④ 프로그램 번역, 테스트, 수정
⑤ 프로그램의 문서화, 유지보수

1.1 문제의 정의 및 분석

문제의 범위와 성질, 얻고자 하는 결과가 무엇인가를 잘 파악해야 한다. 이에 따라 입력 및 출력을 결정한다.

1.2 알고리즘 작성

복잡한 문제를 풀기위해서는 그 상황을 논리화, 구조화할 필요가 있다, 그리고, 그 결과를 가지고 프로그램 작성에 들어가면, 시행착오를 줄일 수이 있고, 효율을 극대화할 수 있다. 문제를 풀 때 컴퓨터가 수행하는 처리 절차를 알고리즘(algorithm)이라 한다. 알고리즘은 프로그램 언어가 아닌 순서도나 우리가 사용하는 일반 언어, 의사코드(pseudocode) 등으로 표현한다. 1부터 10까지의 정수의 합을 구하는 문제에 대한 알고리즘을 예로 들면 다음과 같다.

● 일반 언어를 사용한 경우

① 시작한다.
② 값을 기억할 변수 I와 합한 값을 기억할 변수 S를 모두 0으로 둔다.
③ 변수 I의 값을1증가 시킨다.
④ 합 S와 I값을 더하여 그 값을 합으로 한다.
⑤ I의 값이 10보다 작으면 ③으로 가서 계속한다.
⑥ I와 S의 값을 출력한다.

⑦ 행을 마친다.

또한, 이와 같은 알고리즘을 알기 쉽게 기호로 나타내기도 하는데 그 중 많이 쓰이는 방법이 순서도를 이용하는 방법이다. 이는 뒤에서 자세히 다룰 것이다.

● **의사 코드를 사용한 경우**

알 고 리 즘	의 미
begin	시작한다.
I = 0, S = 0	I와 S값을 0으로 한다.
3 I = I + 1	I값을 1증가시킨다.
S = D + I	합을 누적한다.
If I < 10 then goto 3	10보다 작으면 3으로 가서 계속한다.
write I, S	I와 S값을 출력한다.
end	실행을 마친다.

1.3 프로그램 작성

알고리즘이 완성되면 이 문제를 처리하는데 가장 적합한 프로그래밍 언어를 선정하여 알고리즘을 프로그래밍 언어로 변환하면 프로그램이 된다. 이를 코딩(coding)이라 하고, 이 프로그램을 원시 프로그램(source program)이라 한다.

1.4 프로그램 번역, 테스트, 수정

앞에서 작성한 원시 프로그램은 컴퓨터가 직접 이해하지 못한다. 컴퓨터는 1과 0으로 구성되어 있는 기계어 만을 이해하므로 이 프로그램은 컴퓨터에서 실행시킬 수 없다.

이를 컴퓨터가 이해해서 실행시킬 수 있는 프로그램으로 번역해야 한다. 이렇게 기계어로 번역된 프로그램을 목적 프로그램(object program)이라 한다. 이 번역 과정에서 원시 프로그램에 문법적인 오류가 발생하면 이를 수정해야 한다. 이러한 오류를 구문 오류(syntax error)라 한다.

이렇게 하여 목적 프로그램이 완성되면 프로그램이 내가 원하는 결과를 계산하는지 테스트해야 한다. 프로그램에 문법적인 잘못이 없다 해도 논리적으로 잘못되었다면 틀린 결과를 출력할 것이다. 이와 같은 오류를 논리 오류(logical error)라 한다. 이와 같은 구문오류 및 논리오류를 수정하는 작업을 디버깅(debugging)이라 한다. 모든 디버깅이 끝나면 프로그램이 완성되는 것이다.

1.5 프로그램의 문서화, 유지보수

프로그램이 완성되면 이 프로그램과 관계되는 모든 내용을 문서화(documentation)해야한다. 이는 향후 상황이 바뀌었을 경우 새로운 상황에 맞추어 프로그램을 수정, 유지보수하는데 사용하기 위함이다.

02 C 언어의 사용 환경

위에서 알아본 바와 같이 컴퓨터 프로그래밍은 프로그램 언어가 제공하는 명령어들을 이용하여 원시 프로그램을 작성한 후 이를 컴파일러(compiler)를 사용하여 기계어로 번역하여 실행 가능한 실행화일을 생성하는 것이다. 따라서 프로그램을 개발하려면 번역기 즉, 컴파일러가 있어야 한다.

C 언어 컴파일러로는 PC의 DOS나 Windows에서 사용하는 Turbo-C, MS-C(MicroSoft-C), Borland-C, Visual C++ 등이 있으며, UNIX운영체제에서는 UNIX-C, GNU-C등이 사용되고 있다.

대부분의 PC용 컴파일러는 원시 프로그램을 입력할 수 있는 텍스트 편집기(Text Editor)와 프로그램의 오류를 수정할 수 있는 도구 등 통합개발환경을 제공하고 있다. C 언어를 이용한 프로그램 개발 과정은 다음과 같다.

2.1 원시 프로그램의 작성

일반 텍스트 편집기나 컴파일러에서 제공하는 편집기를 통하여 원시 프로그램(source program)을 작성한다. 작성한 원시 프로그램은 확장자 .c를 갖는 파일로 저장한다.

2.2 원시 프로그램의 컴파일

작성한 원시 프로그램은 컴퓨터가 이해할 수 있도록 컴파일러를 이용하여 기계어로 번역한다. 이 번역된 프로그램을 목적 프로그램(object program)이라 한다. 목적 프로그램은 UNIX에서는 확장자 .o를 가지며, DOS나 Windows에서는 확장자 .obj를 갖는 파일로 저장된다.

2.3 링크

여러 개의 목적 프로그램 및 라이브러리 파일들을 묶어 하나의 실행파일을 생성한다. 이 과정을 링크(link)라 한다. UNIX에서는 자동적으로 a.out이라는 실행파일을 생성하며, DOS나 Windows에서는 확장자 .exe를 갖는 파일을 생성한다.

실습 1-1

자신이 사용할 컴파일러에서 텍스트 편집기의 사용법. 프로그램의 저장 방법. 컴파일 방법 등의 통합사용환경을 익힙시다.

03 C 프로그램의 구성요소

3.1 C 프로그램의 기본 구성

이제 실제 C 프로그램을 작성해 보자. 아래의 예제 1-1을 가지고 C 프로그램의 기본구성에 대하여 알아 보기로 한다.

[예제 1-1] "Hello World"의 출력

```
#include <stdio.h>
main()
{
    printf("Hello World");
}
```

실행결과	Hello World

C 프로그램은 하나 이상의 함수(function)로 구성 된다. 함수는 하나 이상의 문장(statement)으로 구성된다. 함수의 기본 형태는 다음과 같다.

```
함수이름()
{
        문장들
}
```

위의 예제1-1은 main이라는 이름을 갖는 하나의 함수로 이루어져 있다. C 프로그램에서 main() 함수는 필수적이며, 한 프로그램에 오직 하나만 존재해야 한다.(C 언어에서는 알파벳의 대문자와 소문자를 구별한다. 따라서 main 과 Main은 다른 것이다.) 함수에서 중괄호({,})는 함수의 시작과 끝을 나타내며, 이 중괄호 안에 여러 문장들을 나열하게 된다.

문장은 프로그램 실행시 수행하는 하나의 동작을 나타내며, 문장의 끝에 ';' 기호를 붙여야 한다. 한 줄에 여러 개의 문장을 써도 상관없으며, 공백은 무시한다. 예제 1-1에서 main() 함수는 printf("Hello World"); 한 문장으로 이루어져 있다.

C 프로그램은 main() 함수의 첫 번째 문장부터 마지막 문장까지 써있는 순서대로 실행한다. main() 함수의 모든 문장을 실행하고 나면 프로그램의 실행이 종료된다. 예제 1-1은 printf("Hello World"); 한 문장을 실행하고 종료한다.

printf()는 C 언어 컴파일러가 제공하는 표준 라이브러리 함수(standard library function)이다. printf() 함수의 기본 기능은 괄호 안 겹따음표(") 사이에 있는 내용을 그대로 모니터에 출력하는 역할이다. 물론 겹 따음표는 출력하지 않는다. 따라서 위 예제1-1프로그램은

Hello World

라는 문장을 모니터에 출력하는 일을 한다.

C 프로그램의 또 하나의 기본 구성 요소는 헤더 파일(header file)이다. 헤더 파일은 표준 라이브러리 함수들에 대한 정보를 가지고 있다. C 컴파일러는 많은 헤더 파일을 제공 한다. 예제 1-1의

```
#include <stdio.h>
```

는 stdio.h라는 헤더 파일을 이 프로그램에 포함시키는 기능을 한다. 이 stdio.h 파일은 자료의 입출력에 관련된 표준 라이브러리 함수들에 대한 정보를 가지고 있다. 이와 같이 #으로 시

작하는 것을 선행처리기(preprocessor)라 하며 뒤에 자세히 다룰 것이다.

실습 1-2

자신이 사용하는 컴파일러에서 표준 라이브러리와 헤더 파일이 어디에 저장되어 있는지 알아보고 그 종류에 대하여 조사해 봅시다.

3.2 printf() 함수의 사용

앞에서 printf() 함수의 기본 기능에 대하여 알아보았다. 여기서는 printf() 함수의 기능에 대하여 좀더 알아보기로 한다. 예제1-2를 보자.

[예제 1-2] printf() 함수의 사용

```
#include <stdio.h>
main()
{
    printf("Hello World");
    printf("Hello everybody");
}
```

실행결과 Hello World Hello everybody

예제1-2는 두 개의 printf() 문장을 연속적으로 실행하여 printf() 함수 안에 있는 두 개의 문장이 연속적으로 출력된다. 두 번째 문장은 다음 줄에 출력하게 하고자 한다면 예제1-3과 같이 개행문자를 이용하여 해결할 수 있다.

[예제 1-3] 개행문자의 사용

```
#include <stdio.h>
main()
{
```

```
        printf("Hello World ₩n");
        printf("Hello everybody");
    }
```

실행결과

```
Hello World
Hello everybody
```

실행결과에서 보는 바와 같이 두 번째 문장은 다음 줄에 출력되었다. 이것은 '\n'을 개행(newline)문자라 하며, 자신은 모니터에 출력되지 않고 줄을 바꾸어 다음 줄의 맨 앞으로 이동하도록 하는 기능을 가지고 있다.

실습 1-3

예제1-3에 새로운 문장을 삽입하지 않고 다음과 같이 출력되도록 프로그램을 수정해 봅시다.

```
Hello
World
Hello
Everybody
```

3.3 들여쓰기와 주석달기

프로그램에서 하나의 실행 단위를 형성하는 문장의 집합을 블록(block)이라 한다. 대표적인 예로 한 함수 내의 문장들은 하나의 블록을 형성한다.

앞의 예제1-3의 프로그램을 살펴보면, 각각의 라인이 왼쪽을 기준으로 줄이 맞추어져 있다. 그러나 main() 함수 내의 두 문장은 오른쪽으로 일정 정도 들어가 있음을 알 수 있다. C 프로그램을 코딩할 때 이와 같이 새로운 블록이 형성되면 일정한 간격을 두어 들여쓰기(indentation)를 하는 것이 일반적이다.

이와 같은 들여쓰기는 프로그램 실행에는 아무런 영향을 미치지 않는다(C 프로그램은 공백을 무시하기 때문에). 들여쓰기를 하는 이유는 프로그램을 읽기 쉽게 하기 위함이다. 복잡한 프로그램인 경우, 들여쓰기를 하지 않으면 매우 읽기 어려워 진다. 따라서, 향후 유지보수나 원래 개발자가 아닌 다른 프로그래머가 프로그램을 쉽게 이해할 수 있도록 하기 위해서는 프로그램의 들여쓰기는 필수적이다.

같은 이유로 프로그램에 주석(comment)을 달 수 있다. 주석은 프로그램에 들어 있는 설명문이다. 주석은 프로그램의 실행에는 아무런 영향을 미치지 않는다. 단지 프로그램의 이해를 돕기 위한 설명이다. C 프로그램에서 /* 기호와 */ 사이에 있는 내용은 컴파일러가 무시하고 컴파일하지 않는다. 예제1-4는 예제1-3에 주석을 첨가한 프로그램의 예를 보여준다.

[예제 1-4] 프로그램에 주석달기

```
/* Example 1-3 : Using printf() function*/
#include <stdio.h>
main() /* 함수의 시작 */
{
    printf("Hello World ₩n"); /* Hello World의 출력 */
    printf("Hello everybody");
}
```

예제1-4에서 보듯이 전체 프로그램에 대한 설명, 문장이 하는 역할 등 프로그램의 이해를 돕기 위하여 다양한 내용의 주석을 삽입할 수 있다. 들여쓰기와 마찬가지 이유로 프로그램이 복잡해 질수록 이와 같은 주석달기는 프로그램 작성시 필수적이다.

복습문제

01 다음의 용어들을 설명하시오.

(1) 알고리즘
(2) 원시 프로그램
(3) 목적 프로그램
(4) 디버깅
(5) 컴파일
(6) 링크
(7) 들여쓰기
(8) 주석

02 C 언어 프로그램의 개발 절차를 설명하시오.

03 C 언어 프로그램의 기본 구성 요소에 대하여 설명하시오.

연습문제

01 모니터에 다음과 같이 출력되도록 프로그램을 작성하시오(x표시에 자신의 반, 학번, 이름을 써 넣으시오).

```
Program Name : Homework_1.c
Department : Computer Science
Class : x
Identity Number : xxxxxxxx
Name : xxxxxxxxxxx
```

02 모니터에 다음과 같은 형태로 과 친구 5명의 신상을 출력하는 프로그램을 작성하시오. 소스 프로그램 첫머리에 작성한 소스 프로그램의 파일명과 작성자의 이름을 주석으로 넣으시오.

```
------------------------------------------------------------
No.   Name          Height     Weight     Age
------------------------------------------------------------
 1  Hong Gildong    174cm       65kg      20
```

제 2 장

자 료 형

01 변 수

1.1 변수의 개념

앞 장에서 우리는 C 언어 프로그램의 기본 구성과 printf() 함수를 이용해서 문자열(string)을 모니터에 출력하는 방법에 대하여 알아보았다. 1장에서 공부한 바와 같이 프로그래밍이란 입력자료와 프로그램의 내부자료를 이용해서 원하는 출력을 얻기 위한 절차를 프로그램 언어를 이용해서 작성하는 것이다.

프로그램 언어에서 컴퓨터에 자료를 저장하기 위하여 변수(variable)를 사용한다. 변수 란 어떤 값을 저장할 수 있도록 이름이 붙여진 컴퓨터 내의 기억장소를 말한다. 예제 2-1을 보면서 변수에 대하여 알아보자.

[예제 2-1] 변수의 사용

```
#include <stdio.h>
main()
{
    int x, y, z;
    x = 10;
    y = 20;
    z = x + y;
    printf("x + y = %d ₩n", z);
    z = 40;
    printf("z = %d", z);
}
```

실행결과

```
x + y = 30
z = 40
```

위 예제 2-1 프로그램의 실행 과정을 살펴보면 다음과 같다.

1. main() 함수의 첫 문자 int x, y, z; 를 실행한다.

이는 변수를 선언하는 문장이다. 여기서, int는 변수의 자료형이 정수형(integer type)이라는 것을 가르키는 예약어이다. x, y, z는 각각 변수의 이름이다. 즉, 이 문장은 자료형이 정수형인 x, y, z 개의 변수를 선언한 것이다.

C 언어에서 변수를 사용하려면 미리 선언을 해야 한다. 변수의 선언은 함수의 시작부분에 해야 한다. 한 문장에서 여러 개의 변수를 한꺼번에 선언할 수 있으며, 변수사이는 컴마(,)를 이용해서 분리한다. 변수선언의 의미는 컴파일러로 하여금 컴퓨터의 메인 메모리(주기억장치)에 자료를 저장할 장소를 할당하도록 요구하는 것이다.

2. 다음 문장 x = 10;을 실행한다.

대입 연산자(=)의 오른편의 값(정수 10)을 왼편의 변수(x)에 저장하도록 하는 문장이다.

이와 같은 문장을 대입 또는 치환(assignment)문이라 한다. 대입문의 오른편에는 상수뿐만 아니라 변수, 수식 등을 사용할 수 있다.

3. y = 20;을 실행한다.

변수 y에 정수 20을 저장한다.

4. z = x + y; 을 실행한다

변수 x의 값과 변수 y의 값을 더하여 변수 z에 저장하는 문장이다. 10 + 20 즉, 정수 30이 변수 z에 저장된다.

5. printf(" x + y = %d \ n" ,z); 을 실행한다.

printf() 함수는 큰 따옴표 안의 내용을 출력한다는 것을 알고 있다. 그러나, %d는 그대로 출력하는 것이 아니라, 그 위치에 큰 따옴표 다음에 나오는 값(여기서는 변수 z)을 출력하라는 뜻이다. 이를 형식지정자(fomat specifier)라 한다. %d는 정수를 지정하는 형식 지정자이다.

출력결과 : x + y = 30

6. z = 40; 을 실행한다.

변수 z에 기존의 값(30) 대신 정수 40을 저장한다.

7. printf(" z = %d" ,z); 을 실행하고, 프로그램을 종료한다.

즉, %d 자리에 z의 값 40이 출력된다. 출력결과 : z = 40

1.2 변수의 메모리 할당

컴퓨터는 프로그램을 실행하는 동안 프로그램 실행 코드와 자료를 컴퓨터 내에 있는 주기억장치(메인메모리, RAM)에 저장한다.

컴퓨터는 모든 자료를 2진수로 저장한다. 즉, 0과 1만으로 모든 자료를 표현한다. 이와 같이 0이나 1를 저장하는 단위를 컴퓨터에서 비트(bit)라 한다. bit를 8개 모아 바이트(byte)란 단위로 표현한다. 즉, 1byte는 8bit이다. 1024byte를 1k 바이트, 1024byte를 1M바이트로 표현한다.

바이트는 자료를 저장하는 기본단위로 쓰인다. 하나의 영문자 및 특수문자를 저장하는데 1byte를 사용한다. 따라서 컴퓨터의 메모리는 각 byte마다 주소를 가지고 있다. 즉, 메모리는 주소를 갖는 바이트들의 집합으로 간주할 수 있다. 메모리는 그림 2-1과 같이 그림으로 표현할 수 있다.

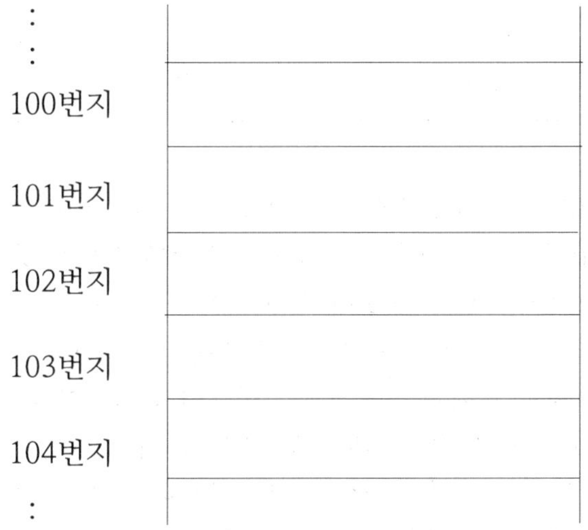

그림 2-1 메모리의 표현

앞에서 언급한 바와 같이 프로그램에서 변수를 선언하게 되면 그 변수를 저장할 수 있는 크기의 메모리를 할당한다. 즉, 컴파일러는 변수가 선언되면, 메모리의 빈곳을 찾아 그 변수를 저장할 수 있도록 기억장소를 할당하는 것이다.

1.3 변수의 종류

변수는 그 종류에 따라 저장 크기가 다르다. 영문자는 1바이트에 저장한다. 1바이트는 256개의 서로 다른 정보를 저장할 수 있다. 따라서 정수나 실수를 저장하기 위해서는 여러 바이트를 이용해야 한다.

변수를 선언할 때, 그 변수에 어떤 자료를 저장할 것인가에 따라 변수의 자료형(data type)을 명시해야 한다. C 언어에서 기본적으로 제공하는 자료형을 정리하면 표 2-1과 같다.

표 2-1 C 언어의 기본 자료형

자료형	예약어(keyword)	메모리크기	값의 저장 범위
문자형	char	1바이트	−128~127
정수형	int	2바이트	−32768~32767
실수형	float	4바이트	−1.2E38~3.4E38
배정도실수형	double	8바이트	2.2E−308~1.8E308

표 2-1에서 보는 바와 같이 자료형에 따라 할당 받는 메모리의 크기가 다르다. 또한, 같은 자료형이라도 컴퓨터 기종에 따라 사용하는 메모리의 크기가 다를 수 있다. 이 표에는 일반적으로 많은 컴퓨터에서 사용하고 있는 메모리 크기를 기술한 것이다.

char 형은 1바이트로 하나의 문자를 저장하기 위하여 사용한다. 프로그램 언어에서 한 문자를 나타내기 위해서는 따옴표 내에 문자를 표기하여야 한다 (예 : 영문자 a를 나타내려면 'a'로 표기함). 일반적으로 문자를 표현하는 데는 ASCII(아스키)코드를 사용한다(부록C참조).

float형과 double형은 모두 실수를 저장할 때 사용하는 자료형이다. 차이점은 double형은 float형보다 두 배의 정밀도로 자료를 저장할 수 있다는 것이다.

변수를 선언하는 방법은 다음과 같다.

```
변수형 변수이름;
```

앞에서 언급한 바와 같이 한꺼번에 같은 자료형의 여러 변수를 선언할 수 있다. 이 때 변수와 변수 사이를 컴마를 이용해서 분리해야 한다. 또한, 변수는 선언과 동시에 그 값을 대입할 수 있다.

예 int n = 10;

위 예는 int형 변수 n을 선언하고 그 값으로 10을 대입하는 것이다. 이와 같은 것을 변수의 초기화라 한다. 일반적으로 변수를 선언하고 초기화하지 않으면 그 변수에는 임의의 값(쓰레기, garbage)이 저장되어 있게 된다(이에 관한 자세한 사항의 "변수의 통용범위"에서 다룰 것이다).

변수의 이름을 지을 때는 다음과 같은 규칙을 따라야 한다.

- C 언어에서 사용하는 예약어(keyword)는 사용할 수 없다.
- 영문자(A~Z, a~z)와 숫자(0~9), 밑줄(_)을 사용한다.
- 영문 대문자와 소문자는 구별한다.(서로 다른 문자이다)
- 첫 문자는 숫자로 시작할 수 없다.
- 31자 이내로 줄수 있다.
- 변수의 역할에 맞는 의미있는 이름을 붙이는 것이 좋다

ANSI C 표준 예약어(keyword)는 다음과 같으며, 이는 변수이름 등의 다른 목적으로 사용할 수 없다.

auto	double	int	long	break	else	long	switch	case	enum
register	typedef	char	extern	return	union	const	float	short	unsigned
continue	for	signed	void	default	goto	sizeof	volatile	do	if
static	while								

자신이 사용하는 컴퓨터나 컴파일러에서 사용하는 자료형의 크기는 sizeof 예약어를 사용하여 알아볼 수 있다. 다음의 예제 2-2를 보자.

예제 2-2에서 볼수 있듯이 sizeof 예약어를 이용하여 각 자료형의 예약어나 변수, 상수를 이용하여 그 저장 메모리 크기를 알 수 있다.

[예제 2-2] 자료형의 크기

```
#include <stdio.h>
main()
{
        char c;
        int i;
```

```
        float f;
        double ff;
        printf("Size of char type = %d bytes ₩n", sizeof(char));
        printf("Size of character 'A' = %d bytes ₩n", sizeof 'A');
        printf("Size of variable c = %d bytes ₩n", sizeof c);
        printf("Size of integer type = %d bytes ₩n", sizeof(int));
        printf("Size of integer 10 = %d bytes ₩n", sizeof(10));
        printf("Size of variable i = %d bytes ₩n", sizeof(i));
        printf("Size of float type = %d bytes ₩n", sizeof(float));
        printf("Size of variable f = %d bytes ₩n", sizeof(f));
        printf("Size of double type = %d bytes ₩n", sizeof(double));
        printf("Size of number 10.0 = %d bytes ₩n", sizeof(10.0));
        printf("Size of variable ff = %d bytes ₩n", sizeof ff);
}
```

실행결과

```
size of char type = 1 bytes
size of character 'A' = 1 bytes
size of variable c = 1 bytes
size of int type = 2 bytes
size of integer 10 = 2 bytes
size of variable i = 2 bytes
size of float type = 4 bytes
size of variable f = 4 bytes
size of double 10.0 = 8 bytes
size of variable ff = 8 bytes
```

C 언어에서는 앞에서 제시한 4개의 기본 자료형 형 수정자를 이용하여 더욱 풍부한 자료형을 사용할 수 있다. 형 수정자에는 다음과 같은 것들이 있다.

◈ signed : 정수의 양수, 음수를 모두 표현하도록 한다. int 형은 기본적으로 양수, 음수를 모두 표현하도록 설정되어 있으므로 불필요하다. char 형이 양수만 표현하도록 설정되어 있는 경우 char 형과 함께 사용한다.

- unsigned : 양수만 표현하도록 한다. 모든 기본 자료형에 적용된다.
- short : int형과 같이 사용하여 그 크기를 반으로 한다. 그러나, int형이 2byte로 지정되어 있는 경우는 의미가 없다(int 형의 최소 크기는 2byte로 규정되어 있기 때문에).
- long : int 형 및 double 형과 같이 사용하여 그 저장크기를 2배로 한다.

이와 같은 형 수정자를 이용하여 사용할 수 있는 자료형을 정리하면 표 2-2와 같다.

표 2-2 확장된 자료형

예약어(keyword)	의 미	메모리 크기	값의 저장범위
unsigned char	부호없는 문자형	1바이트	0~255
unsigned int	부호없는 정수형	2바이트	0~65,535
long int	긴 정수형	4바이트	-2,147,483,648~2,147483,647
unsigned long int	부호없는 긴 정수형	4바이트	0~4,294,967,295
long double	긴 배정도 실수형	10바이트	3.4E-4932~1.1E4932

1.4 상수 변수의 선언

변수를 초기화하면서 선언할 때 변수 자료형 앞에 예약어 const 를 붙이는 경우가 있다.

예 const int n = 100;

이와 같이 예약어 const를 사용하면 이후 이 변수의 값은 일반 대입문으로는 변경할 수 없게 된다. 즉,

n = 200;

과 같은 문장을 오류가 발생하게 된다. 포인터를 이용한다면 이와 같은 상수변수의 값을 변경할 수 있다(포인터에 대해서는 "제10장 포인터와 배열"에서 다룸).

이와 같이 const는 변수가 수정되지 못하도록 상수화하여 사용하고자하는 목적으로 사용한다.

실습 2-1 자료형의 저장 크기

표 2-2의 자료형에 대하여 sizeof 예약어를 이용하여 그 메모리 크기를 출력하는 프로그램을 작성해 봅시다.

02 상수

상수는 변하지 않는 고정된 값을 말한다. C 언어에서 사용하는 기본적인 상수로는 문자, 정수, 실수가 있다.

2.1 문자형 상수

문자형 상수는 문자를 따옴표 안에 표기한다. 다음은 char형 변수 c에 문자상수를 대입하는 예를 보여준다.

```
c = 'A';
C = 65;
```

위 두 문장은 같은 의미를 갖는다. 그 이유는 영문자 'A'는 ASCII 코드에서 10진수로 65이기 때문이다.

일반적인 방법으로 표현할 수 없는 문자나 특별한 의미를 갖는 문자는 표2-3과 같이 이스케이프(escape)문자를 이용하여 나타낸다.

표 2-3 이스케이프 문자

문자	16진수	내용	약호
\0	00	종단(null)문자	NUL
\a	07	경고(내장 bell 울림)	BEL
\b	08	후퇴(back space)	BS
\t	09	수평 탭	HT
\n	0A	개행	LF
\v	0B	수직 탭	VT
\f	0C	새 페이지	FF
\r	0D	복귀	CR
\"	22	이중인용부호	
\'	27	단일인용부호	
\\	5C	백슬래시(\)	

C 언어에서는 여러 문자를 묶어 문자열 상수를 표현할 수 있다. 문자열 상수는 이중 따옴표로 문자들을 묶어 표현한다. 그러나, C 언어는 문자열을 저장할 수 있는 자료형을 제공하지 않는다. 문자열을 저장하는 방법에 대해서는 차츰 배우게 될 것이다.

예 "abcdef" , "Hello World"

2.2 정수형 및 실수형 상수

정수형 상수는 10진수(decimal), 8진수(octal), 16진수(hexadecimal)로 나타낼 수 있다. 8진수는 0에서 7까지의 수로 나타내며 숫자 앞에 접두사 0를 붙인다

예 010(10진수 8), 021(10진수 17)

16진수는 0~9, A~F를 사용하여, 접두사 0x(또는 0X)를 붙여서 나타낸다.

예 0xA(10진수 10), 0X11(10진수 17)

또한, 정수는 접미사 U(또는 u)나 L(또는 l)을 붙여 unsigned 형인지 long형인지를 명시 할 수 도 있다.

예 123U(부호없는 정수형 상수 123), 123L(긴 정수형 상수 123)

실수형 상수는 소수점과 소수부분을 가지고 있는 수로 소수형식이나 지수형식으로 표현할 수 있다.

예 123.45 (소수 형식) , 1.2345E2(=1.2345e2,지수형식)

C 컴파일러는 실수형 상수에 대하여 잠정적으로 double형으로 간주한다. 그러나, 접미사 F(또는 f)나 L(또는 l)을 붙여 float형인지 long double형인지를 명시할 수 있다.

예 123.45F(float 형), 123.45L(long double 형)

03 입/출력 함수

우리는 이미 printf() 함수를 이용하여 모니터에 자료를 출력하는 방법을 알고 있다. 여기서는 printf() 함수에 대하여 좀더 자세히 알아보고 키보드로부터 자료를 입력 받는 방법에 대하여 공부하기로 한다.

3.1 printf() 함수

이미 앞 절에서 printf() 함수에서 정수형 변수의 값을 출력하기 위하여 형식지정자를 사용해 보았다. 각각의 자료형에 대하여 형식지정자가 정의되어 있다. 이를 정리하면 표 2-4와 같다.

표 2-4 형식지정자

형식지정자	의 미
%d, %i	정수를 10진수로 출력
%o	정수를 8진수로 출력
%x, %X	정수를 16진수로 출력, x는 소문자를 X는 대문자를 출력
%u	무부호(unsigned) 정수를 10진수로 출력
%c	문자로 출력
%s	문자열로 출력
%f	실수로 출력(float, double 공통)
%e, %E	지수형식으로 출력

3.2 표준 입력 함수 scanf()

키보드로부터 선언되어 있는 변수에 값을 입력 받기 위하여 scanf() 함수를 이용한다. 그 사용법은 printf() 함수와 유사하다. 그 기본 형식은 다음과 같다.

```
scanf("형식지정자" , &변수이름);
```

여기서, 형식지정자는 뒤에 나오는 변수의 자료형에 따라 printf() 함수에서 사용한 것과 같은 형식지정자를 사용한다(double형인 경우 %lf를 사용). 선언되어 있는 정수형 변수 x에 키보드

로부터 값을 입력받으려면,

```
scanf("%d" , &x);
```

와 같은 문장을 사용한다. 프로그램이 실행 중에 scanf() 함수를 만나면 그 실행을 중단하고 키보드로부터 입력을 기다리게 된다. 사용자가 형식지정자에 맞는 자료를 입력하고 Enter 키를 누르면 자료를 변수에 저장하고 계속 프로그램을 실행한다.

scanf() 함수로 한 번에 여러 개의 변수값을 입력받을 수 있다. 정수형 변수 x와 y에 값을 입력받는다고 하면,

```
scnaf("%d%d" , &x, %y);
```

와 같이 형식지정자와 변수를 차례로 나열하면 된다. 변수들 사이는 콤마로 분리한다. 화살표로 표시한 것과 같이 형식지정자와 변수는 차례로 대응된다. 키보드에서 두 수를 입력할 때 두 수 사이를 공백으로 분리하거나, 한 수를 입력하고 Enter키를 친 후 다음수를 입력하면 된다(함수printf()와 scanf()의 자세한 형식지정에 대해서는 부록B를 참조 할 것).

다음의 예제2-3은 정수와 실수를 입력받아 출력하는 예이다.

[예제 2-3] 변수의 입출력

```
#include <stdio.h>
main()
{
        int i;
        float f;
        printf("Input an integer :");
        scanf("%d", &i);
        printf("i = %d ₩n", i);
        printf("Input a float number :");
        scanf("%f", &f);
        printf("f = %f", f);

}
```

실행 예

```
입력 : Input an integer : 10 [Enter↵]
출력 : i = 10
입력 : Input a float number : 10.1 [Enter↵]
출력 : f = 10.100000
```

실습 2-2 변수값의 입 · 출력

키보드로부터 두 개의 정수값을 변수에 입력받아 그 합을 출력하는 프로그램을 작성해 봅시다. 또한, 입력값을 실수로 바꾸어 봅시다.

04 형 변환

4.1 자동 형 변환

C 언어의 문장은 일반적으로 같은 형의 변수나 상수를 사용하지만, 서로 다른 자료형을 혼합해서 사용할 수 있다. 이와 같이 수식이나 대입문에서 여러 자료형을 혼용할 때 C컴파일러는 규칙에 따라 자동으로 자료형을 변환(type conversion)시킨다.

대입문에서 왼쪽 항과 오른쪽 항이 서로 자료형이 틀릴 경우 왼편 항의 자료형으로 변환된다. 즉, 다음과 같은 경우

```
int x;
x = 10.01;
```

변수 x에는 정수값 10이 저장된다.

수식 내의 모든 char 값은 계산하는 동안 자동적으로 int로 변환된다. 따라서, char는 정수나 실수와 연산이 가능하다.

두 개의 다른 자료형 간 연산이 이루어질 때, 우선 순위가 낮은 자료는 두 형 중 우선순위가 높은 형으로 자료형이 바뀌어 계산 결과는 우선 순위가 높은 자료형이 된다. 자료형의 우선순위는 저장 크기가 클수록 높다. 우선순위는 다음과 같다.

double > float > long > int > short > char

다음 예제 2-4를 살펴보자.

[예제 2-4] 자료형 자동변환

```
#include <stdio.h>
main()
{
        char ch;
        int i;
        float fl;
        fl = i = ch = 'A';
        printf("ch = %c, i = %d, fl = %2.2f ₩n", ch, i, fl);
        ch = ch + 1;
        i = fl + 2*ch;
        fl = 2.0*ch + i;
        printf("ch = %c, i = %d, fl = %2.2f ₩n", ch, i, fl);
}
```

실행결과

```
ch = A, i = 65, fl = 65.00
ch = B, i = 197, fl = 329.00
```

4.2 강제 형 변환 : cast 연산자

위에서 살펴본 바와 같이 규칙에 자동적으로 형 변환이 일어나지만, cast 연산자를 이용하여 강제적으로 자료형을 변환시킬 수 있다. cast 연산자의 사용형식은 다음과 같다.

(자료형) 값

이와 같이 하여 값(변수 또는 상수)의 자료형을 괄호 내에 명시한 자료형으로 강제로 형 변환을 시킨다. 예제 2-5를 보면 그 의미가 명확해 질 것이다.

예제2-5에서 변수 i의 값은 1.6+1.5 = 3.1이 대입시 정수형으로 바꾸면 3이 된다. 변수 j값은 cast 연산자에 의하여 1+1 = 2가 된다.

[예제 2-5] cast 연산자의 사용

```
#include <stdio.h>
main()
{
        int i, j;
        float f;
        f = 1.6;
        i = f + 1.5;
        j = (int)f + (int)1.5;
        printf("i = %d, j = %d", i,j);
}
```

실행결과 i = 3, j = 2

복습문제

01 다음의 용어들을 설명하시오.

(1) 변수
(2) 상수
(3) 변수의 선언
(4) 자동 형 변환

02 변수 이름을 짓는 규칙에 대하여 설명하시오.

연습문제

01 표 2-2의 자료형에 대한 변수를 하나씩 선언하여 그 변수에 임의의 값을 대입하여 출력하는 프로그램을 작성하시오.

02 키보드로부터 영문자 대문자를 입력 받아 소문자로 바꾸어 출력하는 프로그램을 작성하시오.

03 키보드로부터 양의 실수를 입력받아 소수점 둘째 자리에서 반올림하여 출력하는 프로그램을 작성하시오(cast 연산자를 이용할 것).

제 3 장

연산자

01 문장과 수식

1.1 수식

수식은 연산자(operator)와 피연산자(operand)를 조합하여 구성하며, 어떤 결과 값을 갖는 것을 말한다. C 언어에서 사용하는 연산자는 수학에서 사용하는 사칙연산을 포함하여 다양하다. 피연산자는 상수와 변수를 사용한다. C 언어의 수식은 다음과 같이 다양한 형태를 갖는다.

10 : 정수 10를 나타낸다
−10 : 정수 −10를 나타낸다
10+i : 정수 10과 변수 i의 값을 더한다
10 〈 20 : 정수 10과 20의 크기를 비교한다. 그 결과는 참(1)이다.

본 장에서는 C 언어에서 사용하는 연산자에 대하여 자세히 살펴볼 것이다.

1.2 문장

컴퓨터에게 어떤 일을 수행하도록 지시하는 명령을 문장(statement)이라 한다. 문장은 프로그램을 구성하는 기본 요소이며, 프로그램은 문장들의 나열이라 볼 수 있다. C 언어에서 문장의 RMx을 나타내기 위하여 세미콜론(;)을 문장 끝에 붙여야 한다.

단순히 세미콜론으로만 이루어진 문장도 있다. 이는 아무 일도 하지 않는 빈 문장이다. 빈 문장에 대해서는 후에 그 사용 이유를 알게 될 것이다.

C 언어의 문장은 그 역할에 따라 다음과 같은 종류로 나눌 수 있다.

(1) 선언문(Declaration statement) : 변수나 함수를 선언하는 문장을 말한다. 변수의 선언은 이미 알고 있으나, 함수의 선언에 대해서는 후에 알아볼 것이다.

예 int i; /* 정수형 변수 i의 선언 */

(2) 대입문(Assignment statement) : 변수에 값을 할당하는 문장을 말한다.

예 i = 10 +j; /* 변수 i에 10과 변수 j 값의 합한 값을 할당 */

(3) 함수 호출문 : 함수를 호출하여 함수를 수행시키는 문장.

예 printf("Hello World"); /* printf() 함수를 호출하여 “Hello World"를 출력하도록 함 */

02 대입, 산술, 증가, 감소 연산자

2.1 대입, 산술 연산자

수학에서 사용하는 등호(=)를 C 언어에서는 대입 연산자라 한다. 수학에서는 등호의 좌측항과 우측 항이 같다는 의미지만, 프로그램에서는 '='의 우측 수식 값을 좌측 변수에 할당한다는 의미를 가지고 있다. 따라서, 대입 연산자로 이루어진 문장에서는 대입 연산자의 우측 수식을 먼저 계산하여 좌측의 변수에 저장하게 된다. 당연히 좌측에는 변수만이 올 수 있다.

대입 연산자는 한 문장 내에서 한꺼번에 여러 개를 함께 사용할 수 있다.

```
x = y = z =2;
```

이때 연산 순서는 우측에서 좌측으로 차례로 이루어 진다.

대입 연산자와 산술연산자를 정리하면 표3-1과 같다.

표 3-1 산술연산자

연산자	사용 예	의 미
+	+x	양의부호(단항 연산자)
-	-x	음의 부호(단항 연산자)
+	x + y	변수 x와 y값을 더함
-	x - y	변수 x값에서 y값을 뺌
*	x*y	변수 x값과 y값을 곱함
/	x/y	변수 x값을 y값으로 나눔
%	x%y	변수 x값을 y로 나눈 나머지
=	y= x + 10	변수 x값과 10를 더한 결과를 변수 y에 저장

나머지를 구하는 %(모듈로)연산자는 당연히 피연산자로 정수만을 쓸 수 있다.

[예제 3-1] 산술연산자의 사용

```
#include <stdio.h>
main()
{
        int i, j;
        float f;
        i = 4; j = 10;
        f = 4.0;
        printf("4/10*10 = %d₩n", i/j*10);
        printf("4.0/10*10 = %f₩n", f/j*10);
        printf("10 modulus 4 = %d", 10%4);
}
```

실행 예

```
4/10*10 = 0
4.0/10*10 = 4.000000
10 modulus 4 = 2
```

2.2 증가, 감소 연산자

증가, 감소 연산자는 변수의 값을 1씩 증가시키거나 감소시키는 역할을 하는 단항 연산자이다. 연산자는 변수의 앞(전치, prefix)에 올 수도 있고 뒤(후치, postfix)에 올 수도 있다. 각각의 경우는 다소 차이가 있다.

표 3-2 증가, 감소 연산자

연산자	사용 예	의 미	설 명
++	++x 또는 x++	x = x+1	변수 x의 값을 1 증가시킴
--	--x 또는 x--	x = x-1	변수 x의 값을 1 감소시킴

증가, 감소 연산자의 전치와 후치의 차이점을 알아보자.
다음과 같이 대입문에서 전치의 경우는 그 의미가 다음과 같다.

y = ++x;　　　→　　　x = x + 1; y = x;

와 같이 두 문장이 차례로 실행되는 것과 같은 의미를 갖는다. 즉,x값을 1증가시킨 다음, 증가된 x의 값을 y에 할당한다.

후치의 경우를 살펴보면,

y = x++;　　　→　　　y = x; x = x +1;

와 같이 x값을 y에 할당한 다음, x의 값을 증가시킨다. 감소 연산자의 경우도 위의 증가 연산자와 같은 의미로 쓰인다.

[예제 3-2] 증가, 감소 연산자의 사용

```
#include <stdio.h>
main()
{
        int x, y, z;
        x = y = 1;
        z = x++ - 1;
        printf("x = %d, y = %d, z = %d₩n", x, y, z);
        z = ++x + y--;
        printf("x = %d, y = %d, z = %d₩n", x, y, z);
}
```

실행 예

```
x = 2, y = 1, z = 0
x = 3, y = 0, z = 4
```

실습 3-1 증가, 감소 연산자의 이용

아래 프로그램을 실행해 보고, 밑줄 친 두 문장을 한문장으로 고쳐 실행해 봅시다.

```
#include <stdio.h>
main()
{
```

```
        int a, b=10
        b=b+1;
        a = b*2;
        printf("a is %d \n b is %d\n", a, b);
}
```

03 관계, 논리 연산자

관계연산자와 논리연산자를 사용한 수식의 그 결과값은 참(true)이나 거짓(false)으로 나타난다. C 언어에서 수식의 결과가 참이면 1, 거짓이면 0으로 나타난다. 또한 모든 수식의 결과값이 0이면 거짓으로 판정하고, 0 이외의 수는 참으로 판정한다.

3.1 관계 연산자

관계 연산자는 연산자 좌우항의 대소관계를 비교하는 연산자이다. 이를 정리하면 [표 3-3]과 같다.

표 3-3 관계연산자

연산자	사용 예	의 미
<	x<y	변수 x와 y값의 크기 비교, 결과 :y가 크면 참 그렇지 않으면 거짓
>	x>y	x가 y보다 크면 참 그렇지 않으면 거짓
<=	x<=y	y가 x보다 크거나 같으면 참, 그렇지 않으면 거짓
>=	x>=y	x가 y보다 크거나 같으면 참, 그렇지 않으면 거짓
==	x==y	x와 y가 같으면 참, 그렇지 않으면 거짓
!=	x!=y	x와 y가 같지 않으면 참, 같으면 거짓

수학에서 '='는 좌, 우항이 같다(등호)는 의미로 사용되나, C 언어에서 대입 연산자로 사용됨을 알고 있다. C 언어에서 이와 같은 등호의 역할을 하는 것이 '==' 연산자이다.
'!=' 연산자는 이와 반대의 의미로 사용된다

3.2 논리 연산자

논리연산자는 연산자 좌우항의 논리적 관계를 판단하는 연산자이다. 이를 정리하면 표 3-4와 같다.

표 3-4 논리연산자

연산자	사용 예	의 미	결 과
!	!x	논리부정(NOT)	변수 x가 0이면 1(참), 그외의 값이면 0(거짓)
&&	x&&y	논리곱(AND)	변수 x와 y가 모두 참(0이외의값)이면 1(참), 그외의 경우는 0(거짓)
||	x || y	논리합(OR)	변수 x와 y가 모두 거짓(0)이면 0(거짓), 그외의 경우는 1(참)

[예제 3-3] 관계, 논리연산자의 사용

```
#include <stdio.h>
main()
{
    int x, y, z, n;
    x = 0; y = 1; z = 2;
    n = x < y;
    printf("n = %d, (1>=2) = %d ₩n", n, 1>=2);
    printf("(y<z) = %d, (y!=z) = %d, (y==z) = %d ₩n", y<z, y!=z, y==z);
    printf("(!0) = %d, (!1) = %d, (!10) = %d ₩n", !0, !1, !10);
    printf("0&&1 = %d, 2&&1 = %d, (x<y && y<z) = %d ₩n",0&&1,2&&1,x<y&&y<z);
    printf("0||0 = %d, 2||0 = %d, (x>y||y<z) = %d ₩n",0||0,2||0,x>y||y<z);
}
```

실행 예

```
n = 1, (1>=2) = 0
(y<z) = 1, (y!=z) = 1, (y==z) = 0
(!0) = 1, (!1) = 0, (!10) = 0
0&&1 = 0, 2&&1 = 1, (x<y && y<z) = 1
0||0 = 0, 2||0 = 1, (x>y || y<z) = 1
```

실습 3-2

아래에 기술되어 있는 내용을 C 언어의 수식으로 표현하고, 주어진 변수의 값이 아래와 같을 때 수식의 결과를 프로그램으로 알아 봅시다.

(1) 정수형 변수 number는 1보다 크거나 같지만 9보다 작다.
number = 8

(2) 정수형 변수 ch는 q와 같지 않거나 k보다 크다.
ch = 8, q = 10, k = 5

04 복합 대입 연산자, 그 외의 연산자

4.1 복합 대입 연산자

C 언어에서는 대입문에서 변수의 값이 일정하게 증가, 감소한다거나 일정한 비율로 변할 때 산술연산자와 함께 묶어 사용할 수 있는 간편한 연산자를 제공한다. 이러한 복합 대입 연산자를 정리하면 표 3-5와 같다.

표 3-5 복합 대입 연산자

연산자	사용 예	의 미
+=	x+=2	x=x+2
−=	x−=y	x=x−y
*=	x*=y+1	x=x*(y+1)
/=	x/=2.0	x=x/2.0
%=	x%=2	x=x%2

증가, 감소 연산자를 복합 대입 연산자를 이용하여 표현하면 다음과 같다.

```
++x;   →   x+= 1;
--x;   →   x-= 1;
```

4.2 조건부 연산자, 나열 연산자

주어진 조건에 따라 실행을 달리할 수 있는 연산자가 있다. 이를 조건부 연산자라 하며 그 형식은 다음과 같다.

수식 ? 식1 : 식2

수식의 조건을 검사하여 그 조건이 참이면 식1을 수행하고, 거짓이면 식 2를 수행한다. 다음과 같은 문장은

```
y = (x>0) ? x+1 : x-1;
```

변수 x 값이 0보다 크다면,

```
y = x+1;
```

와 같이 수행되고, 변수 x값이 0보다 작거나 같다면,

```
y = x-1;
```

와 같이 수행될 것이다.

예제 3-4는 조건부 연산식을 이용하여 입력받은 두 정수 중 큰 수를 구하는 프로그램을 보여주고 있다.

여러 개의 문장을 쉼표(,)로 묶어 하나의 문장으로 표현할 수 있다. 이때 사용하는 쉼표를 나열연산자라 한다. 다음과 같은

```
x = 1; y = 2; z+=1;
```

3개의 문장은 나열연산자를 이용하여

```
x = 1, y = 2, z+=1;
```

과 같이 한 문장으로 표현할 수 있다. 이때 연산순서는 좌에서 우로 진행된다. 이와 같은 나열연산자의 구체적인 사용 예는 후에 for문을 공부하면서 나오게 된 것이다.

[예제 3-4] 조건부 연산식을 이용한 큰 수 구하기

```
#include <stdio.h>
main()
{
    int x,y,z;
    /* 두 정수를 입력 */
    printf("Enter an integer number:");
    scanf("%d",&x);
    printf("Enter another integer number:");
    scanf("%d",&y);
    /* 큰 수를 찾아냄 */
    z = (x>y) ? x : y;
    printf("%d",z);
}
```

실습 3-3 조건부 연산자의 이용

한 실수를 입력 받아 그 수의 절대값을 출력하는 프로그램을 조건부 연산자를 이용하여 작성해봅시다.

05 연산자의 우선순위

표 3-6 연산자의 우선 순위

연산자우선순위	적용방향
()	→
! ++ -- (자료형):cast연산자	←
* / %	→
+ -	→
< <= > >=	→
== !=	→
&&	→
‖	→
?:	→
= += -= *= /= %=	←
,	→

지금까지 우리는 C 언어에서 사용하는 연산자에 대하여 정리해 보았다. 하나의 수식에 여러 연산자가 사용되면 그 연산순서를 알아야 한다. 여기서, C 언어에서 사용하는 연산자들에 대한 연산 우선순위를 정리한다.

연산자 적용방향은 같은 우선 순위의 연산자들이 섞어 있는 경우 좌측에서 우측으로 적용하는 방법과 우측에서 좌측으로 적용하는 방법이 있다.

여러 연산자가 함께 쓰이는 복잡한 수식을 사용하는 경우 가장 연산 순위가 높은 ()(중괄호)를 이용하여 연산순서를 명확히 나타내는 것이 프로그램의 해독력을 높이는 바람직한 프로그램 방법이다.

복습문제

01 수식과 문장의 차이점에 대하여 기술하시오.

02 C 언어에서 사용하는 연산자의 우선순위를 정리하시오.

03 다음 수식들의 참, 거짓을 판별하시오.

(1) 100 > 10
(2) 'A' > 'C'
(3) 100 <= 10
(4) 100 > 10 && 'A' > 'C'
(5) 100 > 10 || 'A' > 'C'
(6) !(100>10)
(7) 100 > 10 || 100<=10&& 'A' > 'C'

연습문제

01 아래에 기술되어 있는 내용이 변수의 값이 아래와 같을 때 그 결과를 프로그램으로 알아보시오.

예 정수형 변수 number는 1보다 크거나 같지만 9보다 작다.

number 〉= 1 && number 〈9

(1)정수형 변수 number는 1과 9 사이의 수이지만 5가 아니다. number = 5
(2)정수형 변수 number는 1과 9 사이의 수가 아니다. number = 5
(3)정수형 변수 numner는 1보다 작거나 9보다 크고, 0은 아니다. number = 0

02 한 문자를 입력받아 그 문자가 영문자인지를 판정하여 영문자이면 그 ASCII 코드 값을 출력하고 영문자가 아니면 "Out of range"라는 문자열을 출력하는 프로그램을 작성하시오(조건부 연산자를 이용할 것).

제 4 장

순서도

01 순서도

복잡한 문제를 풀기 위해서는 그 상황을 논리화, 구조화할 필요가 있다. 그리고, 그 결과를 가지고 프로그램 작성에 들어가면, 시행착오를 줄일 수 있고, 효율을 극대화할 수 있다. 문제를 풀 때 컴퓨터가 수행하는 처리 절차를 프로그램 언어가 아닌 우리가 사용하는 일반언어나 의사코드(pseudo code)로 사용자가 이해하기 쉽게 작성한 것을 알고리즘(algorithm)이라 한다. 순서도(Flowchart)는 시각적으로 알고리즘을 표현하는 방법이다.

순서도란 약속된 기호를 사용하여 프로그램의 순서를 그림으로 표시하는 것이다. 순서도는 자료를 처리하는 방법, 작업의 흐름, 작업의 순서 등을 국제 표준화 기구(ISO)에서 제정한 기호를 사용하여 표현한다.

표4-1에서 순서도를 그리는데 사용되는 기호들 중에서 자주 사용되는 기호를 나타내었다.

표 4-1

기 호	의 미	내 용
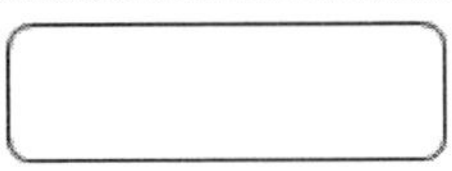	터미널(terminal)	순서도의 시작 또는 끝
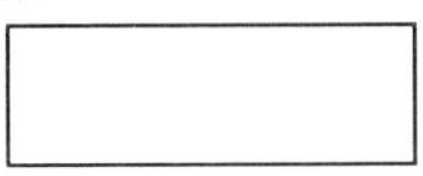	처리(process)	자료를 처리하는 내용
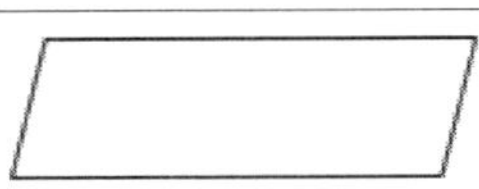	입•출력(input/output)	입력 또는 출력
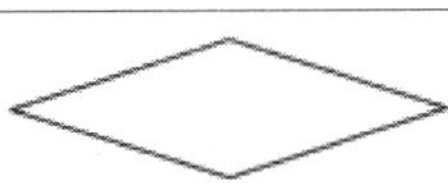	판단(decision)	조건문
	연결자(connector)	다른 순서도로의 출구 또는 입구
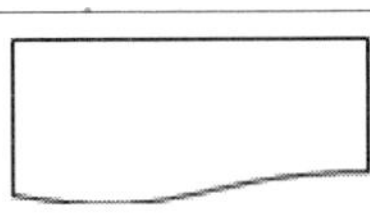	인쇄(print)	인쇄되는 자료 이름
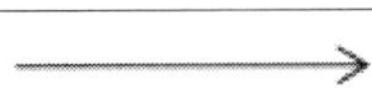	흐름선(flow line)	기호들을 연결하는 기능
	준비(preparation)	각종 초기치 설정

(가) 터미널 기호

시작과 끝의 구분은 터미널 기호 안에 시작 또는 끝이라 표기하면 된다. 순서도의 시작은 한 곳에서 하지만 끝은 여러 개 있을 수 있다.

(나) 처리기호

자료를 처리하는 명령문을 위하여 사용한다.

(다) 입 • 출력 기호

입 • 출력 매체와 입출력 자료의 이름을 표기한다.

(라) 판단 기호

조건을 주어 조건이 참이냐 거짓이냐에 따라 흐름선 따라가도록 한다.

(마) 흐름선 기호

기호와 기호 사이를 실행 순서에 따라 연결한다.

(바) 연결자 기호

순서도를 여러 장에 나누어 그릴 경우 연결자로 표시한다.

02 순서도의 작성

C 언어는 실행시 main() 함수에서 시작하여 기술된 순서대로 문장들을 실행한다. 따라서, 기본적으로는 실행순서가 순차적이다. 또한, C 언어는 다음 장에서 다룰 제어문을 통하여 조건에 따라 실행을 분기할 수도 있고, 일정한 문장을 반복적으로 수행할 수도 있다. 여기서는 이와같은 실행형태를 구분하여 순서도를 작성해 보도록 한다.

2.1 순차형

기본적인 실행 형태로 실행순서가 위에서 아래로 순차적으로 내려가는 형태이다. 기본형태는 다음과 같다.

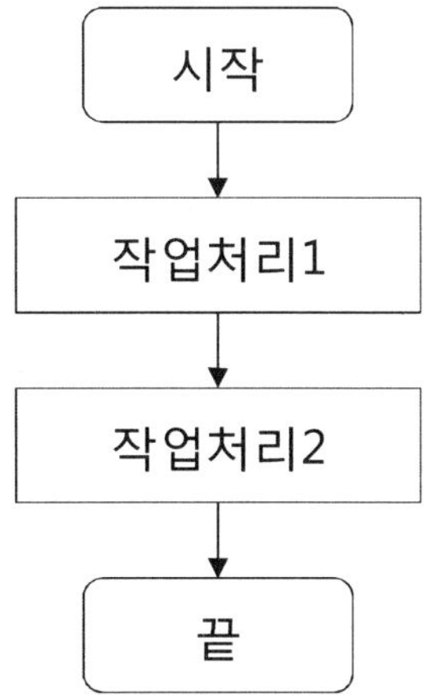

그림 4-1 순차형의 기본형태

두 개의 정수를 읽어 그 내용을 출력하는 순서도를 작성한다고 하자. 두 수를 읽는 과정과 읽어들인 두 수를 출력하는 과정이 순차적으로 이루어진다. 두스를 변수 x와 y에 저장한다고 하면, 순서도는 그림 4-2와 같다.

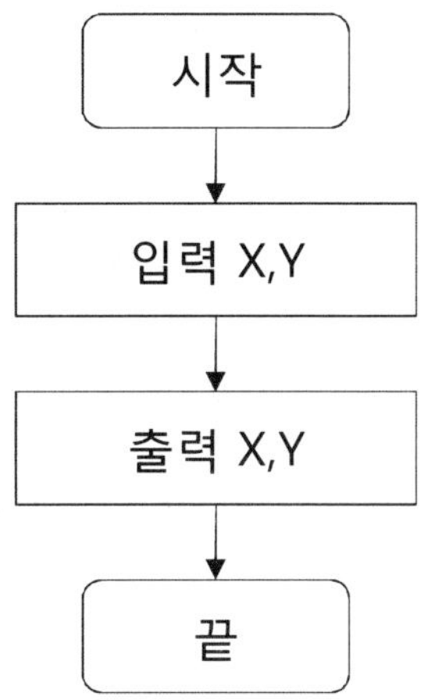

그림 4-2 두 정수의 입•출력

실습 4-1

표준입력으로부터 두개의 정수를 읽어 그 내용과 두 수의 합, 차를 출력하는 순서도를 작성해 봅시다.

● 문제분석

두 수의 입력과정, 두 수의 합과 차를 구하는 과정, 결과를 출력하는 과정이 순차적으로 일어난다. 필요한 변수는 다음과 같다.

x:첫번째 읽은수 y:두번째 읽은수
sum:두 수의 합 sub:두 수의 차

2.2 분기형

주어진 조건에 따라 실행할 작업이 달라질 수 있다. 즉, 판단 기호 안의 조건이 참인가 거짓인가에 따라 실행이 분기되는 형태이다. 그 기본형태는 그림 4-4와 같다.

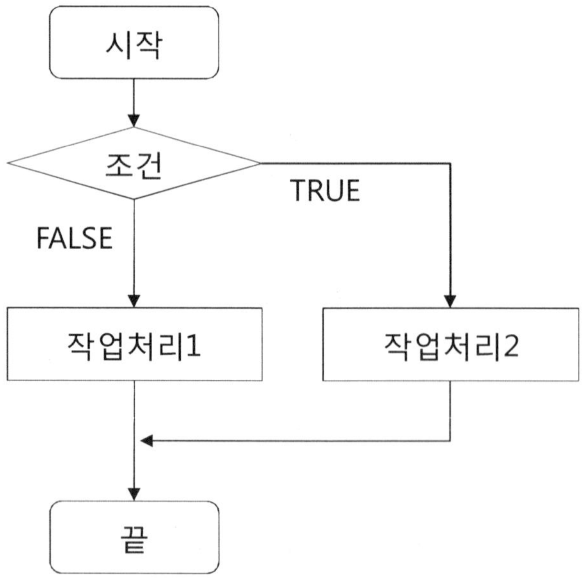

그림 4-3 분기형의 기본형태

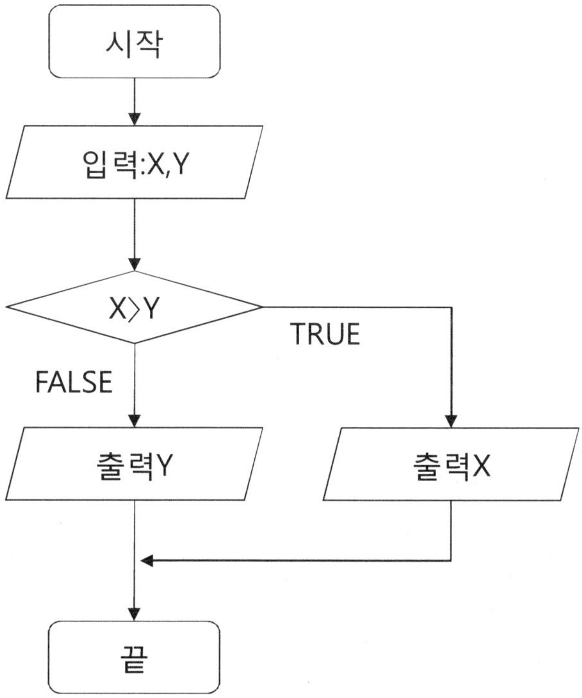

그림 4-4 두수중 큰수의 출력

두 정수를 읽어 들여 두 정수중 큰 값을 출력하는 순서도를 작성한다고 하자. 우선 두 수를 키보드로부터 읽어 들이는 입력부분이 있어야 하며, 다음 두 수의 크기를 비교하여 큰수를 출력한다. 따라서 두 수를 비교하는 조건에 따라 아래의 순서도와 같은 분기 형태를 가진다. 두 수를 x와 y라 하면 순서도는 그림 4-4와 같다.

실습 4-2 조건부 연산자의 이용

키보드로부터 두개의 정수n1, n2를 입력받아 . 그 중 큰 수를 n1에 작은 수를 n2에 기억시킨 후, 두 수를 모니터에 출력하는 순서도를 작성하시오.

● 문제분석

두개의 정수를 입력 받는 부분, 두 수의 크기를 비교하여 n2가 클 경우 n1과 n2를 바꾸는 부분(n1이 n2보다 클경우 두 수의 교환과정이 필요 없다), 두 수를 출력하는 부분으로 나눌 수 있다. 필요한 변수는 다음과 같다.

n1:첫번째 읽은 수
n2:두번째 읽은 수
temp:두 수를 교환할때 임시 저장할 곳

2.3 반복형

판단 기호 안의 조건이 만족되는 한 같은 작업을 반복적으로 실행하는 형태이다. 그 기본형태는 그림 4-5와 같다.

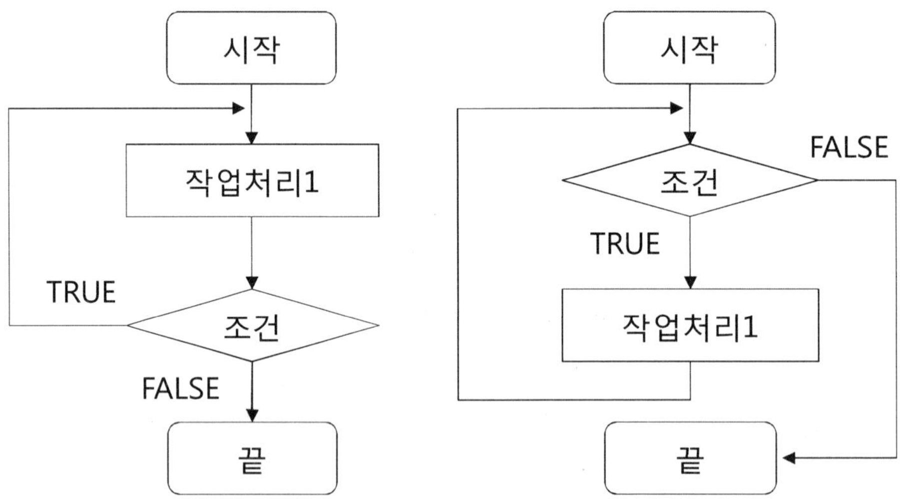

그림 4-5 반복형의 기본형태

1부터 100까지 더하여 그 결과를 출력하는 순서도를 작성한다고 하자. 1 + 2 + ... +100를 한 번에 계산해도 된다. 그러나, 이렇게 하려면 1부터 100까지 100개의 숫자를 모두 써주어야 한다. 만약 1부터 10000까지 더하면 10000개의 숫자를 써 주어야 한다.
따라서 한 변수를 설정하여 1부터 100까지 1씩 증가 시키면서 이 변수의 값을 반복적으로 더하기를 하여 합을 구하는 것이 더 합리적이다. 따라서, 반복형태의 순서도를 작성할 수 있다. 이 증가값을 저장할 변수를 inc, 합을 저장할 변수를 sum이라 하고, sum과 inc의 초기값으로 0을 설정해야 한다. 순서도는 다음 그림 4-6과 같다.

실습 4-3

1에서 1000까지의 수 중 3의 배수만을 출력하는 순서도를 작성해 봅시다.

● 문제분석

위의 예와 거의 같은 방법으로 순서도를 작성할 수 있다. 다만 증가값을 3씩 증가시키면서 그 값을 출력하면 된다.

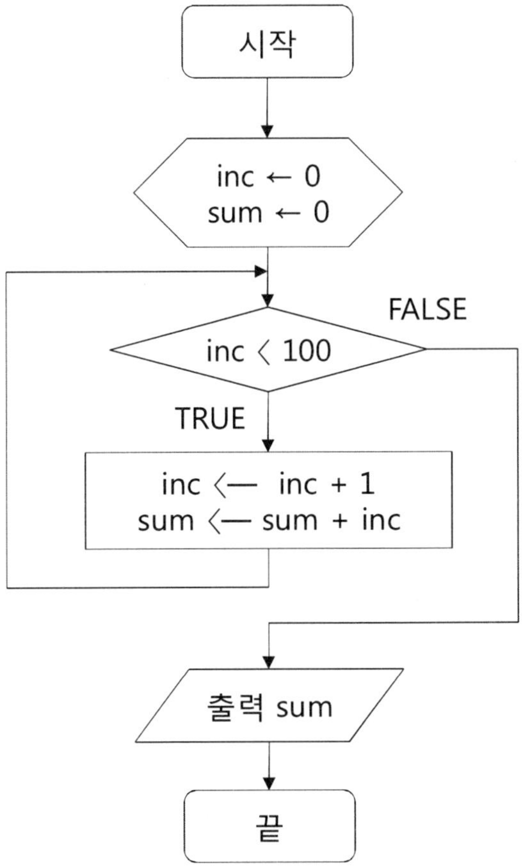

그림 4-6 1에서 100까지의 합 구하기

2.4 혼합형

실제로 우리가 해결해야 할 대부분의 문제는 위에서 제시한 3가지 기본형들을 혼합한 형태로 나타난다.

실습 4-4

정수를 입력하여 짝수면 "EVEN", 홀수이면 "ODD"라 출력하는 과정을 입력값이 0일때 까지 계속하는 순서도를 작성해 봅시다.

● **문제분석**

입력한 정수를 비교하여 짝수인가(즉, 정수를 2로 나눈 나머지가 0임) 홀수인가에 따라 결과를 출력한다. 위의 과정을 0이 입력될 때까지 반복한다. 필요한 변수는 다음과 같다.

n : 입력한 정수

연습문제

01 하나의 수를 입력하여 그 수가 양수일 때는 "positive", 영일 때는 "zero", 음수일 때는 "negative"라 출력하는 순서도를 작성해 봅시다.

● 문제분석

하나의 수를 입력하는 부분, 입력받는 수가 영인지 판단하여 출력하는 부분, 영이 아닐 경우 영보다 큰지 작은지를 판단하여 출력 부분으로 나눌 수 있다. 따라서 조건에 의한 판단이 두번 필요하게 된다. 필요한 변수는 다음과 같다.

n : 입력받은수

02 구구단을 출력하는 순서도를 작성해 봅시다.

● 문제분석

구구단은 2단부터 9단까지 있으며, 또한, 각각의 단은 1부터 9까지 반복된다. 따라서 그 실행 형태가 이중 반복 형태를 취한다. 바깥쪽 반복은 2에서 9까지 이고, 그 내부에서 1부터 9까지 반복하면서 출력하는 형태로 순서도를 작성 할 수 있다. 필요한 변수는 다음과 같다.

i : 바깥 쪽 반복을 위한 증가값
j : 안쪽 반복을 위한 증가값
k : i*j값

03 두 정수를 입력하여 두 정수 사이에 있는 정수들의 합을 계산하여 출력하는 순서도를 작성해 봅시다.

● 문제분석

두 정수의 크기를 비교하여 작은수를 1씩 증가시키면서 더해나가던가, 큰 수를 1씩 감소시키면서 더해나간다. 따라서, 두 정수를 비교한 결과에 따라 분기하여 각각의 분기마다 반복하여 합을 구한다. 필요한 변수는 다음과 같다.

m : 첫번째 입력값
n : 두번째 입력값
sum : 합한 값

제 5 장

제어문(I) - 조건분기문 if

01 단일조건 if 문

if 문은 주어진 조건에 따라 실행을 달리하여 분기 형태로 실행하도록 하는 제어문으로 C 언어의 조건분기문 중 가장 많이 사용된다. 가장 단순한 형식의 if 문은 다음과 같다.

```
if(수식) 문장 1;
```

if 문 소괄호 속의 수식을 판정하여 그 결과가 참이면 뒤의 문장 1을 수행하고, 거짓이면 뒤의 문장1을 수행하지 않고 건너뛰어 if 문 다음 문장을 실행한다. 이를 순서도로 표현하면 그림 5-1과 같다.

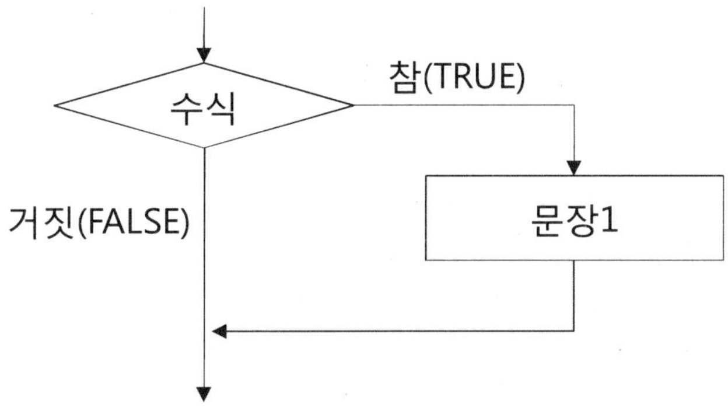

그림 5-1 단일조건 if 문의 순서도 표현

예제 5-1 은 하나의 정수를 입력받아 그 수의 절대값을 구하여 출력하는 프로그램을 if 문을 이용하여 구현한 것이다.

[예제 5-1] 단순 if문을 이용한 절대값 구하기

```
#include <stdio.h>
main()
{
    int i,j;
    printf("Enter an Integer:");
    scanf("%d",&i);
    if( i<0 ){
```

```
        i = -i;
    printf("Absolute value  = %d₩n",i);
}
```

실행 예

```
Enter an Integer : -10 [Enter↵]
Absolute value = 10
```

이 프로그램에서 절대값을 구하기 위해서는 음수는 양수로 만들어주면 되고, 양수일 경우는 그대로 두면 된다. if 문의 수식 i 〈 0이 참일때(즉, 변수i가 음수일 때) i = -i 문장을 수행하여 i의 부호를 바꾸어 주고, i 〈 0이 거짓일 때는 i = -i 문장은 수행하지 않고 다음 문장으로 건너뛰게 된다.

예제 5-1에서는 if 문의 수식이 참일 때 수행해야 하는 문장이 하나이었다. 만일 if 문수식의 조건에 따라 실행해야 하는 문장이 둘 이상이라면 이 문장들을 중괄호({,})로 묶어 주면 된다. 이와 같이 하나 이상의 문장들을 중괄호를 이용하여 묶은 것을 복합문 또는 블록(block)이라 한다. C 언어에서 블록은 하나의 실행 단위를 구성한다.

```
if(수식){
        문장1;
        문장2;
          :

}
```

블록

예제 5-2는 두 정수를 입력 받아 큰 수를 출력하는 프로그램이다. 여기에서 보는 바와 같이 새로운 블록이 형성되면 들여쓰기를 해서 프로그램의 해독이 쉽도록 해야 한다.

[예제 5-2] if의 블록 사용

```
#include <stdio.h>
main()
{
    int i,j;
    printf("Enter two Integer:");
    scanf("%d%d",&i,&j);
    if( i>j ){
      printf("%d",i);
      exit(0);
    }
    printf("%d",j);
}
```

실행 예

```
Enter two Integer : 10 20 [Enter↵]
20
```

if 문의 수식 i 〉 j가 참일 경우 중괄호로 묶여진 블록 속의 두 문장

```
print("%d", i);
exit(0);
```

을 실행하고, 거짓일 경우 위 두 문장은 수행하지 않고 다음 문장으로 건너뛰게 된다. 여기서, exit() 함수는 프로그램의 수행을 종료시키는 함수이다.

실습 5-1

키보드로부터 두개의 정수 n1, n2를 입력받아 그 중 큰 수를 출력하는 순서도를 그리고 프로그램을 작성해 봅시다.

● 문제분석

① 시작한다.
② 정수를 입력받아 변수 n1에 저장한다.

③ 정수를 입력받아 변수 n2에 저장한다.
④ 조건식 n1 〉 n2를 판별한다. 조건식이 참이면 n1를 출력한다.
⑤ 조건식 n1〈=n2를 판별한다.
조건식이 참이면 n2를 출력한다.
⑥ 프로그램을 종료한다.

실습 5-2

키보드로부터 두 개의 정수 n1, n2를 입력받아, 그 중 큰 수를 n1에 작은 수를 n2에 기억시킨 후, 두 수를 모니터에 출력하는 순서도를 그리고 프로그램을 작성해 봅시다(실습 4-2참조).

● 문제분석

이 프로그램은 크게 두 개의 정수를 입력 받는 부분, 두 수의 크기를 비교하여 n2가 클 경우 n1과 n2를 바꾸는 부분, 두 수를 출력하는 부분으로 나눌 수 있다. 그 중 두 수를 비교하는 부분은 if 문을 이용하면 된다.

① 시작한다.
② 정수를 입력받아 변수 n1에 저장한다.
③ 정수를 입력받아 변수 n2에 저장한다.
④ 조건식 n1 〉 n2를 판별한다. 조건식이 참이면 ⑤로, 거짓이면 ⑥로 간다.
⑤ n1과 n2의 값을 교환한다.(temp ← n1, n1 ← n2, n2 ← temp)
⑥ n1과 n2를 출력한다.
⑦ 프로그램을 종료한다.

02 이중 조건 if 문 : else의 사용

if 문은 else문과 같이 사용할 수 있다. else를 사용한 if 문의 기본 형태는 다음과 같다.

```
if (수식)
        문장 1;
else
        문장 2;
```

if 문의 수식이 참이면 문장1를 실행하고 문장 2는 실행하지 않는다. 거짓이면 문장 2를 실행하고 문장 1은 실행하지 않는다. 따라서, 수식의 조건에 따라 문장 1과 문장 2중 하나만 실행하도록 하는 방식이다. 어떤 경우라도 두 문장 모두 실행할 수는 없다. 이를 흐름도로 표현하면 그림 5-2와 같다.

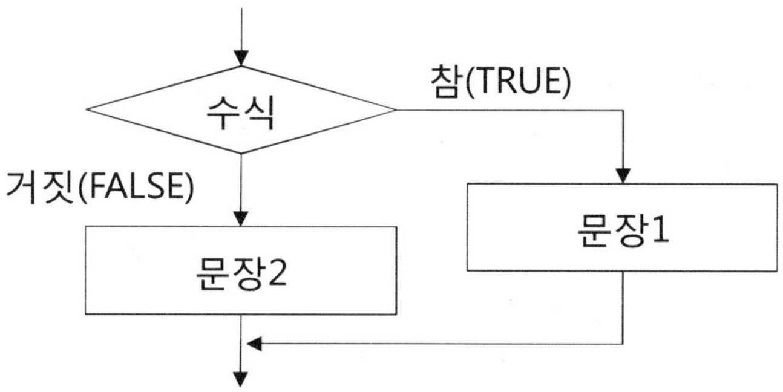

그림 5-2 이중조건 if 문

예제 5-3은 이러한 이중 조건 if 문의 간단한 예이다. 두 정수를 입력받아 그 중 큰 수를 출력하는 실습 5-1은 if~else 문을 이용하면 간단히 해결된다.

[예제 5-3] 큰 수의 출력

```
#include <stdio.h>
main()
{
        int x, y;
        printf("Enter two Integer :");
        scanf("%d%d", &x, &y);
        if(x>y)
                printf("%d", x);
        else
                printf("%d", y);
}
```

실행 예

```
Enter two Integer : 10 20 Enter↵
20
```

if 문의 수식 x 〉 y가 참일 경우
printf("%d" , x); 을 수행하고, printf("%d" , y); 는 실행하지 않는다.
거짓일 경우
printf("%d" , y); 을 수행하고, printf("%d" , x); 는 실행하지 않는다.

만일 if 문 수식의 조건에 따라 실행해야 하는 문장이 둘 이상이라면 이 문장들을 중괄호({,}) 로 묶어 블록화하면 된다.

```
if (수식){
        블록 1
}else{
        블록 2
}
```

수식의 결과가 참이라면 블록 1의 문장들을 실행하고, 거짓이라면 블록 2의 문장들을 실행한다.

실습 5-3

키보드로부터 정수 n를 입력 받아, n이 짝수인지 홀수인지를 판별하여 출력하는 순서도를 그리고 프로그램을 작성해 봅시다. 짝수이면 "Even", 홀수이면 "Odd"라 출력합시다.

● **문제분석**

① 시작한다.
② 정수를 입력받아 변수 n1에 저장한다.
③ 조건식 n%2==1를 판별한다. 조건식이 참이면 ④로, 거짓이면 ⑤로 간다.
④ 문자열 "Odd"를 출력한다. ⑥으로 간다.
⑤ 문자열 "Even"을 출력한다. ⑥으로 간다.
⑥ 프로그램을 종료한다.

03 다중 조건 if 문

조건이 여러 개인 경우 다음과 같은 형태의 다중조건 if 문을 사용한다.

```
if (수식1)
        문장1;
else if (수식2)
        문장2;
:
else if (수식n-1)
        문장n-1;
else
        문장n;
```

여기서, else if 는 15단계까지 허용한다. 마지막의 else는 생략할 수 있다.
이러한 다중 if 문의 실행 방식은 다음과 같다.

1. 수식 1이 참인 경우, 문장 1만을 실행하고 if 문을 빠져 나온다.
2. 수식 1이 거짓인 경우, 수식 2를 검사하여 참인 경우 문장2만을 실행하고 if 문을 빠져 나온다.
3. 수식 2가 거짓인 경우, 계속해서 다음 수식을 검사하여 2번에서와 같이 실행한다.
4. 모든 수식이 거짓일 경우, 마지막 else 부분의 문장 n을 실행한다(else는 생략할 수 있다).

이와 같은 다중 if 문의 실행 형태를 순서도로 표현하면 그림 5-3과 같다.

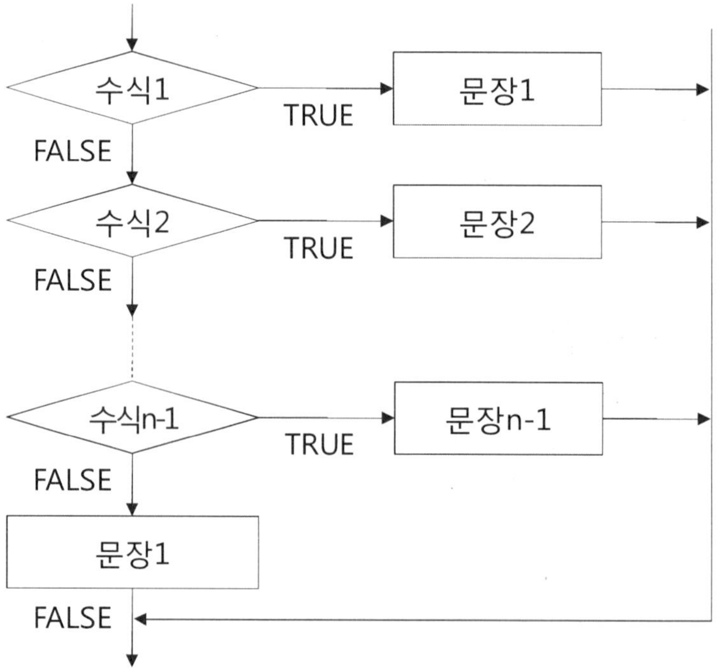

그림 5-3 다중 조건 if 문의 순서도

예제 5-4는 다중조건 if 문을 이용하여 입력 받은 정수가 양수인지, 음수인지, 0인지를 판단하는 프로그램이다.

[예제 5-4] 다중조건 if 문의 사용

```
#include <stdio.h>
main()
{
    int n;
    printf("Enter an Integer:");
    scanf("%d",&n);
    if (n>0)
      printf("%d is Positive number",n);
    else if(n<0){
      printf("%d is ", n);
      printf("Negative number");
    }
    else
      printf("Zero");
}
```

실행 예

```
Enter an Integer : -10
-10 is Negative number
```

if 문의 수식 n > 0이 참일 경우,

printf("%d is positive number",n); 만을 실행한다..

n > 0이 거짓일 경우, 두번째 수식 n < 0를 판단하여 참일 경우,

printf("%d is ", n); printf("Negative number"); 의 두 문장을 실행한다(블록으로 묶여 있기 때문에).

두번째 수식 n < 0도 거짓일 경우, else 블록의 문장

printf("Zero"); 을 실행한다.

이와 같이 수식이 참일경우 실행해야 하는 문장이 둘 이상일 경우, 중괄호를 이용하여 블록으로 만들어 주면 된다.

if 문은 중첩으로 사용할 수 있다. 다음과 같은 프로그램의 일부를 가지고 그 실행 방식을 알아보자.

```
if(number >= 6)
        if(number < 12)
            printf("You are close! \n");
        else
            printf("Sorry, you lose a turn! \n");
```

이 프로그램의 의도는 변수 number가 6보다 작으면 "Sorry, you lose a turn!" 을 출력하도록 작성한 것이라 하자. 그러나, 실제 실행결과는 다음과 같다.

number가 6보다 작으면 아무것도 출력하지 않는다.

number가 10이면 "You are close!"을 출력한다.

number가 12면 "Sorry, you lose a turn!"을 출력한다.

즉, 위 프로그램의 else 는 if(number < 12)와 결합한다. if 문이 중첩으로 쓰일 때, else는 가깝게 있는 if 와 짝을 이룬다. 위의 프로그램을 원래의 의도대로 실행되도록 하기 위해서는 다음과 같이 가운데 if 문 부분을 블록으로 만들어 주면 된다.

```
if(number >= 6){
        if(number < 12)
            printf("You are close! \n");
        }else
            printf("Sorry, you lose a turn! \n");
```

실습 5-4

키보드로부터 점수 (정수만 입력) score를 입력 받아 score가 100에서 90점 사이면 grade가 A, 90점에서 80점 사이면 B, 80에서 0점 사이이면 F이고. 그 외의 점수가 나오면 E로 출력하는 프로그램을 작성하라.

● 문제분석

점수를 입력받아 변수 score에 저장하는 부분, 변수 score의 값에 따라 변수 grade의 값을 지정하는 부분, grade값을 출력하는 부분으로 나눌 수 있다.

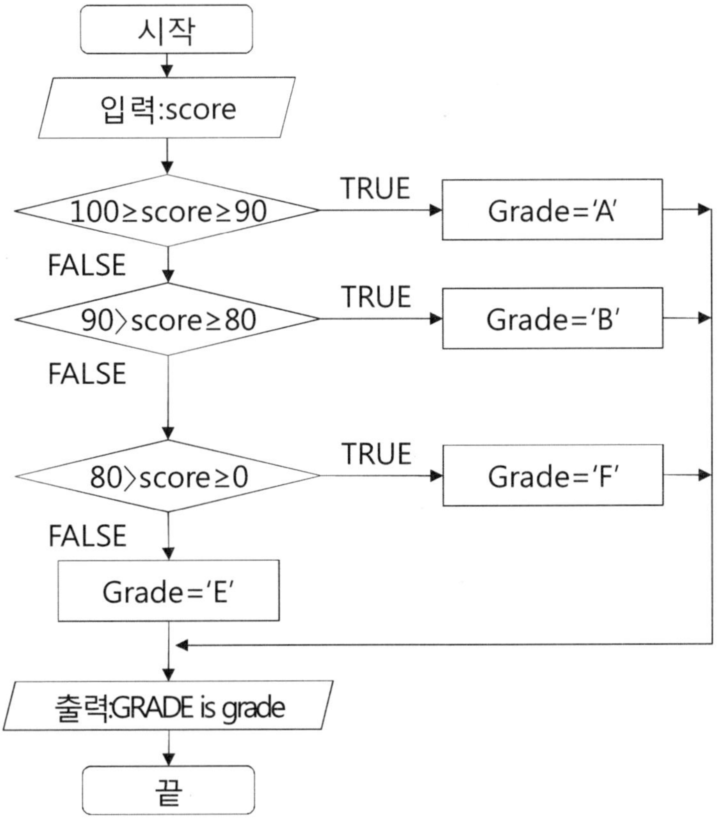

실습 5-5

한 수험생의 기사 시험 성적을 입력하면 합격 여부를 출력하는 프로그램을 작성해 봅시다. 시험과목은 3과목으로 한다. 합격 조건은 다음과 같다 (각 과목 점수는 정수이다).

(1) 총 평균이 60점 이상이어야 한다.
(2) 과락은 40점 이하이며, 한 과목도 과락이 없어야 한다

◉ 출력 조건

- 총점이 60점 미만인 경우 : "Failure"
- 합격인 경우 : "Success"
- 총점은 60점 이상이나 과락이 있음 : "Subject failure"

◉ 프로그램 조건

if문을 중첩 사용하여 프로그램 할 것.

① 시작한다
② 3개의 정수를 입력받아 변수 sub_1, sub_2, sub_3에 저장한다.
③ 총점 total = sub_1 + sub_2 + sub_3를 계산한다.
④ 평균점수 mean = total / 3을 계산한다.
⑤ 조건식 mean >=60를 판별한다. 조건식이 참이면 ⑥으로, 거짓이면 ⑨로간다.
⑥ 조건식 sub_1>40 && sub_2>40 && sub_3>40를 판별한다. 조건식이 참이면 ⑦로, 거짓이면 ⑧로 간다.
⑦ 문자열 "Success"를 출력한다. ⑩으로 간다.
⑧ 문자열 "Subject Failure"를 출력한다. ⑩으로 간다.
⑨ 문자열 "Failure"를 출력한다. ⑩으로 간다.
⑩ 프로그램을 종료한다.

연습문제

01 택시의 기본요금은 주행거리 2000m까지 1300이며, 이후 500m마다 200원씩 가산된다고 할 때, 주행거리를 입력하면 택시의 요금을 계산하여 출력하는 프로그램을 작성하시오.

02 직원에 대한 근무시간, 시간당 수당을 입력하면, 다음과 같은 조건으로 급여를 계산하여 출력하는 프로그램을 작성하시오.

(1) 근무시간이 50이면, 급여=근무시간 × 시간당 수당
(2) 근무시간 >50이면, 초과 시간 (근무시간-50)에 대하여 시간당 수당의 1.5배를 지급한다.

변수는 다음과 같이 사용한다.
hour : 근무시간 rate : 시간수당
rpay : 50시간 이하에 대한 급여 opay : 초과 시간에 대한 급여
tpay : 급여 총액 (rpay +opay)

03 한 사람의 일년 총소득(gross)을 입력하면 아래의 조건에 따라 세금을 계산한 후 일년 수입에서 세금을 뺀 실질 소득(net)을 출력하는 프로그램을 작성하시오(수입의 입력 단위는 만원으로 한다).

(1) 연수입 1000만원 미만이면, 세금없음
(2) 연수입 1000만원 이상 3000만원 미만이면, (1000만원의 초과분에 대하여 1%)의 세금부과
(3) 연수입 3000만원 이상 5000만원 미만이면, (20만원+3000만원의 초과분에 대하여 3%)의 세금 부과
(4) 연수입 5000만원 이상이면, (80만원+5000만원의 초과분에 대하여 6%)의 세금부과
변수는 다음과 같이 사용한다. 총소득 : gross 실질소득 : net 세금 : tax

제 6 장

제어문(II) - 반복문 while, 조건문 switch~case

01 문자 입 · 출력 함수 : getchar(), putchar()

표준 입 · 출력 함수 printf()와 scanf()는 C 언어에서 사용하는 모든 자료형 자료를 입출력하는 함수이다. 반면, getchar()와 putchar() 함수는 문자만을 입 · 출력하는 함수이다. 이 함수는 헤더 파일 stdio.h에 정의되어 있다.

getchar() 함수는 키보드에 입력한 키값을 화면에 출력하고 읽은 키값을 호출한 프로그램에 반환하는 함수이다. 즉,

```
char c;
c = getchar();
```

와 같은 프로그램은 문자형 변수 c에 키보드에 입력한 한 문자를 저장하는 기능을 한다.

putchar() 함수는 한 문자를 모니터에 출력하는 기능을 한다. 즉,

```
putchar('A');
```

와 같은 문장은 문자 'A'를 모니터에 출력한다.

다음의 예제 6-1은 키보드로부터 한 문자를 입력받아 그 문자를 모니터에 출력하는 역할을 한다.

[예제 6-1] 한 문자 입출력

```
#include <stdio.h>
main()
{
        char c;              /* int  c; 도 가능 */
        c = getchar();       /* scanf("%c", &c); 와 같음 */
        putchar(c);          /* printf("c", c); 와 같음 */
}
```

실행 예

```
입력 : A
출력 : A
```

02 while 문

2.1 while 문을 이용한 반복처리

while 문은 반복문의 하나로 조건식에 따라 일정한 문장을 반복하여 실행하도록 한다. while 문의 기본 형식은 다음과 같다.

```
while(식) 문장;
```

식의 결과를 판정하여 참이면 문장을 실행하고, 다시 식을 판정한다. 식의 결과가 참이면 다시 문장을 실행한 후 식의 결과를 판정한다. 이와 같이 식의 결과가 거짓이 될때까지 문장을 반복 실행한다. 물론, 처음 식을 판정했을 때 거짓이면 문장은 한 번도 실행하지 않는다. 이를 순서도로 나타내면 그림 6-1과 같다.

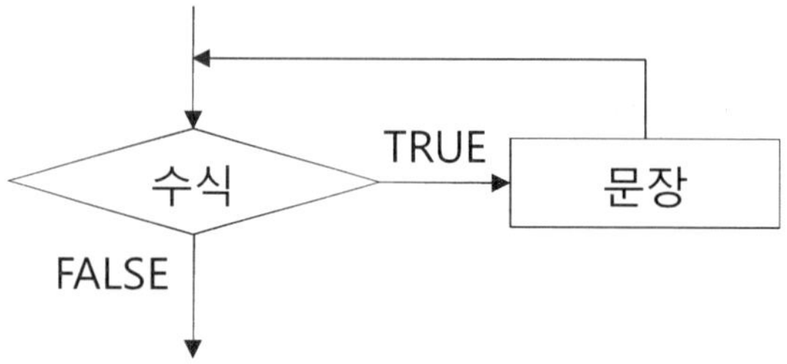

그림 6-1 while 문의 순서도 표현

반복 실행해야 할 문장이 둘 이상이라면 당연히 중괄호({})를 이용하여 다음과 같이 블록으로 만들어야 한다.

```
while(식)
{
        블록
}
```

예제6-2는 키보드로부터 입력한 값을 그대로 모니터에 출력하는 프로그램이다. 이 과정은 입력 값이 EOF(End of File)일 때까지 계속한다. EOF란 C 언어에서 파일의 끝을 가리키는 것으로 실제값은 -1로 정의되어 있다. 우리는 키보드에 〈ctrl + z〉을 입력하면 된다.
이는 〈stdio.h〉파일에 정의되어 있으므로 사용자가 직접 정의할 필요가 없다.

[예제 6-2] 입력 복사(1)

```
#include <stdio.h>
main()
{
        int  c;
        c = getchar();             /*첫 문자 입력 */
        while(c != EOF)            /*입력 문자 판정 */
        {
                putchar(c);        /* 입력 문자 출력 */
                c = getchar();     /* 다음 문자 입력 */
        }
}
```

실행 예

입력 : Dept. of Computer software^z
출력 : Dept. of Computer software

이 프로그램은 다음 예제6-3과 같이 간략하게 바꿀 수 있다.

[예제 6-3] 입력 복사(2)

```
#include <stdio.h>
main()
{
        int   c;
        while((c = getchar()) != EOF)    /*문자 입력 및 입력 문자 판정 */
        putchar(c);             /* 입력 문자 출력 */
}
```

예제 6-3 프로그램을 좀 더 발전시켜 입력한 라인의 수를 세는 프로그램을 작성해 보자. 매 라인은 '\n'으로 끝난다. 그러므로 우리는 입력 문자 중에 '\n'의 수를 세면 그 수가 입력 라인의 수가 될 것이다. 따라서, 한 문자를 입력할 때 마다 그 문자가 '\n'문자 인지를 판단하여 '\n'이 입력될 때 마다 라인 수를 세는 변수의 값을 하나 증가시키면 된다. 프로그램은 예제 6-4 같다.

[예제 6-4] 입력 라인 수 세기

```
#include <stdio.h>
main()
{
        int   c, lc=0;                      /* lc : 입력 라인 수를 세는 변수 */
        while((c = getchar()) != EOF)       /* 문자 입력 및 입력 문자 판정 */
            if(c == '₩n')    ++lc;          /* 입력 라인 수 증가 */
        printf("%d₩n", lc);                 /* 입력 라인 수 출력 */
}
```

예제 6-4 프로그램에서 if(c =='\n') ++lc;은 한 문장으로 간주한다. 따라서 while문에서 중괄호를 사용하지 않았다.

실습 6-1

입력한 문자 중 영문자에 대하여 대문자는 소문자로 소문자는 대문자로 변환시켜 출력하는 과정을 계속하는 순서도를 그리고 프로그램을 작성해 봅시다. 입력 값이 EOF일 때까지 계속한다.

● 문제분석

문자는 ASCII코드로 저장된다. 따라서, 문자는 크기 비교가 가능하며, 숫자나 다른 문자를 더하고 빼는 등 숫자처럼 연산이 가능하다. 또한 영문자는 알파벳 순서로 저장된다. 따라서, 대소문자 변환시 첫문자 'A'나 'a'부터 상대적인 위치를 계산하여 구하면 편리하다.

2.2 무한루프의 사용

while 문에서 주어진 조건식이 다음과 같이 항상 참이면 while 루프를 영원히 반복하게 된다. 이러한 경우를 무한루프라 한다.

```
while(1){
        :
}
```

이러한 무한루프를 탈출하는 일반적인 방법은 break문을 사용하는 것이다.
break 문의 형식은 다음과 같다.

```
break;
```

break 문은 while 문이나 뒤에서 다룰 do~while 문, switch~case 문, for 문 등의 내부에서 사용한다. 프로그램이 실행 도중 이 break; 문을 만나면 현재 실행하고 있는 반복루프를 탈출하는 기능을 한다.

정수를 입력하여 짝수이면 "EVEN", 홀수이면 "ODD"라 출력하는 과정을 입력값이 0일 때까지 계속하는 프로그램을 while 문을 이용하여 작성한다고 하자(실습4-4). 우선 한 정수를 입력 받아야 한다. 그 다음 while 문에서 입력된 값이 0인가를 판단하고 while문 내에는 입력한 정수가 짝수인가 홀수인가를 판단하는 부분과 다음 정수를 입력하는 부분이 있어야 한다. 프로그램은 예제 6-5와 같다.

[예제 6-5] 홀수, 짝수 판별(1)

```
#include <stdio.h>
main()
{
        int n;
        scanf("%d",&n);                     /* 첫번째 정수 입력 */
        while(n != 0){                      /* 정수가 0인지 판단 */
            if(n%2)                         /* 정수가 짝수인지 홀수인지 판단 */
                printf("ODD ₩n");
            else
                printf("EVEN ₩n");
          scanf("%d",&n);                   /* 다음 정수 입력 */
        }
}
```

실행 예

```
입력 : 10
출력 : EVEN
입력 : 15
출력 : ODD
입력 : 0
```

예제 6-5프로그램을 무한 루프와 break 문을 이용하면 예제6-6과 같이 변환할 수 있다.

[예제 6-6] 홀수, 짝수 판별(2) : 무한루프 사용

```
#include <stdio.h>
main()
{
```

```
        int n;
        while(1){                      /* 무한 루프  */
            scanf("%d",&n);
            if(n == 0)
                break;                 /* 입력값이 0이면 while루프를 탈출 */
            else if(n%2)
                printf("ODD ₩n");
            else
                printf("EVEN ₩n");
        }
}
```

실습 6-2

정수를 입력하여 입력한 수 중에서 7의 배수와 9의 배수만을 출력하는 순서도를 그리고 프로그램을 작성해 봅시다. -999가 입력되면 프로그램을 종료한다.

● **문제분석**

무한루프(while을 이용)로 정수를 반복적으로 입력받아 그 수가 -999이면 break 문을 이용하여 루프를 빠져 나오고, 아니면 7의 배수인지 9의 배수인지를 판정(if문을 이용하여)하여 출력한다.

03 do ~ while 문

do ~ while 문은 do와 while 사이의 문장을 실행하고 마지막에 조건식을 판정하여 결과가 참이면 다시 do와 while 사이의 문장을 실행하는 방식으로 조건식이 거짓이 되어야만 do ~ while 문 블록을 탈출하는 방식으로 실행한다. 그 기본 형식은 다음과 같다.

```
do{
        블록
}while(식);
```

이를 순서도로 나타내면 그림 6-2와 같다

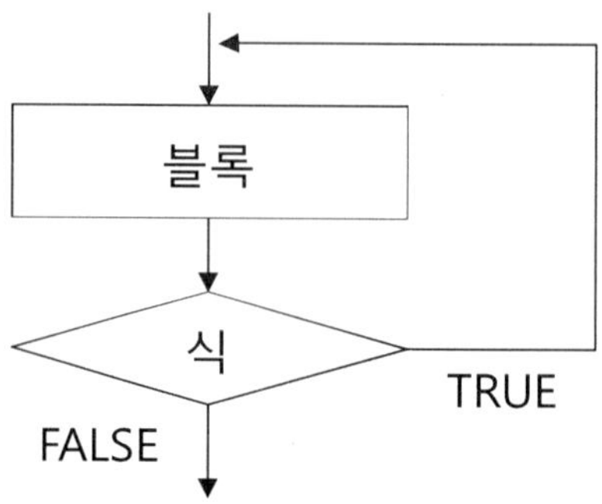

그림 6-2 do ~ while 문의 순서도 표현

while 문의 경우 조건식이 처음부터 거짓이면 while 블록 내의 문장을 한 번도 실행하지 않으나, do ~ while 문의 경우 적어도 한 번은 블록 내의 문장을 실행하게 된다. 물론, do ~ while 내의 문장이 하나 뿐이라면 중괄호를 사용하여 블록을 명시하지 않아도 된다.
그러나, while문과 혼동할 우려가 있으므로 중괄호를 사용하는 것이 일반적이다.

어떤 프로그램에서 수학능력시험 점수를 입력하도록 한다고 하자. 수학능력시험 점수는 400점 만점이므로 입력값이 0에서 400 사이어야 한다. 사용자의 입력 오류를 방지하기 위하여 입력값이 0에서 400점 사이가 아니면 다시 입력 받아야 한다. while 문을 이용하여 프로그램한다면 다음과 같을 것이다.

```
printf("Enter the score(0 ~ 400) : ");
scanf("%f", &score);
while(scroe < 0 || score > 400){
   printf("Enter the score(0 ~ 400) :");
   scanf("%f", &score);
}
```

위와 같은 경우 do ~ while문을 이용하면 아래와 같이 더욱 명료하게 프로그램 할 수 있다.

```
do{

    printf("Enter the score(0 ~ 400) :");
    scanf("%f", &score);
}while(scroe < 0 || score > 400);
```

실제로 do~while 문은 while 문이나 for 문에 비하여 많이 사용되지는 않으나(전체 반복문의 5% 정도) 이와 같이 적어도 한 번은 실행해야 할 문장을 반복할 때 매우 유용하게 쓰일 수 있다.

실습 6-3

5명의 성적을 입력받아 그 합을 출력하는 프로그램을 while 문을 이용하여 작성해 봅시다.
이 프로그램을 do ~ while 문을 이용하여 바꾸어 봅시다.

04 조건분기문 : switch ~ case

switch ~ case 문은 if 문과 같은 조건 분기문으로 주어진 조건에 따라 실행을 달리한다. 그 기본 형식은 다음과 같다.

```
switch(수식){
   case 상수 1:
            문장 1;
            break;
   case 상수 2;
            문장 2;
            break;
            :

   default:
            문장;
 }
```

여기서 수식은 그 결과값이 정수나 문자이어야 한다. 실행 방식을 기술하면 다음과 같다.

1. switch 문 안의 수식의 결과값을 계산한다.
2. 수식의 결과값을 첫번째 case의 상수 1과 비교하여 두 값이 같으면, 이후의 문장(여기서는 문장 1)들을 break 문을 만날 때까지 계속 실행한다. break; 문을 만나면 switch블록을 빠져 나온다(즉, 여기서는 문장 1만 실행하고 switch 블록을 탈출한다).
3. 수식의 결과값이 상수 1과 같지 않으면, 다음 case의 상수 2와 비교하여 2번과 같은 방식으로 실행한다.
4. 다음 case에 대하여 3번 과정을 실행한다.
5. 모든 case의 상수와 일치하지 않으면, default:이후의 문장을 실행한다(default는 생략할수 있다).

이를 순서도로 나타내면 그림 6-3과 같다.

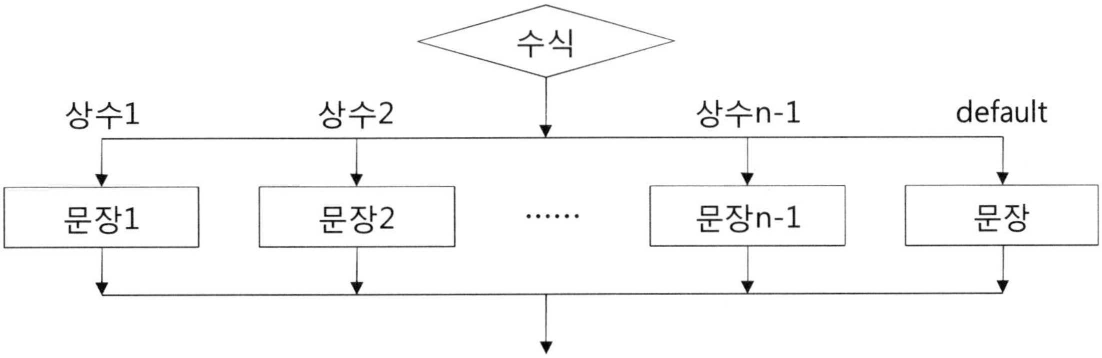

그림 6-3 switch ~ case 문의 순서도 표현

예제 6-7은 정수 1, 2, 3, 4 중 한 수를 입력하면 그 수의 영문 이름을 출력하는 프로그램을 switch ~ case 문을 이용하여 작성한 것이다.

[예제 6-7] switch 문의 활용

```
#include <stdio.h>
main()
{
        int i;
        printf("Enter a number(1 ~ 4):");
        scanf("%d", &i);
        switch(i){
                case 1:
                        printf("One");
                        break;
                case 2:
                        printf("Two");
                        break;
                case 3:
                        printf("Three");
                        break;
                case 4:
```

```
                        printf("Four");
                        break;
                default:
                        printf("Unrecognized number");
        }
}
```

실습 6-4

'+', '-', '*', '/' 중 한 문자(연산자)를 입력하고 두 정수를 입력하면, 입력한 연산자에 맞게 두 수를 계산하여 결과를 출력하는 프로그램을 작성해 봅시다(입출력 예는 아래와 같다).

◉ 입력

Enter an operator : +
Enter two integer numbers : 10 20

◉ 출력

10 + 20 = 30

연습문제

01 1+2+3+....+n값이 키보드로 입력한 값 max보다 크게 되는 가장 작은 n값을 구하는 프로그램을 작성해 봅시다.

● 문제분석

키보드로부터 max값을 입력 받는 부분, 입력 받은 max값에 대한 n값을 구하는 부분, n값을 출력하는 부분으로 나눌 수 있다. 두 번째 n값을 구하는 부분은1부터 계속적으로 더한 값을 sum이라는 변수에 저장하여 이 sum과 max의 크기를 한 번 더할 때 마다 비교하여 sum값이 커지면 그때의 n값이 구하고자 하는 값이 된다.

[순서도]

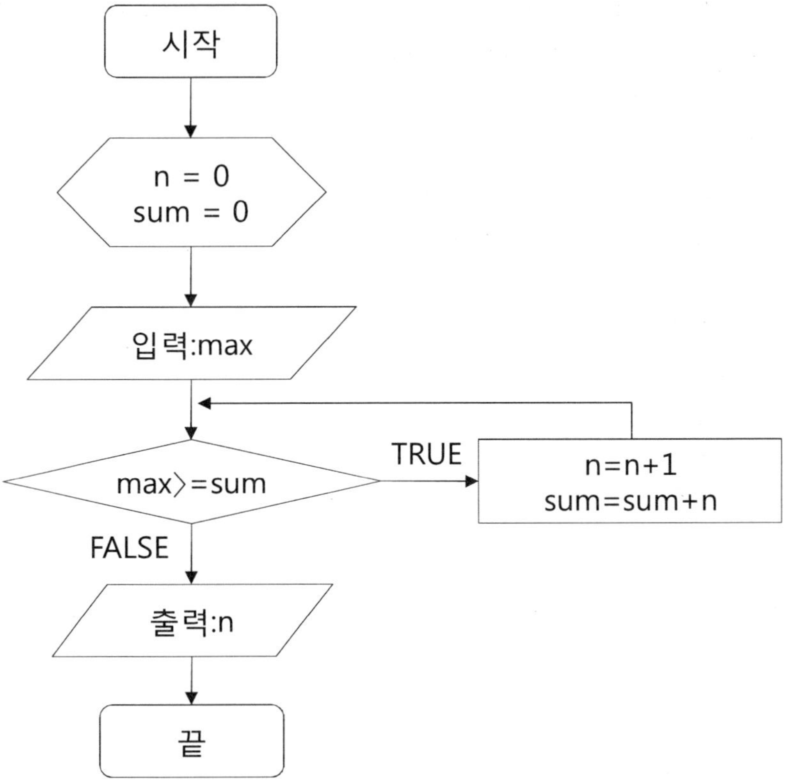

02 입력받은 문장에서 하나 이상의 공백을 하나의 공백으로 바꾸어 출력하는 프로그램을 작성하시오. EOF가 입력되면 프로그램을 종료한다(입 • 출력에는 아래와 같다).

◉ 입력

print   the words [Enter↵]
hello,   world〈crtl+z〉

◉ 출력

print the words
hello, world

03 문장을 입력하면 한 라인에 한 단어씩 출력하는 프로그램을 작성하시오. EOF가 입력되면 프로그램을 종료한다(입 · 출력은 아래와 같다).

◉ 입력

print   the words [Enter↵]
hello,   world〈crtl+z〉

◉ 출력

print
the
words
hello,
world

04 키보드로부터 점수(정수만 입력)score를 입력 받아 score가 100에서 90점 사이이면 grade가 A, 90에서 80점 사이이면 B, 80점에서 70사이이면 C이고, 70에서 0점 사이이면 F를 출력하는 프로그램을 작성하라. 위 과정을 반복한다. 0미만이나 100이상의 점수가 입력되면 프로그램을 중지한다(while, if, switch ~ case문을 사용한다).

● 문제분석

while문으로 무한 루프를 만든다.
무한루프내에서 점수를 입력받아 입력받은 점수가 0 이상 100 미만인지를 if 문을 이용하여 판단하여 그 이외의 점수이면 무한 루프를 탈출 하도록 한다.

0이상 100 미만이면, switch ~ case 문을 이용하여 학점을 판단한다.(점수를 10으로 나누어 그 몫을 이용한다).

제 7 장

제어문(III) - 반복문 for

01 for 문 형식

for 문은 while 문과 같은 반복문의 하나로 조건식에 따라 일정한 문장을 반복하여 실행하도록 한다. for 문의 기본 형식은 다음과 같다.

```
for(수식 1;수식 2; 수식 3) 문장;
```

for 문의 중괄호 속에는 3개의 식이 세미콜론(;)으로 분리되어 있다. 이의 실행방식을 기술하면 다음과 같다.

1. 식 1(초기화)을 실행한다. 이는 초기값을 설정하는 것으로 for 문의 반복이 시작되기 전 단 한 번만 실행한다.
2. 식 2(조건 검사)의 조건을 판단하여 참이면 문장을 실행한다. 거짓이면 for 문을 탈출한다.
3. 수식 3(증감)을 실행한다. 수식 3은 일반적으로 반복을 제어하는 변수를 증가 시키거나 감소시키는 수식이다.
4. 2와 3의 과정을 반복한다.

이와 같은 for 문의 실행 방식을 순서도로 나타내면 그림 7-1과 같다.

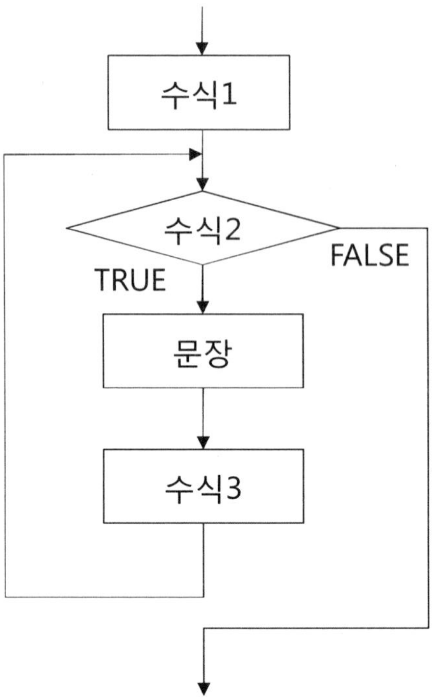

그림 7-1 for 문의 순서도 표현

반복 실행해야 할 문장이 둘 이상이라면 당연히 중괄호({})를 이용하여 다음과 같이 블록으로 만들어야 한다.

```
for(수식 1;수식 2; 수식3)
{
        블록
}
```

for 문을 이용한 간단한 예로 "Hello World"를 10번 출력하는 프로그램을 작성해 보면 다음 예제 7-1과 같다.

[예제 7-1] "Hello World"의 반복 출력

```
#include <stdio.h>
main()
{
            int i;
            for(i=0;i<10;i++)
                printf("%d : Hello World ₩n", i);
}
```

프로그램 실행은 다음과 같은 과정을 거친다.

1. 반복제어변수 i를 0로 초기화 한다.
2. 조건식 i<10 검사, i 값은 0이므로 결과는 참.
3. 2.에서 조건식이 참이므로 printf("%d : Hello World \n",i); 문장 실행.
4. 수식 i++ 실행.(i 값은 1)
5. 조건식 i<10 검사, i 값은 1이므로 결과는 참.
6. 5.에서 조건식이 참이므로 printf("%d : Hello World \n",i); 문장 실행.
7. 수식 i++ 실행.(i 값은 2)
8. 2~4과정을 조건식 i<10 이 거짓이 될 때까지(즉, i 값이 10이 될 때까지) 반복, 따라서 10회 반복하게 됨.

이 예에서 보는 바와 같이 변수(i)를 이용하여 0에서 1씩 증가시키면서 반복의 횟수를 체크한다. 즉, 변수 i는 단순히 for문의 반복 횟수를 조절하는 역할을 하는 변수이다. 이와 같은 변수를 반복제어변수라 한다.

다음 예로 1부터 100까지 더하여 그 결과를 출력하는 프로그램을 작성해 보자. 이는 반복을 제어하는 변수를 두어 1부터 100까지 증가시키면서 이 변수의 값을 반복적으로 더하여 그 합을 구하는 방법으로 구현할 수 있다. 즉, 반복 제어 변수를 계산에 활용한다.

[예제 7-2] 1부터 100까지 더하기(for 문 이용)

```
#include <stdio.h>
main()
{
        int i, sum=0;          /* i: 반복 제어 변수,  sum:합을 저장할 변수 */
        for(i=1;i<=100;i++)
                sum+=i;
        printf("1+2+...+100=%d₩n",sum);
}
```

실행결과 1 + 2 + ... + 100 = 5050

예제 7-2의 프로그램 실행은 다음과 같은 과정을 거친다.

1. 반복제어변수 i를 1로 초기화 한다.
2. 조건식 i <= 100 검사, i 값은 1이므로 결과는 참.
3. 2.에서 조건식이 참이므로 sum +=i 문장 실행 (sum 값은 1)
4. 수식 i++ 실행.(i 값은 2)
5. 조건식 i<=100 검사, i값은 2이므로 결과는 참.
6. 5에서 조건식이 참이므로 sum+=i 문장 실행.(sum 값은 1+2=3)
7. 수식 i++ 실행.(i 값은 3)
8. 2~4과정을 조건식 i<=100이 거짓이 될 때까지(즉, i 값이 101이 될 때까지) 반복
9. for 문을 탈출하면 sum의 결과를 출력.(sum 값은 1+2+...+100)

예제 7-2는 다음과 같이 변경하여도 그 결과는 변함이 없다.

```
#include <stdio.h>
main()
{
        int i, sum=0;       /*i: 반복제어변수. sum:합을 저장할 변수 */

        for(i=100;i>0;i--)
```

```
        sum+=i;
    printf("1+2+...+100=%d\n",sum);
}
```

이 프로그램에서는 반복 제어 변수 i의 초기값을 100으로 초기화하고 변수 i를 1씩 감소시키는 방법을 사용하였다. 이와 같이 반복제어변수를 감소시켜도 되며, 또한 그 증감값이 얼마라도 상관없다.

실습 7-1

키보드로부터 10개의 정수값을 읽어들여 그 합과 평균을 구하는 순서도를 그리고 프로그램을 작성하라.

● 문제분석

키보드에서 값을 입력받아 그 값들을 더하는 과정을 10번 반복한다. 모든 값을 읽어 들인 후 합을 10으로 나눈다. 반복횟수를 저장하는 반복제어변수를 i,읽어 들인 값을 저장하는 변수를 n, 합을 저장하는 변수를 sum, 평균을 저장하는 변수를 mean이라 하자.

① 시작한다.
② i=0, sum=0으로 초기화 한다.
③ 정수를 입력하여 변수 n에 저장한다.
④ sum = sum + n를 계산한다.
⑤ 변수i를 1증가한다.
⑥ i<10인지 판단하여 참이면 ③으로가서 계속하고, 거짓이면 ⑦로 간다.
⑦ mean = sum/10를 계산한다.
⑧ sum과 mean값을 출력한다.
⑨ 종료한다.

실습 7-2

1에서 100까지의 정수 중 3의 배수만을 출력하는 프로그램을 작성해 봅시다(실습 4-3)

● **문제분석**

반복제어변수 i의 초기값을 가장 작은 3의 배수인 3으로 하고, 3씩 증가시키면서 i값을 출력한다. 이를 i가 100보다 커질 때 까지 계속한다.

① 시작한다.
② 반복제어변수 i를 3으로 초기화한다.
③ i값을 출력한다.
④ i값을 3증가한다.(i+=3)
⑤ i <= 100를 판단하여 참이면 ③으로 가서 계속하고, 거짓이면 ⑥으로 간다.
⑥ 종료한다.

02 for 문의 다양한 사용

예제 7-2는 예제 7-3과 같이 고쳐 쓸 수가 있다.

여기에서 볼 수 있는 바와 같이 for 문 중괄호 안의 초기화 부분에 나열 연산자(,)를 이용하여 두개의 수식을 사용하였다. 중괄호 안의 첫번째 수식뿐만 아니라 세번째 수식도 이와 같이 나열연산자를 이용하여 두 개 이상의 수식을 사용할 수 있다.

뿐만 아니라 for 문 중괄호 안의 세미콜론(;)으로 분리되어 있는 세 개의 수식 중 하나이상의 생략할 수 도 있다. 물론 수식은 생략하여도 분리하는 세미콜론은 생략할 수 없다. 다음과 같이 for 문 안의 모든 수식이 생략된 형태를 생각할 수 있다.

```
for( ; ; ){
        :
}
```

⇔

```
while(1){
    :
}
```

이와 같은 경우 조건 점사식이 없기 때문에 컴파일러는 항상 참이라 판단한다. 따라서, 이와 같은 for 문은 무한 루프를 형성한다. 이는 while 문을 이용한 무한루프와 같은 역할을 한다.

[예제 7-3] 1부터 100까지 더하기(for 문 이용)(3)

```
#include <stdio.h>
main()
{
        int i, sum;          /* i: 반복 제어 변수,  sum:합을 저장할 변수 */
        for(i=1,sum=0;i<=100;i++)
                sum+=i;
        printf("1+2+...+100=%d\n",sum);
}
```

실행결과 1 + 2 + ... + 100 = 5050

for 반복문 블록 안에 또 for 반복문을 사용하는 방식으로 중첩하여 사용할 수 있다. 예제 7-4는 for 문의 중첩사용 예를 보여 준다. 밖의 for 문은 반복제어변수 i에 의하여 5번 반복하여, 안의 for 문은 반복제어 변수 j에 의하여 10번 반복한다. 즉, 밖의 for 문의 1회 반복마다 안의 for 문 10회 반복이 이루어진다.

[예제 7-4] for 문의 중첩사용

```
#include <stdio.h>
main()

{
        int i, j;
        for(i = 0; i <5; i++){
                printf("loop %d : ", i);
            for(j = 0; j<10; j++)
                printf("%d  ",j);
            printf("\n");
        }
}
```

실행결과

```
loop 0 : 0 1 2 3 4 5 6 7 8 9
loop 1 : 0 1 2 3 4 5 6 7 8 9
loop 2 : 0 1 2 3 4 5 6 7 8 9
loop 3 : 0 1 2 3 4 5 6 7 8 9
loop 4 : 0 1 2 3 4 5 6 7 8 9
```

실습 7-3

실습 7-2의 결과 출력시 숫자를 한 라인에 5개 씩 출력하도록 프로그램을 바꾸어 봅시다.

● **문제분석**

반복 제어 변수를 하나 더 추가하여 이 변수를 이용하여 5회 반복에 한번씩 new line문자('\n')를 출력하도록 하는 방법이 있다.

실습 7-4

구구단을 출력하는 프로그램을 작성해 봅시다. (연습4-2)

● **문제분석**

for문을 중첩 사용하여 밖의 for문은 반복제어변수가 2단에서 9단까지의 매 단을 나타내도록 하고, 안의 for문은 반복제어변수가 1에서 9까지 증가하도록 하여 두 반복변수를 곱한 값을 출력한다.

03 for 문과 while 문의 비교

앞의 에제 7-2 프로그램을 앞 장에서 공부한 while 문을 이용하여 구현하면 다음과 같다.

```
#include <stdio.h>
main()
```

```
{
        int i, sum=0;
        i = 0;                      /* 반복 변수초기화 과정 */
        while(i <=100){             /* 조건검사 과정 */
                sum +=i;            /* 반복문장 실행과정*/
                ++i;                /* 반복변수 변경과정*/
        }
        printf("1+2+...+100=%d\n",sum);
}
```

위에서 보는 바와 같이 for 문의 기본 형태를 while 문을 이용하여 바꾸면 다음과 같은 형태를 가진다.

```
        수식 1;
        while(수식 2){
                문장;
                수식 3;
        }
```

for 문과 while 문은 약간의 차이는 있으나 모두 같은 반복실행형식을 제공한다. 어떤 반복문을 사용하는가는 프로그래머의 취향이나 주어진 문제의 성격에 따라 적절하게 선택하여야 한다. 일반적으로 for 문은 반복제어변수를 초기화할 필요가 있을 경우나 반복 횟수가 정해져 있을 때 while 문 보다 유용하게 사용할 수 있다.

실습 7-5

1+2+...+n값이 키보드로 입력한 값 max보다 크게 되는 가장 작은 n값을 구하는 프로그램을 for문을 이용하여 작성해 봅시다(연습 6-1). 이 문제를 해결하는데 while 문과 for 문 중 어느 것이 더 편리한가 생각해 봅시다.

04 그 밖의 제어문

4.1 continue 문

break는 switch~case 문이나 반복문의 블록을 탈출할 때 사용한다. 반면 continue는 반복문(while, do~while, for) 블록 내부에 위치하며, continue 문을 만나면 그 이후의 문장들은 실행하지 않고 건너뛰어 다음 반복을 수행한다. 그 형식은 다음과 같다.

```
continue
```

예제 7-5는 continue 문의 사용 예를 보여준다. 프로그램 실행시 continue 문을 만나면 반복문 블록 내부의 continue 이후 문장들을 실행하지 않고 다음 반복을 실행하게 된다.
if 문의 수식 i%2는 변수 i값이 홀수이면 결과값이 1(참)되어 continue문이 실행되므로 이후에 존재하는 printf("%d",i); 문장은 실행하지 않고 건너뛰어 다음 반복을 수행하게 된다. 따라서, 결과적으로 1에서 10까지의 정수 중 짝수 값만을 출력하게 된다.

[예제 7-5] continue문을 이용한 짝수의 출력

```
#include <stdio.h>
main()
{
        int i;
        for(i=1; i <= 10; i++){
            if(i%2)        /* if(i%2) == 1) 과 같음*/
                continue;
            printf("%d ",i);
        }
}
```

실행결과 2 4 6 8 10

예제 7-5는 continue문을 사용하지 않는 프로그램으로 쉽게 변경할 수 있다. 이와 같이 continue문은 사용하기 적합한 곳이 별로 없기 때문에 많이 사용되지 않는다.

실습 7-6

예제 7-5를 continue문을 사용하지 않는 프로그램으로 변경해 봅시다.

4.2 goto 문

goto 문은 무조건 분기문이다. 그 형식은 다음과 같다.

```
goto label;
```

goto 문을 만나면 무조건 레이블(label)로 분기하여 실행하게 된다. 레이블은 변수이름과 같은 방법으로 이름을 작성하며 레이블 뒤에 콜론(:)을 붙인다.

예제7-6은 goto 문을 이용하여 for 문과 같이 1부터 10까지 반복출력하는 예이다.

if 문의 수식 i<=10이 참이면 goto again; 문장에 의하여 레이블 again:으로 분기하여 실행하게 된다.

이와 같은 goto 문을 사용하면 프로그램이 비구조적이 되므로 이해하기 힘들어진다. 따라서, C프로그램에서는 goto 문을 거의 사용하지 않는다.

[예제 7-6] goto 문의 이용

```
#include <stdio.h>
main()
{
        int i;
        i=0;
    again:              /* 레이블 */
        i++;
        printf("%d ",i);
```

```
        if(i<10) goto again;
}
```

실행결과 1 2 3 4 5 6 7 8 9 10

복습문제

01 for 문에서 반복제어변수란 무엇인가?

02 for 문 중괄호 내부의 모든 수식을 생략하면 어떤 형식이 되는가, 그때의 기능은?

03 for문 중괄호 내부의 세미콜론으로 분리되는 세 개의 수식 중 나열연산자를 이용하여 여러개의 수식을 사용할 수 있는것은?

04 for 문을 두 개 중첩 사용하여 외부의 for 문은 10회 반복, 내부의 for 문은 20회 반복 할 때 전체 반복횟수는 몇회인가?

05 다음 프로그램을 while 문을 이용하여 바꾸어라.

```
for( i=0, j=0; i<100; i=i+2)
        j=j+i;
```

06 일반적으로 while 문보다 for 문을 쓰는 것이 편한 경우는?

07 break 문과 continue 문의 차이점을 설명하시오.

08 C 프로그램에서는 goto 문을 사용하지 않는 것이 좋다. 그 이유는?

연습문제

01 출력이 다음과 같은 프로그램을 작성하시오 (for 문을 이용할 것) 최하단의 *는 15개로 한다.

```
*
* * *
* * * * *
:
```

02 양의 정수 n값을 입력 받아1에서 n값까지의 합을 구하여 출력하는 프로그램을 작성하시오. 입력한 n값이 음수이면 합을 출력하지 않고 다음 n값을 입력 받는다. n값이 0이면 프로그램을 종료한다. (while 문, for 문, break 문, continue 문을 모두 사용하여 프로그램할 것)

03 어떤 사람이 30일간 일하기로 계약하여, 첫날 1000원, 둘째날 1500원, 셋째날 2000원과 같이 하루가 지날 때마다 그전날 임금에 500원씩을 더하여 받는다고 할 때 총 받는 임금을 계산하는 프로그램을 작성하시오.

04 다음을 계산하는 프로그램을 작성하시오.

(1)1*2+2*3+3*4+4*5+...+99*100
(2)1+(1+2)+(1+2+3)+...+(1+2+...+50)
(3)1+(1*2)+(1*2*3)+(1*2*3*4)+...+(1*2*3*...*10)

05 출력이 다음과 같은 프로그램을 작성하시오(for문을 이용할 것). 최하단의 숫자는 60이내로 한다.

```
1 : *
2 : * *
4 : * * * *
7 : * * * * * * *
11 : * * * * * * * * * * *
16 : * * * * * * * * * * * * * * * *
:
```

제 8 장

배열

01 배열의 선언 및 메모리 할당

배열은 같은 자료형의 여러 개의 변수를 한 번에 선언하여 쓰는 방법을 제공한다. 배열의 선언 형식은 다음과 같다.

자료형 배열이름[배열크기];

이와 같이 대괄호가 하나인(배열크기가 하나인)배열을 1차원 배열이라 한다. 다음 예제 8-1을 보자.

[예제 8-1] 배열의 사용

예제 8-1 배열의 사용

```
#include <stdio.h>
main()
{
        int i;
        float sum=0.0;
        float score[10];
        score[0] = 95.2;   score[1] = 86.4;   score[2] = 77.7;
        score[3] = 56.6;   score[4] = 45.0;   score[5] = 54.3;
        score[6] = 34.5;   score[7] = 33.3;   score[8] = 89.9;
        score[9] = 99.;
        for(i=0; i<10; i++)
                sum += score[i];
        printf("SUM = %f\n", sum);
}
```

실행 결과

```
671.899963
```

이 프로그램은 10개 실수의 값을 변수에 저장하고, 그 합을 구하는 프로그램이다.
여기서,

```
float score[10];
```

이란 문장은 변수를 배열로 선언한 것이다. 이의 의미는 다음과 같다.

◉ float : 배열의 자료형이 실수형임.
◉ score : 배열의 이름
◉ 10 : 배열의 크기, 즉 원소의 개수.
◉ 선언의 의미 : score[0], score[1], score[2],..., score[9]의 10개의 실수형 변수를 선언한 것과 같음.

일반적으로 score[i]에서 score라는 배열의 이름, i는 배열의 첨자(index)라 하며, 위에서 보는 바와 같이 첨자는 0부터 시작하므로 score[i]는 배열의 i +1 번째 원소(element)를 나타낸다.
10개 변수의 합을 구할 수 있다.

```
sum = score[0] + score[1] + socre[2] + score[3] + score[4] + score[5] + scroe[6] + score[7] + score[8] +score[9];
```

와 같은 방법으로 구할 것이다.
그러나, 배열을 사용한 경우

```
for(i = 0, sum = 0; i<10 ; i++){
        sum += score[i];
}
```

와 같이 for 반복문의 반복제어변수를 배열의 첨자로 이용하는 방법으로 구할 수 있다.
이와 같이 자료를 for 문이나 while 문을 이용하여 반복적인 계산을 할 때 배열을 사용하면 매우 유용하다.

배열을 선언하면 자료를 메모리에 연속적으로 저장한다. 예를 들어

```
char s[4];
```

와 같이 배열이 선언되었을 때, 배열 s가 100번지부터 메모리를 할당받는다고 가정하면,

100번지	s[0]
101번지	s[1]
102번지	s[2]
103번지	s[4]

와 같이 연속적으로 4바이트(char형은 자료의 크기가 1바이트이므로)의 메모리를 확보한다. 다은 예로 int n[5]; 와 같이 배열이 선언되면 10바이트(int형은 자료의 크기가 2바이트이므로)를 메모리에 연속적으로 할당 받는다.

실습 8-1

(예제 8-1)에서는 10개의 실수를 프로그램 상에서 대입하였으나 이를 사용자가 키보드로부터 입력하여 그 합을 구하는 형태로 바꾸어 봅시다.

02 배열의 초기화

모든 변수는 선언시 초기화 할 수 있다. 배열 또한 선언과 동시에 초기화 할 수 있다.

- 외부 변수 배열과 정적변수 배열은 선언과 동시에 초기화하지 않으면 자동적으로 배열의 모든 원소가 0으로 초기화된다.(외부 변수, 정적변수에 대해서는 후에 공부한다.)
- 배열의 초기화는

```
int n[5] = {1, 2, 3, 4, 5};
```

와 같이 중괄호를 이용한다. 이는 n[0] = 1, n[1] = 2, n[2] = 3, n[3] = 4, n[4] = 5로 초기화 한 것이다.

[예제 8-2] 배열의 초기화

```
#include <stdio.h>
main()
{
        int  days[12] = {31, 28, 31, 30, 31, 30, 31, 31, 30, 31, 30, 31};
        int  index;
        for(index = 0,sum = 0; index < 12 ; index++){
        printf("Month %d has %d days ₩n", index+1, days[index]);
        }
}
```

실행 결과

```
Month 1 has 31 days
Month 2 has 28 days
Month 3 has 31 days
Month 4 has 30 days
Month 5 has 31 days
Month 6 has 30 days
Month 7 has 31 days
Month 8 has 31 days
Month 9 has 30 days
Month 10 has 31 days
Month 11 has 30 days
Month 12 has 31 days
```

위의 프로그램은 1월부터 12까지 월과 그 달의 일수를 출력하는 프로그램이다. 여기서 day[0] = 31, days[1] = 28,.....,days[11] = 31과 같이 순서대로 값이 할당되어 초기화 한다.

· 배열을 선언과 함께 초기화할 경우 그 배열의 크기를 생략할 수 있다. 예를 들어,

```
int days[] = {31, 28, 31, 30, 31, 30, 31, 31, 30, 31, 30, 31};
```

와 같이 배열 크기를 생략한 경우 자동적으로 초기값의 개수 만큼 배열의 원소가 생성된다.

- 배열의 초기화 시 배열 크기보다 적은 수의 초기치가 주어지면 앞의 원소부터 차례로 초기치를 할당받고 할당받지 못한 원소들은 0값으로 초기화 된다. 배열 크기보다 많은 수의 초기치가 주어지면 오류가 발생한다.

실습 8-2

예제 8-2을 이용하여 1년의 날수를 계산하는 프로그램을 작성해 봅시다.

실습 8-3

20개의 서로 다른 정수를 1차원 배열에 초기값으로 저장한 후. 키보드로부터 임의의정수를 입력하여 배열에 저장되어 있는 정수 중 입력된 정수와 같은 정수가 발견되면 배열에서 그 원소의 위치를 출력하고 발견되지 않으면 “Not Found"라 출력하는 프로그램을 작성하시오.

● **문제분석**

20개의 정수를 배열에 초기값으로 저장하여 비교할 정수를 입력받는 부분, 저장된 정수와 입력받은 정수를 비교하여 출력하는 부분(반복문 이용)으로 나눌수 있다.

03 다차원 배열

3.1 다차원 배열의 선언 및 메모리 할당

앞에서 1차원 배열, 즉 배열의 첨자(index)가 하나인 경우의 배열에 대하여 알아 보았다. 그러나 배열의 첨자를 둘 이상 사용하여 다차원 배열을 선언할 수 있다. 2차원 배열의 예를 보면,

```
int n[2][3];
```

과 같이 선언하면, 행이 2이고 열이 3인 배열을 선언한 것이다. 그 의미는 n[0][0], n[0][1], n[0][2], n[1][0], n[1][1], n[1][2]와 같은 6개의 정수형 변수가 선언된 것이다. 배열s가 100번지부터 메모리를 할당받는다고 가정하면,

100번지	n[0][0]
102번지	n[0][1]
104번지	n[0][2]
106번지	n[1][0]
109번지	n[1][1]
110번지	n[1][2]

와 같이 연속적으로 6개의 변수에 대하여 12바이트 (int형은 자료의 크기가 2바이트이므로)의 메모리를 확보한다. 위의 그림에서 보는 바와 같이 행 우선으로 메모리를 할당받는다. 3차원 배열이

```
int n[2][3][4];
```

와 같이 선언되었다면, 2 × 3 × 4=24개의 정수형 변수가 선언된 것이다.

3.2 다차원 배열의 초기화

다차원 배열을 선언시 초기화하는 데 있어서 특징은 다음과 같다.

· 1차원 배열과 같은 방법으로 중괄호({})안에 초기값을 나열한다.

예 `int n[2][3] = {1, 2, 3, 4, 5, 6};`

n[0][0] = 1, n[0][1] = 2, n[0][2] = 3, n[1][0] = 4, n[1][1] = 5, n[1][2] = 6과 같이 초기화된다.

· 각 행별로 중괄호를 묶어 초기화 한다.

예 `int n[2][3] = {{1, 2, 3}, {4, 5, 6}};`

· 2차원 배열의 첫번째 첨자를 생략할 수 있다(두번째 첨자는 생략할수 없다).

예 `int n[][3] = {1, 2, 3, 4, 5, 6};`

3.3 다차원 배열의 사용

다차원 배열의 사용 예를 알아보자. 앞의 2.2절 1차원 배열의 에에서 배열 days는 매월의 날짜수를 가지고 있었다. 이 배열을 매월과 그 달의 일수를 동시에 가지고 있는 2차원 배열로 바꾸어 보면 다음과 같다.

```
int days[12][2] = {{1,31}, {2,28}, {3,31}, {4,30}, {5,31}, {6,30}, {7,31},
{8,31}, {9,30}, {10,31}, {11,30}, {12,31}
```

여기서, 각 행은 달과 그달의 일수를 가지고 있다. 따라서, 12행과 2열을 갖는 2차원 배열의 형태를 취한다. 이를 이용한 예제 8-3를 보자

[예제 8-3] 2차원 배열의 사용

```
main()
{
        int  i, j;
        int  days[12][2] = {{1,31}, {2,28}, {3,31}, {4,30}, {5,31}, {6,30}, {7,31},
                            {8,31}, {9,30}, {10,31}, {11,30}, {12,31}};
        for(i = 0; i < 12 ; i++){
            printf(" Month:");
            for(j = 0; j < 2; j++)
                printf(" %d ", days[i][j]);
            printf("days ₩n");
        }
}
```

실행 결과

```
Month : 1 31 days
Month : 2 28 days
Month : 3 31 days
Month : 4 30 days
Month : 5 31 days
Month : 6 30 days
Month : 7 31 days
Month : 8 31 days
Month : 9 30 days
Month : 10 31 days
Month : 11 30 days
Month : 12 31 days
```

이와 같이 이중 for 루프를 이용하면 2차원 배열의 모든 원소들을 참조할 수 있다.

실습 8-4

행이 5이고 열이 5인 2차원 배열 (5 × 5)에 25개의 정수를 입력받아 저장한 후, 이중 가장 큰 수를 찾아 그 행, 열과 원소값을 출력하는 프로그램을 작성해 봅시다.

실습 8-5

행이 4이고 열이 5인 2차원 배열 (4 × 5)에 20개의 정수를 입력 받아 저장한 후 한줄에 한 행씩 출력하는 프로그램을 작성해 봅시다.

◉ 입력 예

Enter 20 Integer numbers : 1 2 3 4 5 6 7 8 9 10 11 12 13 14 15 16 17 18 19 20 [Enter↵]

◉ 출력 예

```
1    2    3    4    5
6    7    8    9    10
11   12   13   14   15
16   17   18   19   20
```

복습문제

01 변수를 배열로 선언하여 사용하면 얻을 수 있는 장점은?

02 다음과 같이 배열이 선언되어 있을 때 물음에 답하시오.

```
int n[5] = {1, 2, 3, 4, 5};
int nn[3][4] = {1, 2, 3, 4, 5, 6, 7, 8, 9, 10, 11, 12};
```

(1) n[2], nn[1][2]

(2) 배열 n의 시작주소가 120번지 일 때 n[4]의 주소는?

(3) 배열 nn의 시작주소가 100번지 일 때 nn[1][3]의 번지는?

03 1차원 배열과 2차원 배열의 선언시 초기화 방법을 열거하고 예를 들으시오.

연습문제

01 10개의 정수를 입력하여 1차원 배열에 저장한 후, 그 중 가장 큰 값과 가장 작은값을 찾아 출력하는 프로그램을 작성하시오.

02 20개의 정수를 입력받아 그들 중 같은 값이 두 번 이상 나오는 수를 출력하는 프로그램을 작성하시오.

03 9개의 정수를 입력하여 3 × 3 2차원 배열에 저장한 후, 배열의 모든 원소를 제곱 하여 출력하는 프로그램을 작성하시오.

04 7개의 정수(1에서 20 사이의 수)를 입력하여 1차원 배열에 저장한 후, 숫자 만큼의 '*'표시로 히스토그램을 그리는 프로그램을 작성하시오.

◉ 입력 예

```
5 14 5 6 7 10 12 [Enter↵]
```

◉ 출력

```
5 :*****
14 :**************
5 :*****
6 :******
7 :*******
10 :**********
12 :************
```

05 4번의 히스토그램을 다음과 같은 형태로 출력하는 프로그램을 작성하시오.

```
20
18
16
14         *
12         *                                *
10         *                          *     *
8          *                          *     *
6          *           *     *        *     *
4    *     *     *     *     *        *     *
2    *     *     *     *     *        *     *
-----------------------------------------------------
     5     14    5     6     7        10    12
```

06 학생 5명의 국어, 영어, 수학 점수를 입력하여 그 점수와 평균, 총점을 출력하는 프로그램을 작성하시오.

◉ 입력 예

```
Enter score(국어, 영어, 수학) : 50 40 30 [Enter↵]
Enter score(국어, 영어, 수학) : 50 60 70 [Enter↵]
Enter score(국어, 영어, 수학) : 80 75 85 [Enter↵]
Enter score(국어, 영어, 수학) : 60 80 70 [Enter↵]
Enter score(국어, 영어, 수학) : 40 30 20 [Enter↵]
```

◉ 출력

```
==========================================
NO          국어    영어    수학    총점    평균
==========================================
1           50      40      30      120     40
2           50      60      70      180     60
3           80      75      85      240     80
4           60      80      70      210     70
5           40      30      20      90      30
===========================================
```

07 버블 정렬(Bubble Sort) 알고리즘을 이용하여 20개의 정수를 입력받아 오름차순으로 정렬하여 출력하는 프로그램을 작성하시오.

제 9 장

함수(I)

01 함수의 구조와 호출

지금까지 우리는 main() 함수와 내장함수를 이용하여 프로그램을 작성하였다. 그러나 C 언어프로그램은 main() 함수뿐만 아니라 프로그램 개발자가 필요로 하는 여러 가지 함수를 만들어 사용할 수 있다. 예제 9-1을 보자.

[예제 9-1] 2차원 배열의 사용

```
#include <stdio.h>
main()
{
        printf("1. Inside function main() ₩n");
        prn_1();
        printf("4. Inside function main() ₩n");
        prn_2();
        printf("6. Inside function main() ₩n");
}
prn_1()
{
        printf("2. Inside function prn_1() ₩n");
        printf("3. Inside function prn_1() ₩n");
}
prn_2()
{
        printf("5. Inside function prn_2() ₩n");
}
```

실행 결과

```
1. Inside function main()
2. Inside function prn_1()
3. Inside function prn_1()
4. Inside function main()
5. Inside function prn_2()
6. Inside function main()
```

이 예는 하나의 프로그램이 3개의 함수(main(), prn_1(), prn2())로 구성되어 있다. 이와 같이 일반적인 C 프로그램은 main() 함수뿐만 아니라 프로그래머가 작성한 여러 함수로 이루어 진다. 모든 함수는 같은 구조를 가지고 있다. 즉,

```
함수이름()
{
        문장들
}
```

와 같은 형태를 갖는다. 우리가 이미 알고 있다시피 C 프로그램은 main() 함수의 첫째 문장으로부터 시작하여 main() 함수의 마지막 문장을 실행하고 끝난다.

그러면 위 프로그램의 실행순서를 살펴보자.

1. main() 함수의 첫 문장 printf("1.Inside function main() \n");를 실행한다.
   출력 결과 : 1. Inside function main()

2. mian() 함수의 두번째 문자 prn_1()를 실행한다. 보다시피 prn_1()은 이 프로그램 내에 있는 다름함수의 이름이다. 이와 같이 다른 함수의 이름을 문장에 써주는 것을 함수를 호출(call)한다고 한다. 즉, 여기서는 mian() 함수에서 prn_1() 함수를 호출한 것이다. 이와 같이 함수를 호출하면 프로그램의 실행이 호출된 함수(여기서는 prn_1() 함수)로 넘어간다. 즉, prn_1() 함수의 시작 문장부터 실행하게 된다.

3. prn_1() 함수의 첫 문장 printf("2.Inside function prn_1()\n");를 실행한다.
   출력결과 : 2. Inside function prn_1()

4. prn_1() 함수의 두 번째 문장 printf("3.Inside function prn_1()\n"); 실행한다.
   출력결과 : 3. Inside function prn_1()

   호출된 함수(여기서는 prn_1() 함수)의 모든 문장이 실행되면 호출된 함수(여기서는 main() 함수)로 실행이 넘어간다.

5. main() 함수의 다음문장 printtf("4.Inside function main()\n");를 실행한다.

   출력결과 : 4. Inside function main()

6. main() 함수의 두번째 문장 prn_1()를 실행한다. main() 함수에서 prn_2() 함수를 호출한것이다. 프로그램의 실행이 prn_2() 함수로 넘어간다.

7. prn_2() 함수의 첫 문장 printtf("5.Inside function prn_2()\n");를 실행한다.

   출력결과 : 5. Inside function prn_2()

8. main() 함수의 마지막 문장 printtf("6.Inside function main()\n");를 실행하고 프로그램의 실행을 마친다.

   출력결과 : 6. Inside function main()

이와 같이 한 함수에서 다른 함수를 호출하면 프로그램의 실행 제어가 호출된 함수로 넘어가게 되고 호출된 함수내의 모든 문장의 실행이 끝나면 호출한 함수로 프로그램의 실행 제어를 넘겨주게 된다. 위 예에서는 main() 함수에서만 다른 함수를 호출하였지만 모든 함수는 다른 함수를 호출할 수 있다. 다른 함수를 호출할 때는 호출하는 함수의 이름과 괄호를 써주면 된다.

위에서 본 바와 같이 함수란 이름을 가지고 다른 함수가 호출할 수 있도록 하는 문장들의 집합이라 할 수 있다.

실습 9-1

위의 예제 9-1에서 함수 prn_1()의 마지막 부분에서 prn_2() 함수를 호출하도록 프로그램을 바꾸어 봅시다.

● 문제분석

모든 함수는 자신의 프로그램 안에 있는 다른 함수를 호출할 수 있다. 따라서, prn_1() 함수 안에서 prn_2() 함수를 호출할 수 있다. 즉, prn_1() 함수 내에 prn_2(); 문장을 써 넣으면 함수 prn_2()를 호출하게 된다.

실습 9-2

두 개의 정수를 입력받아 그 중 큰 수를 출력하는 함수 big()을 만들고, 이 함수를 main() 함수에서 호출하는 프로그램을 작성해 봅시다.

● 문제분석

이 프로그램은 main()과 big() 함수 즉, 두개의 함수로 이루어진 프로그램이다. 먼저, main() 함수가 나와야 한다. main() 함수에는 단순히 big() 함수를 호출하는 문장만이 필요하다. main() 함수 다음으로, big() 함수가 나온다. big() 함수는 두 정수를 입력받아 큰 수를 찾아내어 출력하는 기능을 가지고 있어야 한다. 전체 프로그램의 구조는 다음과 같다.

```
main()
{
        big() 함수의 호출
}
big()
{
        두 정수를 위한 변수선언
        두 정수의 입력
        두 정수를 비교하여 큰 수를 찾음
        큰 정수를 출력
}
```

02 값을 반환하는 함수(함수의 자료형)

앞에서는 우리는 함수의 기본형태와 함수의 호출에 대하여 알아보았다. 함수는 다른 함수에 의하여 호출되면 단순히 문장들을 실행하는 역할뿐만 아니라 호출한 함수로 값을 반환하는 기능도 가지고 있다. 즉, 한 함수가 다른 함수를 호출하면 호출된 함수는 문장들의 실행을 마치고 호출한 함수로 제어권을 넘겨줄 때(되돌아 올 때) 지정한 값도 함께 넘겨 줄 수 있다.

예제 9-2를 보자

[예제 9-2] 값을 반환하는 함수

```
#include <stdio.h>
main()
{
        int i;
        int sum();          /* (1)  호출할 함수의 선언*/
        i = sum();          /* 함수 sum()의 반환값을 변수 i에 저장 */
        printf("1+2+..+10 = %d",i);
}
int sum()               /* (2) 함수의 정의 및 자료형 명시*/
{
        int i,j;
        for(i = 1, j = 0; i<=10; i++)
            j = j+i;
        return j;         /* (3) 호출한 함수로 변수 j값 반환*/
}
```

실행 결과 1+2+..+10=55

여기서, 우선적으로 알아두어야 할 사항은 함수 안에서 선언된 변수는 그 함수 내에서만 사용할 수 있다는 것이다. 즉, main() 함수 내의 변수 i는 sum() 함수에서는 사용할 수 없으며, sum() 함수 내이 변수 i,j는 main() 함수 내에서는 사용할 수 없다. 따라서, sum() 함수의 변수 i와 main() 함수의 변수 i는 별개의 변수이다. 이에 대하여 자세한 사항은 뒤에서 다룰 것이다.

우선 위 예의 실행순서를 살펴보자.

1. main() 함수의 i=sum(); 문장의 우측을 실행한다 (int i;와 int sum();은 선언문임). 이 문장은 sum()의 값을 변수 i에 저장하는 대입문이다. 문장의 수식 오른쪽에서 함수 sum()을 호출하였으므로 프로그램의 실행이 sum() 함수로 넘어간다.
2. sum() 함수 내의 for 루프를 실행한다. 실행결과 변수 j에는 1에서 100까지의 더한 결과가 저장된다.
3. sum() 함수 내의 return j; 문장을 실행한다. 이 문장의 의미는 sum() 함수의 실행을 끝내면서 변수 j의 값을 호출한 함수(여기서는 main() 함수)로 반환하는 것이다.
4. main() 함수의 i=sum();문장을 실행한다.즉, sum() 함수를 실행하고 반환된 값을 변수 i에 대입한다. 따라서, 변수 i가 1에서 10까지의 더한 결과 값을 갖는다.
5. main() 함수의 printf("1+2+..+10=%d",i); 문장을 실행한다.

출력결과 : 1+2+..+10=55

이와 같이 호출된 함수가 호출한 함수로 값을 반환하기 위해서는 위 프로그램에서 보는 바와 같이 다음과 같은 사항을 프로그램상에서 명시하여야 한다.

첫째, 값을 반환할 때는 return 문을 이용한다.

return문의 형식은 다음과 같다.

```
return (식);
```

여기서, 식의 괄호는 생략할 수 있다. return 문의 기능은 현재 실행하고 있는 함수의 실행을 끝내고 현재의 함수를 호출한 함수로 복귀하면서 식의 값을 호출한 함수에 반환하는 것이다. 여기서 식으로는 상수, 변수, 수식 등이 가능하다. return 문에서 식을 생략할 수 있다. 즉, 다음과 같은

```
return;
```

문장을 만나면, 단수히 현재 실행하고 있는 함수의 실행을 끝내고 호출한 함수로 복귀하여 반환값을 갖지 않는다.

둘째, 반환할 값의 자료형을 함수의 이름 앞에 명시하여야 한다

위 프로그램에서 함수를 정의할 때 다음과 같이 함수의 이름 앞에 반환값의 자료형(이를 함수의 자료형 또는 함수의 형명이라 한다.)을 명시한다.

```
int sum()
```

이 의미는 함수 sum()이 반환할 값의 자료형(여기서는 변수 j의 자료형)이 정수형이라는 것을 명시한 것이다.

반환값이 없을 때에는 다음과 같이

```
void function_name()
```

반환값이 없는 함수임을 알리기 위하여 함수 이름 앞에 예약어 void를 붙인다.

함수의 자료형이 생략되어 있는 경우 컴파일러는 반환값의 자료형이 정수형(int)이라 판단한다. 따라서, 반환값이 정수형일 때에는 함수의 자료형을 생략할 수 있으나 프로그램을 명확하게 하기 위하여 명시하는 것이 바람직하다.

따라서, 1절에서 언급한 함수의 기본형태는 실제 다음과 같이 확장할 수 있다.

```
자료형 함수의_이름()
{
        문장들
}
```

셋째, 함수 내에서 다른 함수를 호출하기 위해서는 함수의 선언부분에 호출할 함수의 원형 (function prototype)를 선언해야 한다.

이를 forward declaration)이라 한다.

위 프로그램에서 main() 함수의 선언부분에 있는

```
int sum();
```

은 main() 함수에서 호출할 sum() 함수가 int형의 자료를 반환한다는 것을 컴파일러에게 알려주는 것이다. 함수의 자료형이 정수형(int)일 때는 이 함수의 선언을 생략할 수 있다.

반환값을 갖는 함수는 그 함수를 호출하는 함수에서 변수와 같은 역할을 한다. 즉, 위의 프로그램에서 main() 함수 안의 두문장

```
i = sum();

printf("1 + 2 +..+ 10 =  %d",i);
```

→

```
printf("1 + 2 +..+ 10 =  %d" , sum());
```

와 같이 한 문장으로 표현해도 같은 결과를 얻는다.

실습 9-3 함수의 자료형

실습 9-2에서 함수 big()이 두 수 중 큰 수를 main() 함수에 넘겨주어 main() 함수에서 출력하도록 프로그램을 작성해 봅시다.

● 문제분석

실습 9-2의 프로그램 결과에 아래와 같은 기능을 추가하면 된다. 즉, main() 함수에서는 big() 함수로부터 반환값을 받아 출력하며, big() 함수에서는 두 정수 중 큰 정수를 구하여 반환하는 기능을 추가해야 한다.

```
main()
{
        big() 함수의 선언


        big() 함수를 호출하여 반환값을 변수에 저장
        위의 변수값을 출력
}
int big()
{
        두 정수를 위한 변수선언
        두 정수의 입력
        두 정수를 비교하여 큰 수를 찾음
        큰 정수를 반환
}
```

03 함수의 매개 변수전달

앞 절에서 우리는 함수의 자료형에 대하여 공부하였다. 함수의 변환 값은 호출된 함수에서 호출한 함수로 값을 전달하는 기능이다.

함수가 가지는 또 하나의 성질은 호출한 함수에서 호출된 함수로 값을 전달하는 기능이다. 이 값의 전달은 변수에 의하여 이루어지며, 이를 매개 변수 또는 인수(parameter or argument)라 한다.

다음의 (예제 9-3)를 보자.

[예제 9-3] 매개 변수를 갖는 함수

```
#include <stdio.h>
main()
{
        int m,n,i;
        int sum(int x, int y);          /*①함수의 선언 */
        m = 10; n = 20;
        i = sum(m,n);        /*②인수를 갖는 함수의 호출 */
        printf("%d + %d = %d ₩n", m,n,i);
        printf("20 + 30 = %d", sum(20,30)); /*③함수의 호출(인수로 값을 대입) */
}
int sum(int x, int y)     /* ④인수를 갖는 함수의 정의 */
{
         return x+y;
}
```

실행 결과

```
10 + 20 = 30
20 + 30 = 50
```

우선 이 프로그램의 실행 순서를 알아보자.

1. main() 함수의 대입문 m = 10;과 n = 20;을 실행한다.
2. i = sum(m, n) 문장의 오른쪽을 수행한다. 즉, sum(m, n)을 수행한다.
   이는 sum() 함수를 호출하는 것이다. 여기서 색다른 것은 sum() 함수의 괄호 속에 변수 m, n이 들어 있다는 것이다. 이를 인수라 한다. 이것은 의미는 함수 sum()을 호출하면서 변수 m과 n의 값을 sum() 함수에 넘겨주는 것이다. 즉, 넘겨주는 인수 m과 n은 실제 sum() 함수가 정의되어 있는 곳의 인수 x, y와 일대일로 대응된다. 따라서, 함수 sum()의 변수 x의 값은 10이 되고, y의 값은 20이 된다.
3. sum() 함수 내의 return x + y;문을 실행한다.
   이는 변수 x와 y값을 더하여 호출한 함수(여기서는 main() 함수)로 반환하는 것이다. x의 값은 10이고, y의 값은 20이므로 더한 값이 30이 반환된다.
4. i = sum(m, n) 문장을 실행한다.
   따라서, 변수 i의 값은 반환값 30이 된다.
5. printf("%d + %d = %d\ n", m, n, i);를 수행한다.
   실행결과 : 10 + 20 = 30
6. printf("20 + 30 = %d", sum(20, 30)); 문장 내의 sum(20,30)를 수행한다.
   앞에서 이야기한 바와 같이 인수로 정수 20과 30를 전달한다. 따라서, 함수 sum()의 변수 x의 값은 20이되고, y의 값은 30이 된다.
7. sum() 함수 내의 return x + y;문을 수행한다.
   x의 값은 20이고, y의 값은 30이므로 다한 값 50이 반환된다.
8. printf("20 + 30 = %d", sum(20, 30)); 를 수행한다.
   실행결과 : 20 + 30 = 50

이와 같이 호출한 함수가 호출된 함수로 값을 전달하기 위해서는 위 프로그램에서 보는 바와 같이 다음과 같은 사항을 프로그램 상에서 명시하여야 한다.

첫째, 함수를 정의할 때 위 프로그램 ④와 같이 인수를 명시하여야 한다. 즉, 전달 받을 변수의 이름과 자료형을 명시하여야 한다. 이를 가인수라 한다. 인수가 여러개일 때에는 콤마로 구분한다. 인수의 개수는 필요한 만큼 사용할 수 있다 (ANSI표준에서 최소한 31개까지 사용가능함).

```
int sum(int x, int y)
```

은 함수 sum()은 인수로 정수형(int) 값 두개를 변수 x와 y로 전달받는다는 의미이다.

함수의 인수가 없을 때에는 다음과 같이 괄호내에 예약어 void를 명시하는 것이 바람직하다.

```
function_name(void)
```

따라서 인수를 갖는 함수의 형태는 다음과 같다.

```
자료형 함수이름(인수1, 인수2, ....)
{
        문장들
}
```

둘째, 다른 함수를 호출하기 위해서는 함수의 선언부분에서 호출할 함수를 선언할때, 위 프로그램 ①과 같이 인수도 명시하여야 한다. 여기서, 인수의 자료형만 쓰고 이름은 생략해도 상관없다. 또한, 인수의 이름은 함수의 정의에 쓰인 이름과 같을 필요는 없다.

```
int sum(int x, int y);
```

이것은 다음과 같이 인수의 이름을 생략할 수 있다.

```
int sum(int, int);
```

또한, 아래와 같이 인수의 이름은 어떤 이름을 써도 상관없다.

```
int sum(int a, int b);
```

셋째, 함수를 호출할 때 위 프로그램의 ②와 같이 인수를 전달하여야 한다. 이를 실인수라 한다. 실인수는 가인수와 일대일로 대응된다. 인수의 개수와 자료형은 함수에 정의되어 있는 것과 같아야 한다.

```
int sum(m,n);
```

③과 같이 인수로 상수나 수식을 사용할 수도 있다.

```
sum(20, 30)
```

실습 9-4 함수의 매개 변수

실습 9-3을 두 실수의 입력을 main() 함수에서 받고, 이를 big() 함수에 인수로 전달하여, 이 두 수 중 큰 수를 main() 함수에 반환하여, main() 함수에서 출력하도록 프로그램을 수정해 봅시다.

● 문제분석

실습 9-3의 프로그램 결과에 아래와 같은 기능을 추가하면 된다. 즉, main() 함수에서는 두 실수를 입력받아 big() 함수에 매개 변수로 넘겨주고 반환값을 받아 출력하며, big() 함수에서는 매개 변수로 받은 두 수 중 큰 수를 구하여 반환하는 기능을 추가해야 한다.

```
main()
{
        big() 함수의 선언

        두실수의 입력
        big() 함수를 호출하여 두 정수를 매개 변수로 넘겨주고, 반환값을 변수에 저장
        위의 반환된 변수값을 출력
}
int big(int x, int y)
{
        두 실수(x,y)를 비교하여 큰 수를 찾음
        큰 실수를 반환

}
```

실습 9-5 함수의 매개 변수

main() 함수에서 n의 값을 읽어 들이고, 이 값을 sum() 함수에 인수로 넘겨 sum(n) = 1+2+...+n의 합을 계산하여. 그 결과를 main() 함수에 반환하고, main() 함수에서 출력하는 프로그램을 작성하시오.

● 문제분석

(1) main 함수에서 할 일

키보드로부터 정수 값 n을 읽어 들인다.

함수 sum을 호출하여 n값을 sum 함수에 넘겨주고, sum 함수로부터 반환된 값을 변수(변수명을 result라 하자)에 저장한다.

result값을 출력한다.

(2) 함수 sum에서 할 일

main 함수로부터 n값을 인수(가인수)로 넘겨 받는다.

반복문을 사용하여 1부터 n까지의 합을 구한다.

n값을 main 함수에 반환한다.

(순서도)

(1) 함수 sum()

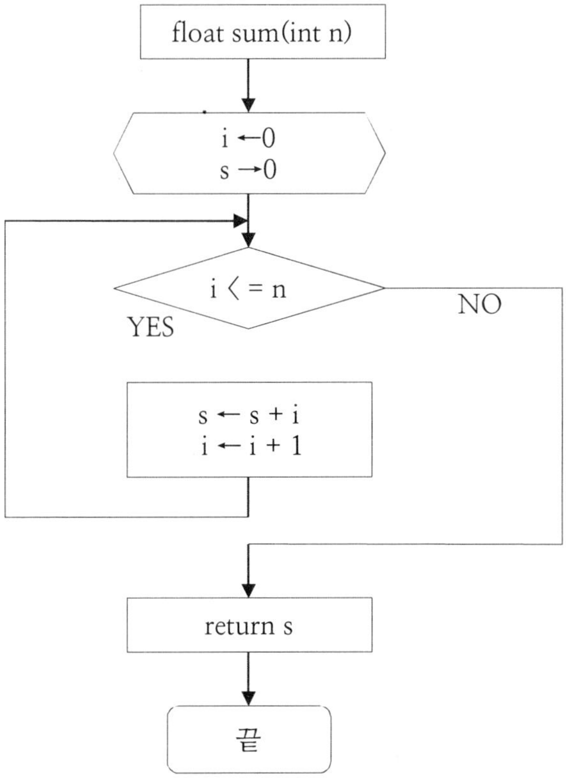

(2)main() 함수

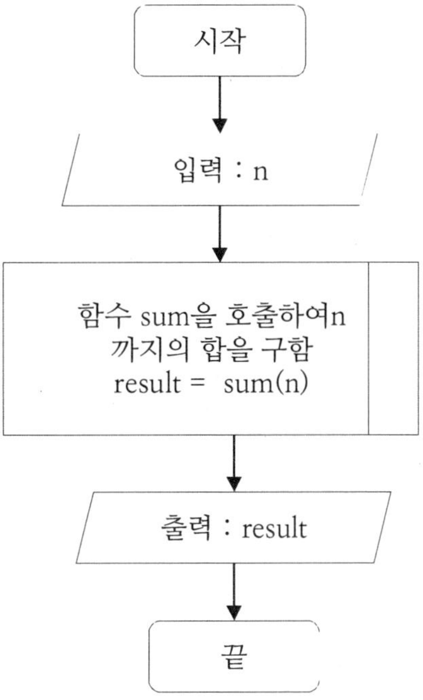

복습문제

01 return문의 기능을 설명하시오.

02 함수의 자료형이라 함은 어떤 의미인가?

03 forward declaration이란 무엇인가?

04 함수가 값을 반환하기 위하여 함수 상에서 명시해야 할 사항을 설명하시오.

05 가인수와 실인수의 차이점을 쓰시오.

연습문제

01 한개의 정수를 입력받아 1부터 입력받은 정수까지의 합을 계산하여 결괄르 출력하는 함수 sum()를 작성하고, 이 함수를 main() 함수에서 호출하는 프로그램을 작성하시오.

(예)입력:5　　　출력:15

02 1번 프로그램을 계산 결과를 sum() 함수에서 출력하지 않고 main() 함수에 넘겨주어, main() 함수에서 출력하는 형태로 바꾸시오.

03 2번 프로그램을 sum() 함수에서 정수를 입력받지 않고 main() 함수에서 정수를 입력받아, sum() 함수에 인수로 넘겨주는 형태로 바꾸시오.

04 두개의 실수형 인수 값을 받아 함수 sum(), 그 차를 구하는 함수 sub(), 그 곱을 구하는 함수 mul() 를 작성하고, main() 함수에서 입력받은 두 실수의 합, 차, 곱을 이들 함수를 이용하여 출력하는 프로그램을 작성하시오.

05 3번에서 작성한 sum() 함수를 이용하여

1+(1+2)+(1+2+3)+...+(1+2+3+...+50)
의 결과를 구하는 프로그램을 작성하시오.

힌트 main() 함수에서 sum() 함수의 인수를 1부터 50까지 증가시키면서 반복적으로 호출하여 그 반환 값을 더한다.

06 5번의 결과 프로그램을 이용하여 sum_sum이란 이름의 함수를 작성한다. sum_sum() 함수 는 하나의 정수형 인수 값을 받아 아래와 같이 그 인수 값까지의 합을 구한다. 인수가 n이라면, 1+(1+2)+(1+2+3)+...+(1+2+3+...+n)

main() 함수에서 한 정수를 받아 sum_sum() 함수에 인수로 넘겨 위 식과 같은 결과를 받아 출력하는 프로그램을 작성하시오

이 프로그램은 main(), sum(), sum_sum()의 3개의 함수로 이루어진다.

제 10 장

포인터와 배열

01 포인터의 기초

1.1 변수와 주소

프로그램을 작성할 때 변수를 선언하면, 컴파일러는 그 변수값을 저장하기 위하여 그 변수의 자료형에 따라 적당한 크기의 공간(space)를 메모리(주기억장치)에 확보한다. 모든 변수는 메모리에 자신이 저장되는 공간을 가지고 있는 것이다. 즉, 변수는 자신이 저장되는 메모리의 주소(address, 번지)를 가지고 있다. 우리는 임의의 변수가 저장되어 있는 메모리의 주소를 알 수 있다. 예제 10-1을 보자.

[예제 10-1] 변수의 주소

```
include <stdio.h>
main()
{
        int x, y;
        x = 10;
        y = 20;
        printf(" x = %d; y = %d ₩n", x, y);
        printf("address of x = %u; address of y = %u", &x, &y);
}
```

실행 결과

```
x = 10; y = 20
address of x = 6590; address of y = 6588
```

위 예제에서 &x와 같이 변수이름 앞에 &기호를 사용하였다. 이는 변수 x가 저장되어 있는 주소를 나타낸다. & 기호를 주소연산자라 하며 대상체의 주소를 나타내는 단일 연산자 이다. 즉, 두 번째 printf()문은 변수 x와 y의 주소를 출력하라는 뜻이다 (주소는 unsigned int 자료형을 갖는다). 실행결과에서 우리는 변수 x는 6590번지에 y는 6588번지에 저장되어 있음을 알 수 있다. 그림으로 나타내면 다음과 같다.

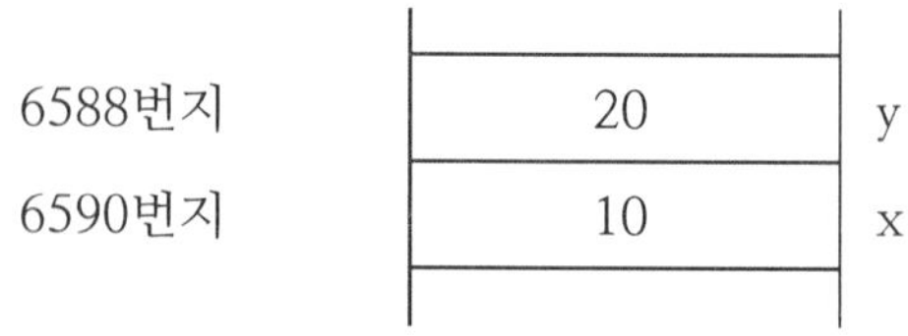

그림 10-1 변수와 주소

1.2 포인터 변수

앞에서 모든 변수는 자신이 저장된 메모리의 주소를 가지며 그 주소는 주소연산자(&)를 이용하여 알 수 있다는 것을 배웠다. C 언어에서는 메모리의 주소만을 그 값으로 가지는 변수를 선언할 수 있다. 이 변수를 포인터 변수(또는, 줄여서 포인터라 함)라 한다.

[예제 10-2] 포인터 변수

```
#include <stdio.h>
main()
{
        int x;
        int *ptr;
        x = 10;
        ptr = &x;
        printf("address of x = %u, ptr = %u ₩n", &x, ptr);
        printf(" x = %d, *ptr = %d ₩n", x, *ptr);
        *ptr = 30;
        printf(" x = %d, *ptr = %d ₩n" , x, *ptr);
}
```

실행 결과

```
address of x = 6590, ptr = 6590
x = 10, *ptr = 10
x = 30, *ptr = 30
```

위 예제 10-2에서,

int *ptr;

는 정수형 포인터 변수를 선언한 것이다. 즉, 변수 ptr은 정수형 변수의 주소값을 저장할 수 있는 변수이다. *ptr은 포인터 ptr이 가리키는 주소에 저장되어 있는 값 즉, 정수값을 나타낸다. *기호을 간접연산자라 하며 포인터가 가리키는 주소에 있는 값을 나타내는 단일 연산자이다.

ptr = &x;

는 변수 x의 주소값을 포인터 ptr에 대입하는 문장이다. 이렇게 함으로써 변수 x의 변수 x의 값은 *ptr과 같게 된다. 이를 그림으로 나타내면 다음과 같다.

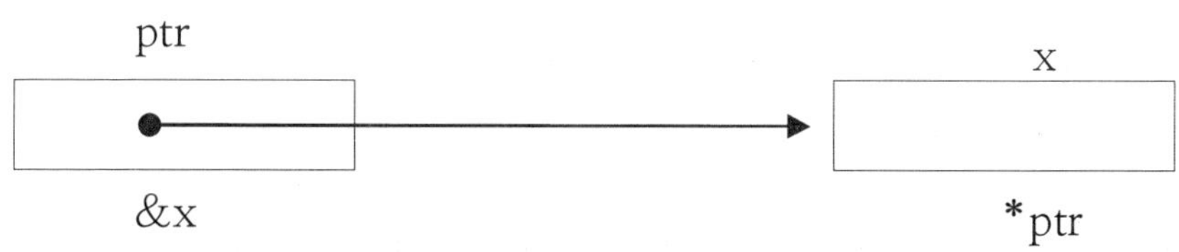

그림 10-2 포인터 변수

위의 예제에서 기존 변수의 주소를 포인터에 대비하였다.
만일 다음 예와 같이

```
main()
{
        int *ptr
        *ptr = 10;        /* worng */
```

프로그램을 하였다 하자. 우리가 이미 알고 있다시피 변수를 선언하면 변수값을 저장할 저장장소를 확보한다. 또한 그 확보된 저장장소에는 이전에 저장되어 있는 값이 존재한다. 이 값을 쓰레기(garbage)라 한다. 이 쓰레기 값은 대부분의 경우 주소 값으로 적당하지 않다. 따라서, 이 경우 포인터 ptr는 엉뚱한 값(쓰레기)을 주소 값으로 가지고 있으므로 잘못 사용한 것이다. 또한 다음 예와 같이

```
main()
{
        int *ptr
```

```
*ptr = 200;        /* worng */
```

임의로 포인터 ptr에 번지를 할당하는 것은 의미가 없는 번지일 수 있으므로 옳은 방법이 아니다.(뒤에 동적으로 메모리를 할당받는 방법에 대하여 공부하게 된다) 다음 예와 같이

```
main()
{
        int x;
        float *ptr;

        ptr = &x;          /* worng */
        *ptr = 29.6;
```

변수 x와 포인터 변수 ptr은 자료형이 서로 다르다. C컴파일러는 포인터에 대하여 참조할 데이터의 자료형을 가지고 있으므로 위와 같이 자료의 크기가 다른 변수의 주소를 대입하면 문제가 발생한다.

지금까지 기술한 내용을 요약하면 다음과 같다.

- 포인터 : 주소의 기호적 표현
- 주소연산자(&) : 대상체의 주소를 나타내는 단일 연산자. Ex 〉 &x
- 포인터 변수 : 다른 변수의 주소를 갖는 변수. Ex 〉 ptr = &x;
- 간접연산자(*) : 포인터가 가리키는 주소에 저장되어 있는 값. Ex 〉 val = *ptr;

실습 10-1

예제 10-2의 프로그램에서 변수 x값을 100으로 변경하고 *ptr 값의 변화를 확인해 봅시다. 또한, 포인터 변수 ptr의 저장주소를 출력해 봅시다.

02 포인터와 1차원 배열

2.1 포인터와 1차원 배열의 관계

이미 우리는 배열에 대하여 공부하였다. C 언어에서 포인터와 배열은 밀접한 관계를 가지고 있다. 1차원 배열의 이름은 배열의 시작 주소를 가리키는 상수 포인터 값이다.
여기서 상수 포인터라 함은 상수이기 때문에 그 ㄱ밧을 바꿀 수 없는 포인터라 뜻이다.
다음의 예를 보자

```
main()
{
  int days[12] = {31, 28, 31, 30, 31, 30 , 31, 31, 30, 31, 30, 31};
  int index;
  for(index = 0; index < 12; index++)
          printf("Month %d has %d days. \n", index+1, days[index]);
}
```

위 예는 앞 장에서 살펴본 것으로 1월부터 12월까지 월과 그 달의 일수를 출력하는 프로그램이다.
여기서 배열 이름 **days**는 실제로 배열 **days**의 시작 주소를 가리키는 포인터 상수이다.
즉,

days == &days[0], *days == days[0]

와 같다. 또한, days는 int형 포인터 상수이므로 days + 1은 배열의 두번째 원소를 가리키는 포인터가 된다. 즉, (days +1) == &days[1], *(days +1) == days[1]이다. 이를 그림으로 나타내면 그림 10-3과 같다.

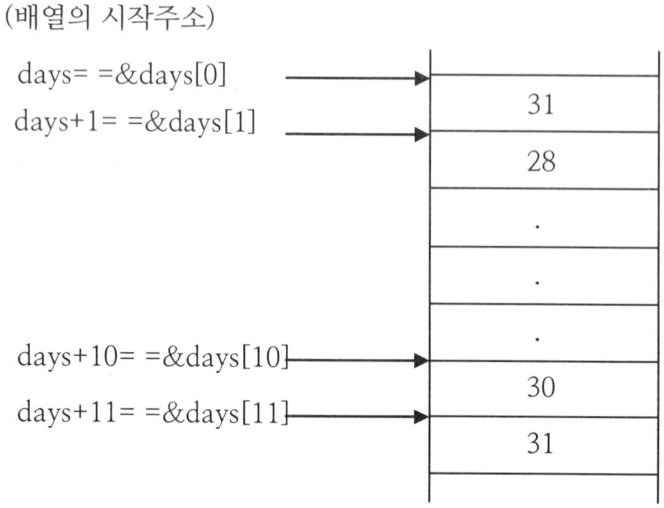

그림 10-3 배열과 주소

따라서, 위 프로그램을 같은 결과를 출력하도록 for 문 내의 배열을 포인터 형태로 바꾸어 쓰면 다음과 같다.

[예제 10-3] 배열과 포인터 (1)

```
#include <stdio.h>
main()
{
        int  days[12] = {31, 28, 31, 30, 31, 30, 31, 31, 30, 31, 30, 31};
        int  index;
        for(index = 0; index < 12 ; index++)
        printf("Month %d has %d days. ₩n", index+1, *(days + index));
}
```

포인터와 배열은 서로 혼합해서 아용할 수 있다. 예제 10-3를 예제 10-4와 같이 고쳐보자.

[예제 10-4] 배열과 포인터(2)

```
#include <stdio.h>
main()
{
        int  days[12] = {31, 28, 31, 30, 31, 30, 31, 31, 30, 31, 30, 31};
        int  n, *ptr;
        ptr = days;
        for(n = 0; n < 12 ; n++)
                printf("Month %d has %d days. ₩n", n+1, *(ptr+n));
}
```

이 프로그램은 앞의 예제와 같은 결과를 얻을 수 있다. 배열의 이름은 그 배열의 첫번째 원소의 주소를 가리킨다. 즉, days 는 &days[0]와 같다.(days == &days[0]) 위 프로그램에서 ptr = days 이므로 ptr == days == &days[0] 이며, *ptr == days[0] == ptr[0]이다. 또한, (ptr +i) == &days[i], *(ptr + i) == days[i]이다.

여기서 보는 바와 같이, 포인터와 배열은 서로 혼합해서 사용할 수 있다. 따라서, 위의 예제에서 printf()문 은 다음과 같이 변경할 수 있다.

```
printf("Month %d has %d days. \n", n + 1, ptr[n]);
```

그러나, 실제로 이렇게 사용하는 것은 프로그램을 읽는 사람에게 혼란을 줄 수 있으므로 포인터 변수를 배열과 같은 형태로 사용하는 것은 좋지 않은 방법이다. 배열 변수는 배열 형태로 포인터 변수는 포인터 형태로 사용하는 것이 바람직하다.

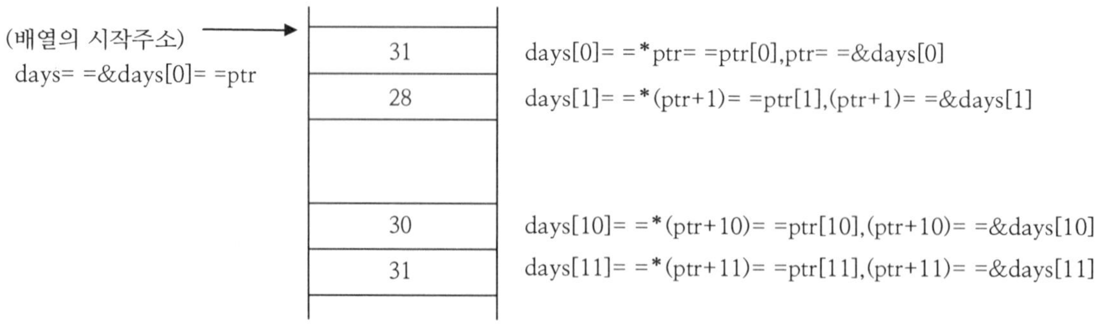

그림 10-4 포인터와 1차원 배열

실습 10-2

예제 10-4에 포인터 변수 ptr를 이용하여 1년의 날짜 수를 계산하는 프로그램을 추기해 봅시다.

2.2 포인터의 연산

포인터 변수도 변수이므로 연산이 가능하다. 예제 10-5를 보자.

[예제 10-5] 포인터 연산

```
#include <stdio.h>
main()
{
        int   n[4] = {10, 20, 30, 40};
        float  f[4] = {10.0, 20.0, 30.0, 40.0};
        int   *p1, i;
        float  *p2;
        p1 = n;
        p2 = f;
        for( i = 0; i<4; i++)
        printf("p1 + %d = %u, p2 + %d = %u ₩n", i, p1++, i, p2++);
```

```
        for( i = 3; i>=0; i--)
        printf("*(p1 + %d) = %d, *( p2 + %d) = %f ₩n", i,*--p1, i, *--p2);
}
```

실행 결과

```
p1 + 0 =7130, p2 + 0 = 7112
p1 + 1 =7132, p2 + 1 = 7116
p1 + 2 =7134, p2 + 2 = 7120
p1 + 3 =7134, p2 + 3 = 7124
*(p1 + 3) = 40, *(p2 + 3) = 40.00000
*(p1 + 2) = 30, *(p2 + 2) = 30.00000
*(p1 + 1) = 20, *(p2 + 1) = 20.00000
*(p1 + 0) = 10, *(p2 + 0) = 10.00000
```

위 예에서 보는 바와 같이, 포인터 p1과 p2는 p1++, p2++, --p1, --p2와 같은 증가 및 감소 연산이 이루어진다. 실행결과를 살펴보면, p1은 한 번 증가하면 그 값이 2만큼 증가하고 p2는 4만큼 증가한다. 여기서 우리는 포인터를 1증가시키면 주소값이 그 포인터 변수의 자료형의 크기 만큼 증가함을 알 수 있다. 감소할 때도 마찬가지 결과를 가져온다.
결론적으로 포인터는 정수와의 덧셈 및 뺄셈이 가능하다. 그러나, 배열 이름은 포인터이지만 상수이므로 연산(증가, 감소)이 불가능하다.

실습 10-3

다음 프로그램 코드에서 새로운 문장을 삽입하지 않고 기존의 한 문장을 고쳐서(중괄호를 집어넣어). 마지막 q값이 2로 증가되도록 해봅시다.

```
include <stdio.h>
main()
{
        int *p, q;
        p = &q;
        q = 1;
        printf("%d %u \n", q, p);
```

```
        *p++;
        printf("%d %u", q, p);
}
```

힌트 단항 연산자 · *, ++는 우선순위를 가지고 있으나, 우측부터 결합한다.

복습문제

01 다음용어에 대하여 기술하시오.

(1) 포인터 변수
(2) 주소연산자
(3) 간접연산자

02 다음 각각의 경우 *ptr와 *(ptr+2)의 값을 구하시오.

(1)
```
int *ptr;
int n[]={12, 13, 14, 15};
ptr = n;
```
(2)
```
int *ptr;
int n[]={16, 17, 18, 19, 20};
ptr=&n[1];
```

03 포인터 상수n과 f의값이 12450 일 때, 다음 각각의 경우 (ptr+1)과 (ptr+2)의 값을 구하시오(단, int형은 2 바이트 크기, float 형은 4바이트 크기라 가정한다).

(1)
```
int *ptr;
int n[]={12, 13, 14, 15};
ptr = n;
```
(2)
```
float *ptr;
float f[]={16.00, 17.0, 18.0};
ptr=&f[0];
```

연습문제

01 10개의 정수를 입력하여 1차원 배열에 저장한 후, 그 총 합계를 구하는 프로그램을 포인터를 이용하여 작성하시오.

02 10개의 정수를 입력하여 1차원 배열에 저장한 후, 그 중 가장 큰 값과 가장 작은 값을 찾아 출력하는 프로그램을 포인터를 이용하여 작성하시오.

03 아래 프로그램에서 다음에 답하시오.

```
#include <stdio.h>
main()
{
        int c, i=0;
        char s[80];

        while((c = getchar()) !=EOF&&c!='\n')
           s[i++]=c;
        if(c=='\n')
           s[i++]=c;
           s[i]='\0';
}
```

(1) 위 프로그램은 무엇을 하는 프로그램인가?
(2) while문 이후의 배열 s를 포인터 형태로 바꾸어라.

제 11 장

문자열

01 배열과 문자열

C 언어에는 문자열(string)을 저장하는 자료형이 따로 없다. 따라서 문자열을 저장하기 위하여 char형의 1차원 배열을 사용한다.

1.1 문자열의 초기화

char형의 1차원 배열은 문자열을 손쉽게 저장할 수 있도록 하기 위하여 다른 자료형 배열의 초기화 방식과 다른 많은 방법을 제공하고 있다. 문자열의 초기화에는 다음과 같은 방법이 있다.

● **큰 따옴표를 이용하여 초기화한다.**

예 char ss[5]= "abcd";

문자열은 그 끝을 나타내기 위하여 문자열의 끝에 '\0' (null character)를 사용한다. 위의 예에서 보면 배열의 크기는 5이나 문자는 4문자만을 저장하였다. 마지막 5번째 원소는 문자열의 끝을 알리는 '\0'이 자동적으로 삽입된다. 따라서 배열의 크기는 항상 문자열이 가지는 문자의 개수보다 크게 선언하는 것이 올바른 방법이다.

● **배열의 크기를 생략한다.**

예 char ss[]= "abcd";

배열의 크기를 생략하면 자동적으로 문자열이 저장될 수 있도록 메모리를 할당한다.

● **문자 배열의 초기화**

예 char ss[5]= {'a' , 'b' , 'c' , 'd' , 'e' };

따옴표를 이용하여 원소를 분리하여 초기치를 할당할 수 있다. 위의 예는 문자열의 끝을 표시하는 '\0' 문자가 없다. 따라서 배열 ss는 문자열 "abcde"로 인식되지 못한다(문자열의 출력에서 자세히 설명된다). 단지 ss[0]='a', ss[1]='b', ss[2]='c', ss[3]='d', ss[4]='e' 와 같이 문자가 저장된다.

1.2 문자열의 입 · 출력

문자열을 키보드로부터 입력받기 위해서 gets() 함수가 사용되고, 모니터에서의 출력을 위하여 puts() 함수가 사용된다. 또한 printf() 함수를 사용하여 문자열을 출력할 수 있다. 위의 함수들은 모두 문자열의 입· 출력을 위하여 배열의 이름을 이용할 수 있다.
gets() 함수와 puts() 함수를 정리하면 다음과 같다.

● gets()

```
#include 〈dtdio.h〉
char *gets(char *str);
```

· 설명: 표준입력(키보드)으로부터 문자열을 입력하여 str에 저장한다.
개행문자는 제거된다.

· 반환값: 정상 입력시 인수str를 반환하고, 오류시 NULL를 반환한다.

● puts()

```
#include 〈stdio.h〉
int puts(char *str);
```

· 설명: 문자열 str를 표준출력(모니터)에 출력한다. 문자열을 출력한 후
개행문자(/n)를 출력한다.

· 반환값: 정상 입력시 정수를 반환하고, 오류시 EOF를 반환한다.

앞장에서 공부한 바와 같이 1차원 배열의 이름은 배열의 시작주소를 가리키는 포인터 상수이다. 따라서, char형 1차원 배열의 이름을 puts()와 gets() 함수의 인수로 사용할 수 있다.

[예제 11-1] 문자열의 출력 방식

```
#include <stdio.h>
main()
{
    char ss[80];
    gets(ss);
    puts(ss);
    printf("ss=%s \n" , ss);
    printf(ss);
}
```

실행 예

입력 : C-Language Enter↵
출력 : C-Language
ss = C-Language
C-Language

실습 11-1

배열 char s[80]에 "C-Language"라는 문자열을 저장하고 한 줄에 한 문자씩 출력하는 프로그램을 작성해 봅시다.

● 문제분석

char s[80] = "C-Language" ;와 같이 하여 문자열을 저장한다.
반복문 for나 while 문을 이용하여 배열 s의 첫 원소부터 차례로 출력한다.
문자열 저장시 문자열 끝에는 자동적으로 NULL 문자('\0')가 삽입된다. 따라서, NULL문자가 나올 때 까지 출력을 계속하면 된다.

02 문자열과 포인터

앞 장에서 char형의 1차원 배열을 이용해서 문자열을 저장하는 방법에 대하여 공부하였다. 배열을 이용한 문자열 저장 방법의 가장 편리한 방법은

```
char ss[] = "abcd";
```

와 같이 char형의 배열을 크기를 생략하여 선언하면서 초기화하는 방법이다.

우리는 char형의 포인터 변수를 사용하여 편리한 방법으로 문자열을 저장할 수 있다.

첫 번째 방법은 다음과 같이 변수를 선언하면서 문자열을 초기화하는 방법이다.

```
char *ptr = "abcd";
```

다음 방법은 미리 선언된 char 형 포인터 변수에 문자열을 할당하는 것이다.

```
char *ptr;
ptr = "abcd";
```

위의 두 방법 모두 컴파일러가 메모리의 임의의 장소에 문자열 "abcd"를 저장해 놓고 이 문자열의 시작 주소를 변수 ptr에 대입하는 것이다. 이를 그림으로 나타내면 다음과 같다.

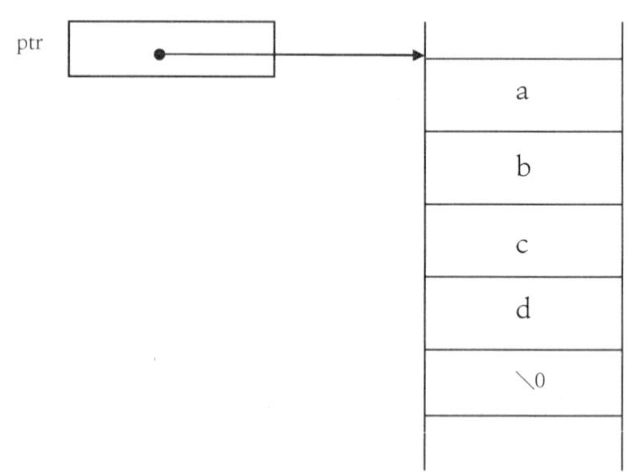

그림 11-1 문자형 포인터의 문자열 저장

다음 예제11-2을 보고 출력결과를 분석해 보자.

[예제 11-2] 문자형 포인터 변수를 이용한 문자열의 표현

```
#include <stdio.h>
main()
{
        char  ss[] = "C-Language is very interesting to me";
        char  *pp = "I am a string";
        char  *ptr;
        ptr = ss;
        printf("%c ,%c, %s ₩n",*ptr, *(ptr+1), ptr);
        printf("%s ₩n", pp);
        ptr = pp;
        printf("%s ₩n",ptr);
        ptr = ptr+3;
        printf("%s ₩n", ptr);
        pp = ptr+2;
        printf("%s ₩n", pp);
}
```

출력 결과

```
C ,-, C-Language us very interesting to me
I am a string
I am a string
m a string
a string
```

실습 11-2

char *s = "ABCDEFGHIJ"과 같이 문자열을 저장하고, 문자열을 가리키는 포인터 s를 이용하여 다음과 같이 출력하여 봅시다.

ABCDEFGHIJ
CDEFGHIJ

EFGHIJ
GHIJ
IJ

● **문제분석**

반복문을 이용하여 문자열을 가리키는 포인터 s의 값을 2씩 증가시키면서 문자열 s를 출력한다.
*s의 값이 '\0'가 될 때 까지 계속 출력한다.

03 문자열 처리 함수

많은 자료들은 문자열로 이루어져 있다. 프로그램을 개발하는데 있어서 문자열 처리는 매우 중요하다. C 언어는 문자열 자료형을 따로 가지고 있지 않기 때문에 문자열 다루기가 쉽지 않다. 따라서, 문자열을 쉽게 처리할 수 있도록 하기 위하여 여러 종류의 표준 내장함수를 제공하고 있다.

여기서 대표적인 문자열 처리함수에 대하여 알아본다.

● **strlen() 함수**

```
#include <string.h>
size_t strlen(const char *str);
```

· 설명: 포인터 str이 가리키는 문자열의 길이를 반환한다.
Null 문자는 계산에서 제외된다. size_t형은 string.h에 정의되어 있으며 unsigned int형과 같다.

● strcpy() 함수

```
#include <string.h>
char *strcpy(char *str1, const char *str2);
```

· 설명: 문자열 str2를 str1에 복사한다.
문자열 포인터 str1를 반환한다.

● strcat() 함수

```
#include <string.h>
char *strcat(char *str1, const char *str2);
```

· 설명: 문자열 str2의 복사본을 문자열 str1의 끝에 결합시킨다.
문자열 포인터 str1를 반환한다.

● strcmp() 함수

```
#include <string.h>
int strcmp(const char *str1, const char *str2);
```

· 설명: 문자열 str1과 str2를 사전식으로 비교하여 그 결과에 따라 아래와 같은 정수값을 반환한다.
str1이 str2보다 큰 경우 --> 양의 정수 반환
str1과 str2이 같은 경우 --> 0 반환
str1이 str2보다 작은 경우 --> 음의 정수 반환

[예제 11-3] 문자열 함수의 사용

```
#include <stdio.h>
#include <string.h>
main()
{
```

```
    char *s1 ="ABCDE";
    char *s2 ="abcde";
    char s3[80];
    /* strlen() 함수의 사용:문자열 s1의 길이 */
    printf("string length of s1 = %d ₩n", strlen(s1));
    /* strcpy() 함수의 사용: 문자열 s2를 s3에 복사 */
    strcpy(s3, s2);
    puts(s3);
    /* strcmp() 함수의 사용 : 문자열 s1,s2,s3의 크기 비교*/
    printf("%d,%d,%d ₩n",strcmp(s1, s2), strcmp(s2,s3), strcmp(s3,s1));
    /* strcat() 함수의 사용 : 문자열 s3의 끝에 문자열 s1를 결합시킴*/
    strcat(s3, s1);
    puts(s3);
}
```

출력 결과

```
string length of s1 = 5
abcde
-1, 0, 1
abcdeABCDE
```

실습 11-3

패스워드를 확인하는 프로그램을 작성해 봅시다. 패스워드로 문자열 "password"를 사용하고, 문자열을 입력 받아 입력한 문자열이 "password"와 같으면 "Ok"를 출력하고, 다르면 "Invalid password"라는 문자열을 출력합시다.

● 문제분석

```
#include <stdio.h>
#include <string.h>
main
{
    문자열 포인터 변수 선언
```

"Enter Password:" 출력
키보드로부터 문자열 입력
입력문자열이 "password"와 같으면 "Ok" 출력(strcmp() 함수를 이용)
아니면 "Invalid password" 출력
}

복습문제

01 char형 1차원 배열을 선언하면서 동시에 문자열을 초기화하는 방법을 서술하시오.

02 char형 포인터 변수에 문자열을 초기화 하는 예를 드시오.

03 char형 포인터 변수와 char형 1차원 배열의 이름과 차이점을 서술하시오.

연습문제

01 키보드로부터 한 문자열을 입력 받아 입력받은 문자열에서 숫자(0~9)의 개수, 공백(space, tab)의 개수, 그 이외의 문자의 개수를 세는 프로그램을 작성하시오.

힌트 입력 받은 문자열의 첫 문자부터 끝 문자까지 차례로 숫자인지, 공백문자인지를 판단한다.

02 키보드로부터 한 문자열을 입력 받아 거꾸로 출력하는 프로그램을 작성하시오.

힌트 입력 받은 문자열의 길이를 알아내어(strlen() 함수를 이용하여), 문자열을 가리키는 포인터에 이 길이를 더하여, 포인터의 값을 1씩 감소시키면서 문자를 출력한다.

03 표준입력으로 한 문자열을 입력 받아 그 길이를 출력하는 프로그램을 작성하시오. (표준함수 strlen()은 사용하지 말 것!)

04 표준입력으로 문자열을 입력 받아 출력하는 프로그램을 작성하시오. 문자열 “stop”이 입력될때까지 계속한다.(내장함수(strcmp)를 사용하시오).

05 3번과 4번 프로그램을 이용하여 "stop"문자열이 입력될 때 까지 계속적으로 문자열을 입력 받아 그 길이를 출력하는 프로그램을 작성하시오.

제 12 장

변수의 통용범위

01 변수의 통용범위

지금까지 우리는 함수의 시작 부분에 그 함수에서 사용할 변수를 선언하여 사용하였다. 그러나 변수는 반드시 함수 내에 선언해야 되는 것은 아니다. 필요에 따라 함수의 외부에 선언하여 사용하기도 한다. 그런데 변수는 변수를 선언하는 위치 즉, 함수 내부에서 선언하는가 함수 외부에서 선언하는가에 따라 그 변수의 사용 범위가 달라진다.

다음 예제12-1를 보자.

[예제 12-1] 변수의 통용범위

```
#include <stdio.h>
int  i;
main()
{
        int  j;
        void func1();

        i= 10; j = 20;
        printf(“ i = %d , j = %d₩n”, i, j);
        k = 30;      /* 오류 */
        func1();
}
void func1()
{
        int  k;
        k = 40;
        printf(“ k = %d ₩n, k);
        printf(“ j = %d ₩n, j);     /*오류 */
        printf(“ i = %d ₩n, i);
}
```

예제12-1의 프로그램에서 변수 j와 k는 각각 main() 함수와 func1() 함수 내에 선언되어 있다. 그러나 변수 i는 어느 함수에도 속해 있지 않고 함수의 바깥 부분에 선언되어 있다.
이렇게 변수가 선언되어 있는 위치에 따라 그 함수를 사용할 수 있는 범위가 달라진다.
변수 j와 k는 함수 내에 선언되어 있어 그 선언되어 있는 함수 안에서만 사용이 가능하다. 그러나 변수 i와 같이 함수의 외부에 선언되어 있는 변수는 그 변수가 선언된 이후에 있는 모든 함수(여기서는 main(), func1() 함수)에서 공통적으로 사용한다.
따라서 위의 프로그램을 분석해 보면,

· 변수 i는 main() 함수와 func1() 함수에서 공통으로 쓸 수 있는 변수
· 변수 j는 main() 함수 내에서만 사용 가능한 변수
· 변수 k는 func1()에서만 사용 가능.

따라서, 위 프로그램의 main() 함수에서 변수 k를 사용한 것과 func1()에서 변수 j를 사용한 것은 잘못된 것이다. 이와 같은 변수를 사용할 수 있는 영역을 그 변수의 통용범위(scope)라 한다.
또한 C 언어에서는 변수를 선언할 때 그 변수가 메모리 상에 저장되는 방법 즉, 변수의 기억 클래스(storage class)를 명시할 수 있다. 변수의 기억 클래스는 기억 클래스를 지정하는 예약어(key word)를 변수형 앞에 붙여서 지정한다. 이 기억 클래스는 그 변수가 살아 있는 기간(life time)과 통용범위(scope)를 결정한다. C 언어에서 사용하는 기억 클래스 예약어는 다음과 같은 네 가지가 있다.

● 자동 변수(automatic variable)를 지정하는 auto
● 외부 변수(external variable)를 지정하는 extern
● 정적변수(static variable)를 지정하는 static
● 레지스터 변수(register variable)를 지정하는 register

이어서 이 네 가지 기억 클래스에 대하여 자세히 알아보기로 한다.

02 자동 변수 : auto

기억 클래스 예약어 auto로 함수의 내부에서 선언된 변수를 자동 변수라 한다. 즉, 함수나 블록의 내부에 다음 예와 같이 선언한다.

```
auto int n;
auto float f;
```

여기서, 예약어 auto 는 생략할 수 있으며 (일반적으로 생략하고 쓰지 않는다) 예약어를 쓰지 않더라도 변수가 선언된 위치를 가지고 자동 변수임을 알 수 있다. 지금까지 함수내에 선언하여 우리가 사용한 모든 변수는 자동 변수임을 알 수 있다. 자동 변수는 함수의 시작 부분 뿐만 아니라 함수 내의 모든 블록의 시작부분({} 괄호의 시작 부분)에 선언할 수 있다. 자동 변수는 그 변수가 선언된 블록 내부에서만 유효하다.

즉, 변수의 통용범위가 선언된 블록으로 한정된다. 좀더 엄밀하게 이야기하면 블록 안에 선언된 변수는 블록이 실행될 때 메모리에 생성되었다가 블록의 실행이 끝나면 메모리에서지워진다. 이렇게 변수의 통용범위가 한정된다는 면에서 지역변수(local variable)라 한다.

지금까지 사용한 바와 같이 자동 변수는 선언과 동시에 초기화할 수 있다.

```
int i=100;
float f=100,0;
```

자동 변수를 선언하고 초기화하지 않은 경우, 그 변수에는 임의의 값(쓰레기(garbage)값)이 저장되어 있게 된다.

[예제 12-2] 자동 변수의 사용 예

```
#include <stdio.h>
main()
{
        int i=0, j=10;
```

```
        void func_1(void);
        printf("i = %d, j = %d ₩n", i,j);
        for(i=0; i <2 ; i++){
                int i = 20;
                printf("i = %d, j = %d ₩n", i, j);
                func_1();
        }
        printf("i = %d ₩n",i);
}
void func_1(void)
{
        int i = 30;
        printf("i(func_1) = %d₩n ", i++);
}
```

실행 결과

```
i = 0, j = 10
i = 20, j = 10
i(func_1) = 30
i= 20, j = 10
i(func_1) = 30
i = 2
```

03 외부 변수

3.1 외부 변수의 사용

자동 변수가 함수 안에 선언된 변수인 반면, 외부 변수(external variable)는 함수 외부에서 선언된 변수를 말한다. 자동 변수와 마찬가지로 그 선언된 위치에 의하여 외부 변수 임을 알 수 있다.

외부 변수는 선언된 이후의 모든 함수에서 공통적으로 사용된다. 따라서, 그 선언된 위치에 따라 통용범위가 달라진다. 이와 같이 여러 함수에서 공통으로 사용한다는 의미에서 전역변수(global variable)이라 할 수 있다.

자동 변수는 그 블록이 실행될 때에만 메모리에 존재하나, 외부 변수는 프로그램 실행시작 시에 메모리에 생성되어 프로그램이 종료할 때 까지 남아 있게 된다.

외부 변수를 선언하고 초기화하지 않은 경우, 그 변수는 0값을 갖는다.

[예제 12-3] 외부 변수의 사용

```
#include <stdio.h>
int i=100;
void func_1(void);
void func_2(void);
main()
{
        printf("i = %d ₩n", i);
        i = 150;
        func_1();
        func_2();
}
int j=200;
void func_1(void)
{
        printf("i = %d, j = %d ₩n", i, j);
        j = 250;
}
int k=300;
void func_2(void)
{
        int i = 500;
printf("i = %d, j = %d, k = %d ₩n", i, j, k);
}
```

실행 결과

```
i = 100
i = 150, j = 200
i = 500, j = 250, k = 300
```

예제12-3를 살펴보면, 변수 i, j, k가 함수의 외부에 외부 변수로 선언되어 있다. 변수 i, j, k는 그 선언된 위치에 따라 다음과 같이 통용범위가 달라진다.

· 변수 i는 함수 main(), func_1(), func_2()에서 사용할 수 있다.
· 변수 j는 함수 func_1(), func_2()에서 사용할 수 있으나, main()에서는 사용할 수 없다.
· 변수 k는 함수 func_2()에서 사용할 수 있으나, main(0, func_1()에서는 사용할 수 없다.

func_2()에서와 같이 외부 변수와 같은 이름의 자동 변수(int i)가 있을 때는 자동 변수가 우선이다. 따라서, func_2()에서 출력한 변수 i의 값은 자동 변수 i의 값이다.
또한, 함수 func_1(), func_2()의 원형(prototype)이 변수와 같이 함수의 외부에 선언된 것을 볼 수 있다.

```
        :
void func_1(void);
void func_2(void);
main()
{
```

이와 같이 선언해 놓으면 함수 main(), func_1(), func_2()에서 func_1(), func_2()를 호출할 수 있다. 변수와 마찬가지로 함수의 원형을 함수의 외부에 선언해 놓으면 이후의 모든 함수에서 이 함수들을 호출할 수 있게 된다.
그러면, 변수 j, k를 main() 함수에서 사용할 방법은 없을까? 이럴 때 기억클래스 예약어 extern를 사용하면 된다. main() 함수에 다음과 같이 외부 변수를 extern 선언하면 외부 변수 j, k를 main() 함수에서 사용할 수 있게 된다.

```
main()
{
    extern int j,k;
          :
```

이와 같이 extern 선언을 하면, 이 변수 j, k는 main() 함수 내에 새로운 자동 변수를 선언 하는 것이 아니라, 외부 변수 j, k를 main() 함수에서 참조하라는 뜻이다.

실습 12-1 변수의 extern선언

예제 12-3의 함수func_1()의 끝에 printf() 함수를 이용하여 변수 k의 값을 출력하는 문장을 삽입해 봅시다. 어떻게 되겠습니까?
위에 삽입한 문장이 정상적으로 실행될 수 있도록 외부 변수 k를 func_1()의 내부에 extern 선언을 해 봅시다.

● 문제분석

printf(" k = %d" , k); func_1()의 끝에 삽입
extern int k;를 func_1()의 선언부분에 삽입한다.

3.2 파일간 외부 변수 참조

지금까지 우리가 작성한 원시프로그램은 모두 하나의 파일로 이루어져 있었다. 즉, 하나의 파일에 main() 함수를 비롯하여 모든 함수를 작성해 넣었다. 그러나 C 언어 프로그램은 여러 개의 파일로 분리하여 하나의 프로그램을 개발할 수 있다. 작성한 각각의 원시 파일은 개별적으로 컴파일되고, 링크과정에서 하나의 실행파일이 만들어지게 된다.
예제12-4는 에제12-3를 두 개의 원시파일로 분리한 것이다. 함수main()를 하나의 파일로, func_1()과 func_2()를 하나의 파일로 분리하였다. 이때 파일 #2에서 파일 #1에 있는 외부 변수 int i를 참조하기 위해서는 파일 #2에

```
extern int i;
```

와 같이 참조 선언을 해야 한다.
이와 같이 다른 파일에 있는 외부 변수를 참조하기 위해서는 그 변수에 대한 extern 선언을 해 주어야 한다.

[예제 12-4] 분할 컴파일시 파일간 외부 변수 참조

파일 #1

```
#include <stdio.h>
int i=100;

main()
{
        printf("i = %d \n", i);
        i = 150;

        func_1();
        func_2();
}
```

파일 #2

```
#include <stdio.h>
extern int i;   /* 외부 변수 int i의 참조 선언 */

int j=200;
void func_1(void)
{
        printf("i = %d, j = %d \n", i, j);
        j = 250;

}
int k=300;
void func_2(void)
{
        int i=500;
        printf("i = %d, j = %d, k = %d \n", i, j, k);
}
```

실습 12-2

(1) 예제12-4에서 파일 #2의 외부 변수 j와 func_1()을 하나의 파일로, 외부 변수 k와 func_2()를 하나의 파일로 분리하여 프로그램이 실행되도록 해 봅시다.
이 프로그램의 main() 함수 끝 부분에서 외부 변수 k의 값을 출력해 봅시다.

● 문제분석

(1) 이 프로그램은 3개의 소스파일로 구성된다. 각각의 파일에서 외부 변수를 참조하려면 그 외부 변수에 대한 extern 선언을 해 주어야 한다.
(2) main() 함수에서 printf() 함수를 이용하여 k의 값을 출력한다. 이 때 변수 k는 외부 변수이므로 extern 선언을 해주어야 한다.

04 정적 변수 : static

기억클래스 예약어 static를 이용하여 정적변수를 선언할 수 있다.

```
static int n;
```

함수의 내부에 선언된 정적변수는 자동 변수와 마찬가지로 그 통용범위는 함수의 내부로 한정되는 지역변수의 성격을 갖는다. 그러나, 함수 블록이 실행될 때 메모리에 생성되었다가 블록의 실행이 끝나면 메모리에서 지워지는 자동 변수와는 달리 정적변수는 외부 변수와 마찬가지로 최초 프로그램이 메모리에 적재될 때 단 한 번만 초기화된다.
정적변수도 외부 변수와 마찬가지로 선언하고 초기화하지 않은 경우, 그 변수는 0으로 초기화된다.

[예제 12-5] 정적변수와 자동 변수

```
#include <stdio.h>
void func_1(void);
main()
```

```
{
        int i;
        for(i = 0; i < 5; i++)
                func_1();
}
void func_1(void)
{
        int count_1=0;
        static int count_2=0;
        printf("count_1=%d, count_2=%d ₩n", count_1,count_2);
        count_1++;
        count_2++;
}
```

실행 결과

```
count_1=0, count_2=0
count_1=0, count_2=1
count_1=0, count_2=2
count_1=0, count_2=3
count_2=0, count_2=4
```

예제12-5의 실행결과에서 보는 바와 같이, func_1() 안의 변수 count_1은 함수가 실행될 때마다 매번 초기화 된다. 따라서, 출력값은 항상 0이다. 그러나, 변수 count_2는 정적변수로 선언되어 있기 때문에 함수func_2()가 최초 실행될 때 한 번만 0으로 초기화되고 함수의 실행이 끝나더라도 그 값을 보존한다.

전역변수와 같이 함수의 밖에 static 변수를 선언할 수 있다. 이러한 정적변수는 일반 전역변수와 같은 통용범위를 갖는다. 그러나, 일반 전역변수는 다른 파일에서 참조가 가능한 반면, 전역변수로 선언된 정적변수는 다른 파일에서 참조가 불가능하다.

실습 12-3 정적변수의 사용

```
**
****
******
********
**********
```

아래의 조건을 만족하면서 위와 같이 출력하는 프로그램을 작성해 봅시다.

- main() 함수에서 함수 func()를 5번 호출한다.
- 별표의 출력은 함수 func()이 한 번 호출될 때마다 func() 함수 안에서 한 행씩 이루어지도록 한다.
- 이 프로그램은 외부 변수를 가지지 않으며, 함수 func()는 인수를 가지고 있지 않아야 한다.

힌트 함수 finc()에 정적변수를 선언하여 함수를 호출할 때마다 2씩 증가시킨다.

05 레지스터 변수 : register

기억클래스 예약어 register를 이용하여 레지스터 변수를 선언할 수 있다.

```
register int n;
register char c;
```

일반 변수는 메모리에 저장되는 반면, 레지스터 변수는 중앙처리장치(CPU)의 레지스터에 저장된다. 따라서, 일반 변수보다 그 접근 속도가 매우 빠르다.
일반적으로 int형과 char형 변수에 대하여 레지스터 변수를 사용한다. 컴퓨터 마다 레지스터의 수가 서로 다르고 또한 수도 한정되어 있기 때문에 레지스터 변수의 수는 한정되게 되어 있다. 따라서, 컴퓨터 기종마다 레지스터 변수의 수는 제한되어 있다(일반적으로 3개 정도).레지스터 변수로 선언되었더라도 유효개수를 초과하면 일반변수로 할당된다.

레지스터 변수는 CPU의 레지스터에 저장되기 때문에 그 저장 주소를 갖지 않는다. 따라서, 주소연산자(&)를 이용하여 주소를 얻을 수 없다.

복습문제

01 기억클래스의 종류에 대하여 서술하시오.

02 자동 변수, 외부 변수, 정적변수를 선언하고 초기화를 하지 않은 경우, 초기값에 대하여 설명하시오.

연습문제

01 다음 프로그램의 출력결과를 보이고, 각각의 경우 변수 i와 x값의 출력 이유를 설명하시오.

```
#include <stdio.h>
void func_1(void);
void func_2(void);
int x;
main()
{
        int i;
        func_1();
        func_2();
        printf("In main: i= %d, x= %d \m",i,x);
}
static int i;
void func_1(void)
{
      printf("In func_1:i=%d,x-%d\n,++i,++x);
}
void func_2(void)
{
      printf("In func_2:i=%d,x=%d=n",++i,++x);
}
```

02 다음과 같이 하나의 프로그램이 두개의 파일로 쪼개져 있을 경우, 이 프로그램이 올바르게 동작하도록 필요한 문장들을 삽입하고, 그 출력결과를 보이시오.

flie 1 : main.c

```
#include <stdio.h>
main()
{
  float x=10.0, y=20.0;
 accumulate_1(x);
 accumulate_1(y);
 printf("%f+%f=%f\n",x,y,sum);
 printf("10+20=%f",accumulate_2(10.0,20.0);
}
```

flie 2 : accumulate.c

```
float sum = 0;
void accumulate_1(float a)
{
  sum += a;
}
float accumulate_2(float x,float y)
{
 return x+y;
}
```

03 아래와 같이 main() 함수가 주어져 있다.

```
#include <stdio.h>
void callNum(void);
main()
{
    int i=0;
    while(i<6){
        callNum();
        i++;
    }
}
```

04 이 프로그램은 callNum() 함수를 6번 호출하는 프로그램이다. 출력이 다음과 같이 되도록 callNum() 함수를 작성하시오.
callNum() 함수가 짝수번째 호출될 때 'EVEN', 홀수번째 호출될 때 'ODD'라 출력한다.
단, 외부 변수는 사용하지 않는다.

◉ 출력결과

```
ODD
EVEN
ODD
EVEN
ODD
EVEN
```

제 13 장

구조체(I)

01 구조체의 기본개념

한 권의 책에 대한 자료를 변수로 저장하고자 한다고 하자. 한 권의 책은 책의 제목, 저자, 가격, 출판사 등의 여러 가지 요소를 가지고 있다. 여기서는 책의 제목, 저자, 가격만을 저장한다고 하자. 책의 제목을 저장하려면 문자열을 저장할 수 있는 문자형 변수의 배열이나 문자형 포인터 변수가 있어야 하고, 저자도 마찬가지로 문자형 변수의 배열이나 문자형 포인터 변수에 저장해야 한다. 책의 가격은 부호 없는 정수형 변수에 저장하자. 그러면 한 권의 책에 대한 자료를 표현하기 위해서는 다음과 같이 변수를 선언해야 할 것이다.

```
char *title;
char *author;
unsigned int value;
```

이와 같이 선언한 연후에 아래와 같이 변수에 값을 대입하면.

```
title = "Introduction to C-Language";
author = "Hong gil dong";
value = 15000;
```

title, author, value는 모두 한 권의 책에 대한 자료이다. 위와 같은 3개의 자료가 모여 한 권의 책을 표현하게 된다. 그러나, 프로그램상에서 보면 3개의 변수가 한 권의 책을 표현한다라고 하는 연관관계가 전혀 표현되어 있지 않다.

그런데 만약 위의 3 자료를 묶어 하나의 이름으로 표현할 수 있다면 훨씬 짜임새가 있을 것이다. 즉, "C 언어교재"가 있는데, 이 책의 제목이 "Introduction to C-Language" 이고, 저자는 "Hong gil dong"이며, 가격은 15000원이다라고 표현하면,

C 언어교재의 title은 "Introduction to C-Language"
C 언어교재의 author는 "Hong gil dong"
C 언어교재의 value는 15000 원

과 같이 표현할 수 있다면 "C 언어교재" 라는 이름으로 3개의 자료를 묶어서 표현하는 효과를 볼 수 있을 것이다. 이를 프로그램 언어 형태로 표현하면,

```
C 언어교재 .title = "Introduction to C-Language"
C 언어교재 .author = "Hong gil dong"
C 언어교재 . value = 15000
```

와 같이 표현할 수 있을 것이다.

실제로 C 언어에서는 이와 같이 자료를 표현할 수 있는 방법을 제공한다. 즉, 기존의 자료형에 대한 변수를 여러 개 묶어 이들 변수로 구성되는 새로운 자료형을 정의할 수 있다. 이를 구조체라 한다. 위의 예에 이용할 수 있는 book이란 새로운 자료형을 정의해 보자.

```
struct book{
        char *title;
        char *author;
        unsigned int value;
};
```

여기서, book이란 title, author, value로 구성된 새로운 자료형(**data type**)을 정의한 것이다. 이를 구조체(**structure**)라 한다. title, author, value변수를 구조체 book의 멤버(**member**)변수라 한다. struct는 구조체를 정의하기 위한 예약어이다. book은 자료형이기 때문에 book 자료형에 대한 변수를 선언할 수 있다.

```
struct book c_lan;
```

이는 c_lan라는 book 자료형의 변수를 선언한 것이다. 이와 같이 변수를 선언하면, 변수 c_lan는 그 내부에 title, author, value 변수를 가지고 있게 된다. 즉.

```
c_lan.title = "Introduction to C-Language";
c_lan.author = "Hong gil dong";
c_lan. value = 15000;
```

와 같이 값을 대입할 수 있다. 여기에서 알 수 있는 바와 같이 구조체 변수의 멤버를 참조하기 위해서는 구조체 변수와 멤버 변수 사이에 마침표를 찍어서 명시한다.

또 다른 예를 살펴보자. 2차원 좌표계에서 한 점은 x좌표 값과 y좌표 값으로 나타낸다. 예를 들어 두 개의 점 point_1=(1,2)와 point_2=(4,5)를 나타낸다고 하자. 프로그램에 저장하려면 4개의 변수가 있어야 한다.

```
int x1,y1,x2,y2;
```

```
x1 = 1; y1 = 2; x2 = 4; y2 = 5;
```

와 같이 4개의 변수를 선언하여 값을 대입해야 할 것이다. 그러나 이 프로그램상에서는 변수 x1과 y1이 하나의 점을 나타내는 x좌표, y좌표라는 정보가 들어 있지 않다. 이 방법보다 다음과 같이

```
struct point{
        int x_axis;
        int y_axis;
};
struct point point_1, point_2;
point_1.x_axis = 1; point_1.y_axis = 2;
point_2.x_axis = 4; point_2.y_axis = 5;
```

구조체로 나타내면 구조체 point의 변수 point_1과 point_2는 각각이 하나의 점을 나타내게 되어 두 점에 대한 정보가 더욱 확실해 질 것이다.
다음의 (예제13-1)를 보자.

[예제 13-1] 구조체 사용 예

```
#include <stdio.h>
struct  book{                          /* 구조체 book의 정의  */
        char *title;                   /* 책 이름 : 문자열 */
        char *author;                  /* 저자 이름 : 문자열  */
        unsigned int  value;           /* 가격 : 정수  */
};
main()
{
        struct  book  c_lan;           /* 구조체 book의 구조체변수 선언  */
        c_lan.title = "Introduction to C Language";
        c_lan.author = "Hong gil dong";
        c_lan.value = 15000;
        printf("Title = %s ₩nAuthor = %s ₩nvalue = %d ₩n", c_lan.title,
                          c_lan.author, c_lan.value);  /* 출력  */
```

```
}
```

실행 결과

```
Title = Introduction to C Language
Author = Hong gil dong
value = 15000
```

실습 13-1 구조체의 기본 개념

예제13-1의 구조체의 멤버 변수에 표준입력으로부터 값을 입력받아(gets(), scanf() 함수이용) 출력하는(printf() 함수이용) 프로그램으로 바꾸어 봅시다. (문자의 포인터 변수와 문자 배열을 사용할 때 차이점을 생각하면서).

● **문제분석**

gets() 함수는 인수로 char의 포인터를 요구하므로, gets() 함수를 이용하여 입력받기 위해서는 구조체의 멤버를 배열로 변경시켜야 한다. 예제13-1에서와 같이 char의 포인터 변수를 선언하고, 포인터 값을 할당하지 않은 상태에서 gets() 함수의 인수로 사용하면 안된다.

02 구조체의 정의 및 변수 선언

2.1 구조체의 정의

앞에서 구조체의 개념에 대하여 알아보았다. 여기서는 구조체를 정의하는 방법에 대하여 보다 자세하게 알아보고자 한다. 주지하다시피 구조체란 기존의 자료형을 갖는 변수들을 묶어 새로운 자료형을 정의하는 것이다. 이와 같이 C 언어에서는 컴파일러가 제공하는 자료형뿐만 아니라 사용자가 필요한 새로운 자료형을 정의하여 사용할 수 있다.
물론 이와 같은 새로운 자료형은 기존의 자료형에 대한 변수들을 모아서 만드는 것이지, 문자열을 저장하는 변수(C 언어에서는 문자열을 저장하는 자료형은 없다.)와 같은 새로운 자료형을 창조하는 것은 아니다.
구조체의 정의는 다음과 같은 형식으로 한다.

```
struct tag_name{
    type member1;
    type member2;
    ....
    type membern;
};
```

- struct : 구조체를 정의하기 위한 예약어
- tag_name : 정의하는 자료형의 이름
- member : 구조체 struct tag_name의 멤버변수

(예)
```
struct point{
        int x_axis;
        int y_axis;
};
```

2.2 구조체 변수의 선언

위에서와 같이 구조체를 정의하면 새로운 자료형을 만들게 된다. 이 새로 만든 자료형에 대한 변수를 사용하려면 변수를 선언하여야 한다. 구조체 변수의 선언 형식은 다음과 같다.

```
struct tag_name variable_name;
```

- struct tag_name : 정의되어 있는 구조체
- variable_name : 구조체의 변수명

(예) struct point start_point;

이제 변수 start_point는 아래와 같이 구조체 변수와 멤버 변수 사이에 마침표를 찍어서 point 구조체의 멤버변수들을 참조할 수 있다.

```
start_point.x_axis = 10;
```

```
start_point.y_axis = 20;
```

구조체 변수를 선언하는 또 다른 방법은 구조체를 정의하면서 동시에 변수를 선언하는 방법이다.

```
struct tag_name{
    type member1;
    type member2;
    ....
    type membern;
} variable_name;
```

```
(예) struct point{
        int x_axis;
        int y_axis;
     }start_point;
```

또한, 구조체를 정의하면서 동시에 변수를 선언할 때는 구조체 자료형의 이름을 생략 할 수 있다. 즉.

```
struct {
    type member1;
    type member2;
    ....
    type membern;
} variable_name;
```

```
(예) struct {
        int x_axis;
        int y_axis;
     } start_point, stop_point;
```

그러나 이와 같이 선언했을 경우 차후에 더 이상은 구조체에 대한 변수를 선언할 수 없게 된다.
구조체 변수를 선언했을 때의 메모리 할당을 그림으로 살펴보면 그림 13-1과 같다.

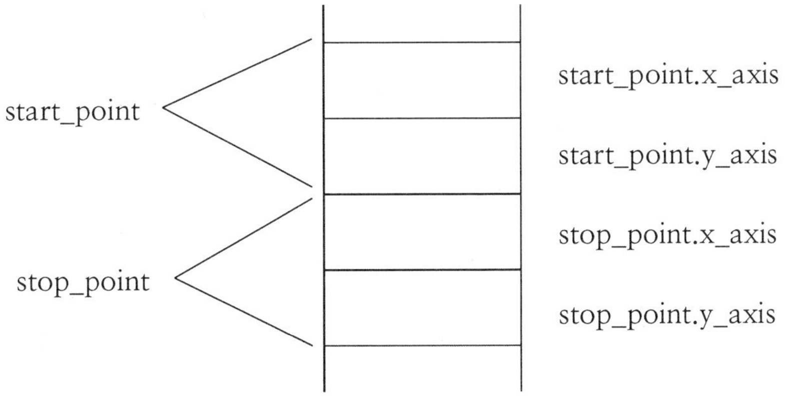

그림 13-1 구조체 변수의 메모리 할당

즉, start_point와 stop_point의 두개의 변수를 선언했을 시 총 4개의 정수값을 저장할 수 있는 크기의 메모리가 할당된다.

2.3 변수의 초기화

구조체 변수도 선언과 동시에 초기화할 수 있다. 다음은 초기화의 예를 보여 주고 있다.

▶ 구조체 정의 후 변수 선언하는 경우

```
struct point{
        int x_axis;
        int y_axis;
};
struct point start_point = {10,20};
```

▶ 구조체를 정의하면서 동시에 변수를 선언하는 경우

```
struct point{
        int x_axis;
```

```
        int y_axis;
}start_point = {10,20};
```

◗ 구조체의 이름을 생략하는 경우

```
struct {
        int x_axis;
        int y_axis;
}start_point = {10,20};
```

위에서 보는 바와 같이 구조체 변수의 초기화는 중괄호({}) 안에 구조체의 멤버값을 순서대로 나열하면 된다.

예제13-2는 예제13-1에서 구조체 변수 c_lan을 선언과 동시에 그 멤버값을 초기화하는 형태로 바꾼것이다. 이 때 구조체의 멤버 변수 title, author는 포인터 형태 또는 배열 형태로 나타낼 수 있다.

[예제 13-2] 구조체 변수의 초기화

```
#include <stdio.h>
struct  book{
        char *title;     /* 또는 char title[40];  */
        char *author;    /* 또는 char author[40];  */
        unsigned int  value;
};
main()
{
        struct  book  c_lan = {"Introduction to C lan",
                                "Hong gil dong", 15000}; /* 변수의 초기화 */
        printf("Title = %s ₩nAuthor = %s ₩nvalue = %d ₩n", c_lan.title,
                c_lan.author, c_lan.value);  /* 출력  */
}
```

실습 13-2 구조체 변수의 선언

예제13-1과 실습13-1의 결과 프로그램에서 sizeof(struct book) 또는 sizeof(c_lan)를 이용하여 구조체 struct book의 메모리 크기를 알아 봅시다.
이 결과를 보고 두 프로그램의 변수들의 메모리 할당을 그림으로 설명해 봅시다.

실습 13-3 구조체 멤버의 참조

예제13-2에 구조체 book에 대한 변수 datastructure. network를 선언하고 그 멤버 값을 초기화 합시다. 3과목에 대한 자료를 출력합시다.

03 구조체 배열

다른 자료형과 마찬가지로 구조체도 배열로 선언하여 쓸 수 있다. 선언방식도 일반자료형 변수와 동일하다. 즉,

```
struct tag_name variable_name;[length];
```

예 struct book libry[10];

와 같이 선언하면 구조체 book형의 배열 libry를 선언한 것이다. 모두 알고 있는 것과 같이 libry[0], libry[1], ..., libry[9]의 10개의 구조체 book형의 변수가 생성된다.

[예제 13-3] 구조체 배열의 사용

```
#include <stdio.h>
struct book{
        char title[40];
        char author[40];
        unsigned int value;
};
main()
{
        struct book libry[5];                        /* 구조배열 선언 */
        int i = 0;
        int index;
        for(i=0; i<3; i++){
                printf("Enter the book title : ");
                gets(libry[i].title);                /* 책이름 입력 */
                printf("Enter the author : ");
                gets(libry[i].author);               /* 저자이름 입력 */
                printf("Enter the value : ");
                scanf("%u", &libry[i].value);        /* 가격 입력 */
                while(getchar()!= '₩n');             /* ₩n 입력 소거 */
                }
                printf("Here is a list of your books:₩n");
                for(index = 0; index<i; index++)
                printf("%s by %s: ₩%u ₩n", libry[index].title, libry[index].
                        author, libry[index].value);  /* 출력 */
}
```

실행 예

```
◉ 입력
  Enter the book title : C_language [Enter↵]
  Enter the author : Jimin [Enter↵]
  Enter the value : 15000 [Enter↵]
  Enter the book title : Database [Enter↵]
  Enter the author : Dongchan [Enter↵]
  Enter the value : 20000 [Enter↵]
  Enter the book title : Computer Network [Enter↵]
  Enter the author : Jisoo [Enter↵]
  Enter the value : 25000 [Enter↵]
◉ 출력
  Here is a list of your books :
  C_language by Jimin : ₩15000
  Database by Dongchan : ₩20000
  Computer Network by Jisoo : ₩25000
```

실습 13-4 구조체 배열

실습 13-3에서 3개의 구조체 변수를 하나의 구조체 배열 형태로 바꾸어 봅시다(배열 이름을 curriculum으로 하며, 선언과 동시에 초기화 한다). 그리고 반복문(while or for)을 이용하여 3권의 책 정보를 출력하는 프로그램을 만들어 봅시다.

04 구조체의 중첩 사용

구조체는 그 멤버 변수로 다른 구조체 변수를 포함할 수 있다.

위에서 2차원 상의 한 점을 나타내기 위한 구조체 point를 정의하였다. 만약 직선을 나타내는 구조체를 정의한다고 하면, 직선은 시작점과 끝점의 두점으로 표현할 수 있다.

따라서 직선을 표현하려면 시작점의 x 좌표, y 좌표 끝점의 x 좌표, y 좌표 등 4개의 변수를 가져야 한다. 직선에 대한 구조체를 정의하면 다음과 같다.

```
struct line{
        int start_x;
        int start_y;
        int end_x;
        int end_y;
};
```

그러나, 구조체 point가 정의되어 있다면, 다음과 같이 구조체 point의 변수를 멤버로 사용하여 간단하게 표현된다.

```
struct line{
        struct point start;
        struct point end;
};
```

구조체 변수가 다음과 같이 선언되어 있다면,

```
struct line line_1;
```

이 구조체의 멤버를 참조하기 위해서는 아래와 같이 단순히 두 개의 마침표를 사용하면 된다.

```
line_1.start.x_axis = 5; line_1.start,y_axis = 5;
line_1,end.x_axis = 8; line_1.end.y_axis = 8;
```

실습 13-5 변수의 extern 선언

위의 구조체 line를 이용하여 한 직선을 저장하고 그 직선의 길이를 구하는 프로그램을 작성해 봅시다.

● 문제분석

두 점 사이의 길이 구하는 공식 : $l = \sqrt{(x_2 - x_1)^2 + (y_2 - y_1)^2}$

– sqrt() 함수

선언

```
# include <math.h>
double sqrt(double x);
```

설명: $\sqrt{x}$ 의 값을 계산하여 반환

복습문제

01 firstname과 lastname를 저장하는 구조체 fullname를 정의하고, 이 구조체의 변수를 배열(크기 30)로 선언하시오.

02 1번의 구조체 fullname과 나이, 본적을 멤버로 하는 구조체 person를 정의하고, 구조체 변수를 선언하여 초기화하시오.

연습문제

01 멤버로 name(이름), id(학번), year(학년), age(나이)을 가지고 있는 student라는 구조체를 정의하고, 이 구조체에 대한 변수를 std_1, std_2, std_3, std_4, std_5와 같이 5개 선언하여 급우 5명의 신상을 저장(변수를 선언하면서 초기화 합시다)하고, 저장된 5명의 신상을 출력하는 프로그램을 만드시오.

02 문제1에서 구조체 변수를 std라는 이름의 배열로 선언하여 이 배열에 5명의 신상을 저장하시오. 루프문을 이용하여 구조체에 저장된 5명의 신상을 출력하시오.

03 문제2를 키보드로부터 학생 정보를 입력하는 형태로 바꾸시오.

04 문제3에서 나이가 가장 많은 학생을 찾아 그 이름을 출력하시오.

05 문제4에서 5명의 신상을 학번 순(오름차순)으로 출력하시오.

06 2절의 구조체 point를 멤버로 갖는 새로운 구조체 triangle를 정의한다. 구조체 triangle은 삼각형의 3꼭지점을 저장한다. 구조체 triangle의 변수를 선언하여 삼각형의 꼭지점에 대한 정보를 저장한 후 삼각형의 면적을 계산하여 출력하는 프로그램을 작성하시오.

힌트 삼각형의 3변 a,b,c를 이용하여 면적구하는 공식

제 14 장

함수(II)

01 함수의 매개 변수 전달방법

1.1 값에 의한 호출

C 언어는 기본적으로 값에 의한 호출방법을 사용한다. 값에 의한 호출이란 함수를 호출할 때 호출하는 측의 매개 변수(실인수) 값을 복사하여 호출 받는 측의 매개 변수(가인수)로 넘겨주는 방식이다. 즉, 호출받은 측에서 가인수의 값이 변하여도 실인수의 값에는 영향을 미치지 않는 것이다. 다음의 예제14-1을 보자.

[예제 14-1] 값에 의한 인수전달

```
#include <stdio.h>
main()
{
        int x = 5, y = 10;
        void interchange(int a, int b);
        printf("Original : x = %d, y= %d ₩n", x, y);
        interchange(x, y);
        printf("Now : x = %d, y = %d ₩n", x, y);
}
void interchange(int m, int n)
{
        int temp;
        temp = m;
        m = n;
        n = temp;
}
```

실행 결과

```
Original : x = 5, y = 10
Now : x = 5, y = 10
```

함수 interchange()는 매개 변수 m와 n의 값을 바꾸기 위하여 만든 함수이다. 위 프로그램의 원래 의도는 함수 interchange()를 이용하여 main() 함수의 두 변수 x, y의 값을 바꾸고자 한 것이다.

main() 함수 내의 변수 x, y는 main() 함수 내에서만 사용하는 자동 변수이다. 또한 interchange() 함수 내의 변수 m, n은 interchange() 함수 내에서만 사용할 수 있는 자동 변수이다. 따라서, main() 함수의 x, y와 interchange() 함수의 m, n은 별개의 변수이다.

함수 호출시 변수의 값을 복사하여 전달하므로 호출 직후 interchange() 함수의 변수 m의 값은 5이고 n은 10의 값을 갖는다. 그러므로, 함수 interchange() 실행 후, 실제함수 interchange() 내에서는 m와 n의 값이 바뀌었으나 이것은 main() 함수의 x와 y의 값에는 영향을 미치지 않는다. 따라서, main() 함수의 x와 y의 값은 변하지 않는다.

위의 과정에서 변수간의 관계를 그림으로 표현하면 다음 그림14-1과 같다.

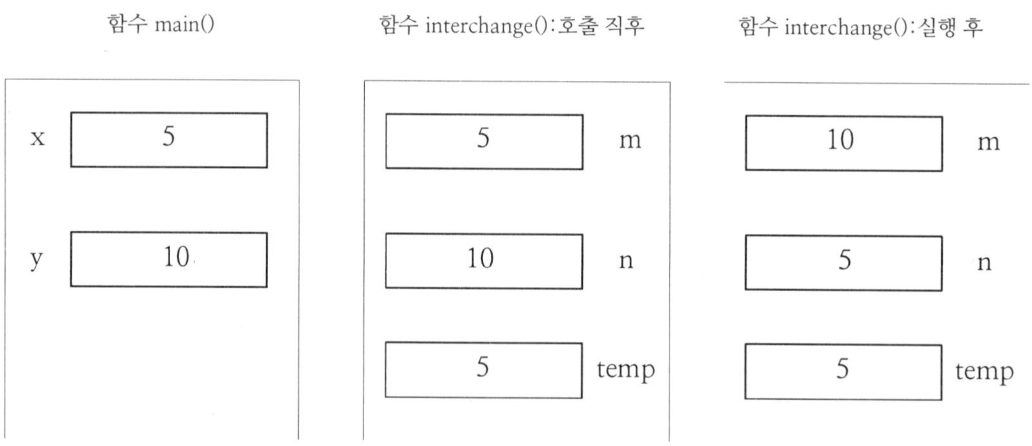

그림 14-1 값에 의한 인수의 전달

1.2 참조에 의한 호출

참조의 의한 호출이란 함수를 호출할 때 호출하는 측의 매개 변수(실인수)로 주소값을 호출받는 측의 매개 변수(가인수)로 넘겨주는 방식이다. 이렇게 되면, 호출 받은 측에서 가인수가 가리키는 곳의 값이 변하면 호출하는 측의 실인수가 가리키는 곳의 값도 따라서 변한다. 이와 같이 참조에 의한 호출이 되게 하기 위해서는 예제14-1의 프로그램을 다음과 같이 변경해야 한다.

[예제 14-2] 참조에 의한 매개 변수의 전달

```
#include <stdio.h>
main()
{
        int x = 5, y = 10;
        void interchange(int *, int *);
        printf("Original : x = %d, y = %d ₩n", x, y);
        interchange(&x, &y);
        printf("Now : x = %d, y = %d ₩n", x, y);
}
void interchange(int *m, int *n)
{
        int temp;
        temp = *m;
        *m = *n;
        *n = temp;
}
```

실행 결과

```
Original : x = 5, y = 10
Now : x = 10, y = 5
```

함수 interchange()는 매개 변수(가인수)로 다른 변수의 주소값을 넘겨받기 위하여 아래와 같이 포인터 변수로 선언되었다.

```
void interchange( int *, int *)
```

또한, 함수를 호출할 때 매개 변수(실인수)로 변수의 주소를 넘겨주어야 하므로 다음과 같이 호출하여야 한다.

```
interchange(&x, &y);
```

이와 같은 호출결과 포인터 변수 m에는 변수 x의 주소가 저장되고, 포인터 변수 n에는 변수 y의 주소가 저장된다. 즉,

m == &x 이고 n == &y

이다. 이와 같이 interchange() 함수에서는 매개 변수를 포인터 변수로 선언하여 다른 변수의 주소를 인수로 넘겨받아 이 포인터가 가리키고 있는 곳의 값(즉, 실인수의 값)을 변경하게 된다. 따라서, 결과적으로 main() 함수 내의 변수 x, y값이 교환되게 된다. 이렇게 포인터를 이용한 참조에 의한 호출 방식을 사용하여 우리가 원하는 결과를 얻을 수 있다. 위의 과정에서 변수 간의 관계를 그림으로 표현하면 다음 그림 14-2와 같다.

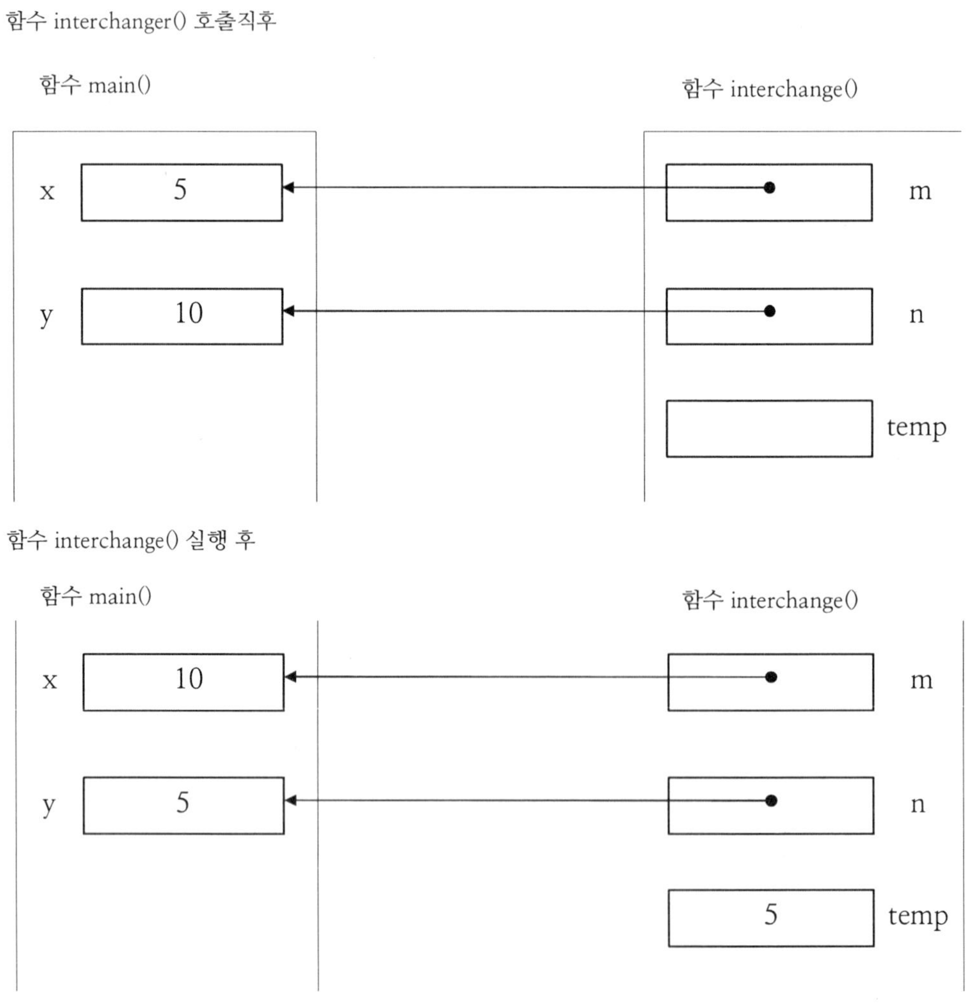

그림 14-2 참조에 의한 인수 전달

실습 14-1 인수로 변수의 포인터 전달

아래와 같이 main() 함수가 있다.

```
#include <stdio.h>
void add(int, int *);
main()
{
    int m, n=0;
    scanf("%d", &m);
    while(m !=-999){
            add(m, &n);
            scanf("%d", &m);
    }
    printf("Result = %d\n", n);
}
```

이 프로그램은 정수값을 계속적으로 입력 받아 그 총합을 출력하는 프로그램이다.(입력은 -999가 입력될때까지 계속된다). 이 프로그램을 완성해 봅시다.

● **문제분석**

-add() 함수를 완성해야 한다.
-add() 함수는 두 인수를 받아 두 수의 합을 두 번째 인수에 저장하는 역할을 한다.

실습 14-2 인수로 문자열의 전달

char 형 포인터 변수는 문자열의 시작 주소를 가리키므로, char 형의 포인터 변수로 함수간에 문자열을 넘겨 줄 수 있다.

다음은 char 형 포인터 변수를 이용하여 함수간에 문자열을 넘겨주는 문제이다.

```
#include <stdio.h>
void putstr(char *);
```

```
main()
{
    char s[80];

    gets(s);
    putstr(s);
}
```

위 프로그램은 gets() 함수를 이용하여 문자열을 입력 받아 입력 받은 문자열을 그대로 출력하는 프로그램이다. 이 프로그램을 완성해 보자. (puts() 함수를 사용하지 말것!!)

● 문제분석

- putstr() 함수를 완성해야 한다.
- putstr() 함수는 문자열의 시작 주소를 인수로 받아 그 문자열을 출력한다.
- 문자열의 끝은 널문자 ('\0')이므로 이 널 문자가 나올 때 까지 포인터를 증가시키며 계속적으로 출력하면 된다. (putchar()나 printf()를 사용한다)

02 함수 사이의 1차원 배열 전달

1차원 배열의 원소를 모두 함수의 인수로 전달하고자 한다. 개개의 원소를 인수로 전달할 수도 있으나 이것은 매우 비효율적인 방법일 것이다. 배열을 함수의 인수로 전달할 때는 배열의 포인터를 전달하면 된다. 다음의 예제14-3를 보자. 이 프로그램은 배열을 학습할 때 활용한 예제를 바탕으로 배열 내 모든 원소의 합을 구하는 함수를 구현하여 사용하고자 한 것이다.

[예제 14-3] 배열의 전달

```
#include <stdio.h>
int days_of_year(int nn[]);
main()
{
        int i, days[12] = {31, 28, 31, 30, 31, 30, 31, 31, 30, 31, 30, 31};
        printf("days of year = %d₩n", days_of_year(days));
            /* 1년의 날짜 수를 출력한다 */
```

```
}
int days_of_year(int nn[]) /* 또는 int days_of_year(in *nn) */
{
        int i, n;
        for(i=0, n=0; i<12; i++)
                n += nn[i];
        return(n);
}
```

출력 결과 days of year = 365

days_of_year() 함수에서는 1차원 배열의 시작 주소를 그 매개 변수로 받아 그 배열의 원소값을 합하여 반환하는 기능을 한다. 예제에서 보는 바와 같이 실인수로는 배열의 시작주소 days를 넘겨주었고, days_of_year() 함수에서는 가인수로

int nn[]

와 같은 형태로 선언하였다. 이와 같은 방법으로 포인터 변수를 선언하여 배열의 시작주소를 매개 변수로 넘겨 받을 수 있다. 배열 nn의 크기는 지정할 수 없다. 배열 크기를 지정하면 nn은 포인터 상수가 되기 때문이다. 여기서 nn은 변수이므로 다음과 같이 선언하여도
똑 같은 결과를 가져온다.

int *nn

즉, 가인수를 int nn[]이나 int *nn의 형태로 선언하더라도 nn인 포인터 변수이다. 따라서 위의 함수는 다음과 같이 포인터 연산의 형태로 변형할 수 있다.

```
int days_of_year(int nn[])
{
    int i, n;
    for(i=0, n=0; i<12; i++)
        n += *nn++;
    return(n);
}
```

또 한가지 집고 넘어가야 할 문제는 배열을 함수의 인수로 넘길 때, 받는 측에서는 포인터 변수로 받기 때문에 그 배열의 크기를 알 수가 없다는 것이다. 따라서 배열을 매개 변수로 갖는 함수를 좀 더 일반화하기 위해서는 그 배열의 크기도 인수로 받는 것이 바람직하다. 따라서 위 함수는 다음과 같이 구성하는 것이 바람직하다.

```
int days_of_year(int nn[], int size) /* size: 배열의 크기 */
{
    int i, n;
    for(i=0, n=0; i<size; i++)
        n += *nn++;
    return(n);
}
```

여기서 또 한가지 문제를 살펴보면, 함수 내에서 매개 변수 nn의 값을 변화시켜도 이 함수를 호출한 함수에는 영향을 미치지 않는다는 것이다(매개 변수 nn은 값에 의한 호출(call by value)이기 때문에).

실습 14-3 인수로 배열의 전달

```
int maximum(int n[], int size)
{
    int max, i;



    max = n[0];
    for(i=1; i<size; i++){
        if(max < n[i])
            max = n[i];
    }
    return(max);
}
```

함수 maximum()는 인수로 배열의 시작주소와 배열의 크기를 받아 배열 중에서 가장 큰 수를 찾아 반환하는 함수이다. 이 함수를 이용하여 10개 이하의 정수를 입력받아 그 중 가장 큰 값을 찾아 출력하는 프로그램을 완생해 봅시다.(입력 개수가 10개를 넘거나, 입력값이 -999인 경우 입력을 중지한다.)

● **문제분석**

- main() 함수를 다음과 같이 작성한다.
- 크기가 10인 정수형 배열을 선언한다.
- 10개 이하의 정수를 입력받아 배열에 저장한다.
  (입력 개수가 10개 이하이고, 입력값이 -999가 아닌 경우 입력을 계속한다)
- maximum() 함수를 호출하여 인수로 배열의 이름과, 입력받은 정수의 개수를 넘겨준다.
- maximum() 함수의 반환값을 출력한다.

03 포인터 반환 함수

함수는 포인터를 매개 변수로 전달할 뿐 아니라, 함수의 반환값으로 포인터를 이용할 수 있다. 즉, 함수의 자료형으로 포인터 형을 사용한다.
예제14-4는 함수의 자료형으로 char의 포인터형을 사용한 예를 보여주고 있다.

[예제 14-4] 함수의 포인터 반환

```
#include <stdio.h>
#include <string.h>
char *longstr(char *, char *);
main()
{
        char s1[80], s2[80];
        char *s;
        gets(s1);
        gets(s2);
        s = longstr(s1, s2);
        puts(s);
}
```

```
char *longstr(char *s1, char *s2)     /* s1과 s2중 긴 문자열의 포인터 반환 */
{
        if( strlen(s1) > strlen(s2))
                return s1;
        else
                return s2;
}
```

실행 예

```
입력 : abcdefg h [Enter↵]
       abcdefg hi [Enter↵]
출력 : abcdefg hi
```

예제14-4에서 함수 longstr()의 자료형은 char *형이다. 이 함수는 두 문자열을 인수로 전달받아 그 중 긴 문자열의 포인터를 반환하고 있다. 물론, 이 함수의 반환값을 저장하기 위하여 같은 자료형인 char *형의 변수가 필요하다(main() 함수의 변수 s).

04 함수의 순환(자기호출)

C 언어는 함수 내부에서 자기 자신을 호출할 수 있다. 이를 함수의 자기호출(recursive call)이라 한다.

다음 예제14-5를 보자.

[예제 14-5] 함수의 자기호출

```
#include <stdio.h>
void recall(int);
main()
{
        recall(0);
}
```

```
void recall(int i)
{
        if(i<10){
                recall(++i);
                printf("%d ", i);
        }
}
```

출력 결과 10 9 8 7 6 5 4 3 2 1

예제14-4의 실행과정을 살펴보면 다음과 같다.

- main() 함수에서 인수의 값을 0(변수 i = 0)으로 recall() 함수를 호출한다.
- recall() 함수에서 i(= 0) 〈 10이 참이므로 또 다시 recall() 함수를 호출한다(인수 i= 1)
- 이 자기호출과정을 인수 i가 10이 될 때까지 반복한다.
- 인수 i가 10이면 recall() 함수는 다시 반환되고, 변수 i값을 출력한다(출력 : 9).
- recall() 함수의 반환과정이 반복되고 마지막으로 1을 출력한 후 main() 함수로 반환되어 프로그램이 종료한다.

이와 같이 자기호출 함수를 작성할 때는 자기호출을 중지할 수 있도록 조건을 주어야 한다. 예제14-5의 if(i〈10)과 같은 중지 조건(terminate condition)이 없거나 잘못 작성되었을 경우 함수는 무한히 자신을 호출하여 무한루프에 빠지게 되어 실행 오류가 발생한다.

문제의 성격상 같은 형태의 작업이 반복될 때 이와 같은 자기호출 방식으로 함수를 구성하면 매우 간결하게 프로그램을 표현할 수 있다. 그러나, 예에서 보는 바와 같이 변수의 사용이 많아 메모리를 많이 점유하고, 프로그램의 실행속도를 떨어뜨리며 이해하기 어려운 프로그램이 될 수 있다.

실습 14-4 함수의 자기호출

예제 14-5를 이용하여 출력이 다음과 같도록 해 봅시다.

◉ 출력 1 2 3 4 5 6 7 8 9 10

복습문제

01 함수의 값에 의한 인수전달과 참조에 의한 인수전달의 차이점은 무엇인가?

02 함수의 매개 변수로 배열을 전달할 때 배열의 크기도 함께 전달하는 것이 바람직하다. 그 이유는?

03 자기호출 함수의 중지조건(terminate condition)이란 무엇인가?

04 자기호출 함수를 사용할 때 단점은 무엇인가?

연습문제

01

```
void big(int x, int *y)
{
	if(x > *y)*y=x;
}
```

보는 바와 같이 함수 big()은 인수로 int형 값과 int형 포인터를 받아 둘 중 큰 수를 포인터 y가 가리키는 곳에 저장하는 함수이다. 이 함수를 이용하여 계속적으로 정수를 입력받아 그 중 가장 큰 값을 찾아 출력하는 프로그램을 완성해 봅시다(입력값이 -999일때 까지 계속 입력 받는다).

02 인수로 문자열을 받아 그 문자열의 길이를 반환하는 함수 mystrlen()를 작성하고, 이 함수를 이용하여 한 문자열을 입력받아 그 길이를 출력하는 프로그램을 완성하시오.

03 다음 프로그램은 10개 이하의 정수를 입력받아 입력받은 값들 중에서 홀수만을 출하는 프로그램이다(입력 개수가 10개를 넘거나, 입력값이 -999인 경우 입력을 중지한다). 이 프로그램이 정상적으로 동작하도록 oddnum() 함수를 작성하시오.

```
#include <stdio.h>
void oddnum(int*, int*);
main()
{
  int m[10], size=0,i;
  do{
```

```
        scanf("%d", &m[size]);
        if(m[size] == -999)
            break;
            size++;
    }while(size < 10);
        oddnum(m, & size);
        for(i = 0;i < size;i++)
                printf("%d ", m[i]);
}
```

04 다음 프로그램의 for 반복문을 자기호출 방식의 함수로 고쳐서 작성하시오.

```
#include <stdio.h>
main()
{
  int i, sum=0;
      for(i = 1;i <= 100;i++)
         sum +=i;
      printf("1+2+...+100=%d\n",sum);
}
```

05 인수로 받은 문자열을 거꾸로 하는 함수 reverse(s)를 만들고, 이 함수를 이용하여 입력받은 문자열을 거꾸로 출력하는 프로그램을 작성하시오.

06 5번의 함수 reverse(s)를 자기호출형태로 작성하시오.

제 15 장

구조체 (II)

01 사용자 자료 정의 : typedef

C 언어에서는 예약어 typedef를 이용하여 기존의 자료형에 새로운 이름을 붙일 수 있다. 프로그램 상에서

```
typedef int INTEGER;
```

와 같이 선언하면 이후에 int와 INTEGER는 같은 뜻으로 쓰인다.
즉, 아래와 같은 문장을 사용하였다면

```
typedef int INTEGER;
INTEGER  n;
```

이는 int형 변수 n를 선언한 것과 동일하다. 즉,

```
int n;
```

과 같은 의미를 갖는다. 다시 말해서 int와 INTEGER는 동의어로 작용하게 된다. typedef의 사용방법은 다음과 같다.

```
trpedef 기존자료형 새로운이름;
```

이와 같이 선언한 이후에 기존자료형 대신 새로운 이름을 사용할 수 있다.
포인터 형의 예를 들어 보면,

```
typedef char *STRING;
```

과 같이 선언하면, 이후에 char * 대신 STRING를 사용할 수 있다. 즉,

```
STRING editor, title;
```

은 다음과 같은 의미를 갖는다.

```
char *editor, *title;
```

예를 들어,

```
#include <stdio.h>
main()
{
        int n;
        char *editor, *title;
                :
```

과 같은 프로그램은 typedef 문을 사용하면 아래와 같다.

```
#include <stdio.h>
typedef int INTEGER;
typedef char *STRING;
main()
{
        INTEGER  n;
        STRING editor, title;
                :
```

typedef은 일반적으로 구조체 정의에 많이 사용되고 있다. 예를 들어

```
struct book{
        char *title;
        char *author;
        unsigend int value;
};
struct book c_language, database ;
```

은 typedef를 사용하여 아래와 같이 쓸 수 있다.

```
struct book{
        char *title;
        char *author;
        unsigend int value;
};
typedef struct book BOOK;
BOOK c_language, database;
```

와 같이 자료형 struct book를 BOOK로 선언하여 이후 struct book 대신 BOOK를 사용하여 구조체 변수를 선언할 수 있다. 위 예는 다음과 같이 바꾸어도 같은 결과를 가져온다.

```
struct book{
        char *title;
        char *author;
        unsigend int value;
}; BOOK;
BOOK c_language, database;
```

위에서 보는 바와 같이 구조체를 정의하면서 동시에 typedef를 사용할 수 있다. 여기서는 구조체이름 book를 생략해도 상관없다.

02 구조체의 포인터

본 장에서는 구조체의 변수로 포인터 변수를 사용하는 방법에 대하여 공부해 보고자 한다. 구조체도 일반 자료형과 마찬가지로 포인터 변수를 갖는다. 이는 기존의 일반 자료형의 포인터 변수와 의미가 동일하다. 변수의 선언 예를 보면 다음과 같다.

```
struct book{
        char *title;
        char *author;
        unsigend int value;
};
struct book *textp;
```

위의 예에서 포인터 변수 textp는 다른 struct book 형 변수를 가리키는 포인터를 저장할 수 있다. 즉,

```
struct book database;
textp = &database;
```

와 같다면, textp는 구조체 변수 database의 시작 주소를 가리키게 된다.
위 예의 포인터 변수 선언을 앞에서 배운 typedef를 사용하면 다음과 같다.

```
struct book{
        char *title;
        char *author;
        unsigend int value;
};
typedef struct book *BOOKPTR;
BOOKPTR textp;
```

즉, BOOKPTR은 struct book * 와 같은 의미로 사용할 수 있는 것이다.
구조체 변수의 멤버를 참조하기 위하여

```
database.author = "Hong gil dong";
```

와 같이 마침표를 사용하였다. 그러나 포인터 변수가 가리키고 있는 구조체의 멤버를 참조하려면 -> 와 같은 연산자를 사용해야 한다.

```
textp -> author = "Hong gil dong";
```

❖ 구조체 멤버 참조 연산자

.	: 구조체 변수의 멤버 변수 참조 연산자
->	: 구조체 모니터가 가리키고 있는 구조체의 멤버 참조 연산자

[예제 15-1] 구조체 포인터 변수 사용

```
#include <stdio.h>
        struct  book{
                char *title;
                char *author;
                unsigned int  value;
};
typedef  struct  book  BOOK, *BOOKPTR;
main()
        {
        BOOK  c_language;          /* 구조체 book의 구조체변수 선언  */
        BOOKPTR  textp;            /*구조체 포인터 변수 선언 */
        c_language.title = "Introduction to C Language";
        c_language.author = "Hong gil dong";
        c_language.value = 15000;
        textp = &c_language; /*변수 c_language의 주소를 포인터변수 textp에 대입 */
        /* 변수 c_language를 이용한 출력  */
        printf("Title = %s \nAuthor = %s \nvalue = %d \n", c_language.title,
                        c_language.author, c_language.value);
        /* 포인터 변수 textp를 이용한 출력  */
        printf("Title = %s \nAuthor = %s \nvalue = %d \n", textp->title,
                    textp->author, textp->value);
}
```

실행 결과

```
Title = Introduction to C Language
Author = Hong gil dong
Value = 15000
Title = Introduction to C Language
Author = Hong gil dong
Value = 15000
```

실습 15-1 구조체 포인터 변수의 선언

예제15-1에서 변수들의 메모리 할당을 그림으로 설명해 봅시다.

실습 15-2 구조체 포인터 변수 사용

멤버로 name, id(학번), year(학년), age(나이)을 가지고 있는 student라는 구조체를 정의하고, 이 구조체에 대한 변수를 크기가 3인 배열로 선언하여 급우 3명의 신상을 저장(변수를 선언하면서 초기화 합시다)하고, 구조체 student의 포인터 변수를 선언하여, 이 포인터 변수를 이용하여 3명의 신상을 출력하는 프로그램을 만들어 봅시다.

● **문제분석**

- 구조체 포인터 변수에 구조체 배열의 시작주소를 대입한다.
- 구조체 포인터를 하나씩 증가시키면서 멤버를 출력한다.

실습 15-3 구조체 포인터 변수 사용

실습15-2의 프로그램을 3명의 자료를 초기화하는 대신 키보드로부터 입력 받아 이 중 나이가 가장 많은 학생의 이름을 출력하는 프로그램을 포인터 변수를 이용하여 만들어 넣어 봅시다.

03 구조체와 함수

구조체 변수도 함수의 인수로 사용할 수 있다. 구조체 변수를 인수로 넘겨주면 넘겨받은 함수에서는 그 구조체 변수의 모든 멤버를 참조할 수 있다. 일반 자료형의 변수와 마찬가지로 일반 변수로 넘겨주는 방법(값에 의한 호출)과 포인터 변수를 넘겨주는 방법(참조에 의한 호출)이 있다. 또한 구조체 변수의 멤버 변수도 함수의 인수로 사용할 수 있다.
다음의 예제15-2를 보자.

[예제 15-2] 함수 간의 구조체 변수 전달

```
#include <stdio.h>
struct  book{
        char *title;
        char *author;
        unsigned int  value;
};
typedef  struct book  BOOK, *BOOKPTR;
void  prn_1(struct book );
void  prn_2(struct book *);
void  prn_3( char *, char *, unsigned int );
main()
{
        BOOK  c_language = {"Introduction to C Language",
                        "Hong gil dong",15000} ;
        BOOKPTR  textp;
        textp = &c_language; /*변수 c_language의 주소를 포인터변수 textp에 대입 */
        prn_1(c_language);
        prn_2(textp);
        prn_3(c_language.title, c_language.author, c_language.value);
}
void prn_1(BOOK  text)  /* 변수 c_language를 이용한 출력  */
{
        printf("Title = %s ₩nAuthor = %s ₩nvalue = %d ₩n", text.title,
```

```
                          text.author, text.value);
}
void prn_2(BOOKPTR  textptr)  /* 포인터 변수를 이용한 출력  */
{
        printf("Title = %s ₩nAuthor = %s ₩nvalue = %d ₩n", textptr->title,
                          textptr->author, textptr->value);
}
void  prn_3( char *s1, char *s2, unsigned int n) /* 멤버를 이용한 출력 */
{
        printf("Title = %s ₩nAuthor = %s ₩nvalue = %d ₩n", s1, s2, n);
}
```

실행 결과

```
Title = Introduction to C Language
Author = Hong gil dong
Value = 15000
Title = Introduction to C Language
Author = Hong gil dong
Value = 15000
Title = Introduction to C Language
Author = Hong gil dong
Value = 15000
```

함수는 구조체 변수를 반환할 수 있다. 당연히 구조체 변수를 반환하는 함수의 자료형은 그 구조체로 선언해야 한다.

[예제 15-3] 함수체 구조체 변수 반환

```
#include <stdio.h>
struct  book{
        char *title;
        char *author;
        unsigned int  value;
};
```

```
typedef  struct book  BOOK;
BOOK  send_back(void);
main()
{
      BOOK  c_language;

      c_language = send_back();
      printf("Title = %s \nAuthor = %s \nvalue = %d \n", c_language.title,
                c_language.author, c_language.value);
}
BOOK  send_back(void)
{
      BOOK  text;
        text.title = "Introduction to C Language";
      text.author = "Hong gil dong";
      text.value = 15000;
      return  text;
}
```

실행 결과

```
Title = Introduction to C Language
Author = Hong gil dong
Value = 15000
```

실습 15-4 함수간에 구조체 전달

실습15-3에서 나이가 가장 많은 학생을 찾아 그 이름을 출력하는 부분을 함수로 구성해 봅시다.

● 문제분석

- 이 함수는 main() 함수로부터 인수로 구조체의 배열을 전달 받아야 한다.
- 따라서, 함수의 인수는 구조체 포인터 변수 1개와 배열의 크기를 전달하기 위한 정수형 변수 1개가 있어야 한다.
- 함수의 프로토타입은 다음과 같이 할 수 있다.
  void oldest(struct student *st, int size);

실습 15-5 함수간의 구조체 변수 변환

실습15-4의 함수를 나이가 가장 많은 학생의 구조체 변수를 변환하여 main() 함수에서 출력하는 형식으로 구성해 봅시다.

● 문제분석

- 함수의 프로토타입은 다음과 같이 할 수 있다.

```
struct student oldest(struct student *st, int size);
```

복습문제

01 다음과 같이 구조체가 정의되고, 변수가 선언되어 있을 때 아래 물음에 대하여 답하시오.

```
struct fullname{
        char firstname[40];
        char firstname[40];
};
typedef struct person{
        struct fullname name;
        unsigned int age;
        char hometown[40];
}PERSON, *PERSONPTR;
PERSON kim;
PERSONPTR pt = &kim;
```

(1) kim의 age를 구조체 변수 kim를 이용하여 표시하시오.
(2) 구조체 kim의 age를 포인터 변수 pt를 이용하여 표시하시오.
(3) 구조체 변수 kim의 hometown를 구조체 변수 pt를 이용하여 입력받는 문장을 만드시오.
(4) 구조체 변수 kim의 멤버 lastname의 2번째 문자를 표시하는 방법을 적으시오.

연습문제

01 학생의 성적을 저장할 수 있는 구조체를 다음과 같이 정의하시오.

구조체 이름: score

구조체 멤버: name(이름), id(학번), kor(국어), eng(영어), math(수학), mean(평균), rank(석차), grade(학점)

typedef문을 사용하여 아래와 같이 위 구조체를 SCORE로 정의하시오.

```
typedef struct score SCORE, *SCOREPTR ;
```

이 구조체를 이용하여 5명까지의 학생 성적을 입력하여 출력하는 프로그램을 작성하시오.(입력 자료: 이름, 학번, 국어, 영어, 수학)

(입력화면(예))

Input Data?(y/n) : y [Enter↵]

Name : Hong Gildong [Enter↵]

ID : 201018001 [Enter↵]

Korean : 90 [Enter↵]

English : 80 [Enter↵]

Mathematics : 70 [Enter↵]

Input Data?(y/n) : n [Enter↵]

◉ 출력화면

Name	ID	Korean	English	Mathematics
Hong Gildong	201018001	90	80	70

02 1번의 출력 부분을 함수로 작성하시오.

함수의 prototype : void display(SCORE PTR, int);

03 2번의 입력한 점수에 대한 평균을 구하여 구조체의 멤버에 저장하는 함수를 작성하시오.

함수의 prototype : void cal_mean(SCOREPTR, int);

저장된 평균값도 출력하도록 display() 함수를 고치시오.

04 3번에서 구한 평균점수를 이용하여 grade를 구하는 함수를 작성하시오.

함수의 prototype : void cal_grade(SCOREPTR, int);
grede를 출력하도록 display() 함수를 고치시오.

05 4번 결과 프로그램에 평균점수를 이용하여 rank(석차)를 구하는 함수를 작성하시오.

함수의 prototype : void cal_rank(SCOREPTR, int);
rank를 출력하도록 display() 함수를 고치시오.

06 5번의 결과 프로그램에 rank를 입력받아 그 rank에 해당하는 구조체를 반환하는 함수를 작성하시오.

함수의 prototype : SCORE find_rank(SCOREPTR, int,int);
main() 함수의 마지막 부분에서 rank를 입력하여 그 rank에 해당하는 이름을 출력하시오.

제 16 장

선행처리기 및 사용자 자료 정의

01 공용체 및 열거형

앞에서 우리는 구조체 및 typedef에 대하여 공부하였다. 구조체나 typedef는 공통적으로 사용자가 새로운 자료형을 정의하는데 이용된다. 사용자가 자료형을 정의하는데 사용하는 또 다른 방법인 공용체(union)과 열거형(enum)에 대하여 알아보자.

1.1 공용체

우리가 잘 알고 있다시피 변수를 선언할 때는 그 변수의 자료형을 함께 선언한다. 이렇게 선언된 변수는 그 선언할 때의 자료형에 대한 값만을 가질 수 있다. 그러나 하나의 변수가 여러가지 자료형의 값을 가질 수 있는 방법이 있다. 다시 말해서 기존의 여러 자료형을 공유할 수 있는 새로운 자료형을 정의할 수 있다. 이를 공용체(union)라 한다. 즉, 공용체는 정의하기에 따라서 어떤 공용체 변수에는 정수값을 대입할 수도 있고 이 정수값 대신 실수값을 대입할 수도 있다.

● 공용체의 정의 및 메모리 할당

공용체를 정의하는 방법은 구조체를 정의하는 방법과 같다. 다만 구조체 정의 예약어 struct 대신 예약어 union를 사용한다. 공용체의 정의 형식은 다음과 같다.

```
union tag_name{
        type member1;
        type member2;
        .....
        type membern;
};
```

union : 공용체를 정의하기 위한 예약어
tag_name : 정의하는 자료형의 이름
member : 공용체 union tag_name의 멤버변수

다음의 예를 보자.

```
union u_tag{
        char cval;
        int ival;
        float fval;

};
```

와 같이 3개의 멤버를 가지고 있는 공용체 **u_tag**를 정의하면, 새로운 자료형 u_tag를 정의한 것이다. 이 자료형에 대한 변수는 구조체에서와 마찬가지로 다음과 같이 선언한다.

```
union u_tag uval;
```

이와 같이 변수가 선언되면 변수 uval에 대하여 그 멤버 cval, ival, fval이 공동으로 사용할 수 있는 메모리가 할당된다. 이 메모리 공간은 세 개의 멤버가 공유해야 하므로 그 중 가장 큰 메모리 용량을 가지고 있는 멤버의 자료형인 float형에 따라 4byte의 메모리가 할당된다. 그러면 세 개의 멤버가 이 메모리 공간을 공유하게 되는 것이다. 따라서 공용체는 구조체와는 달리 동시에 여러 멤버 중 한 멤버의 값만을 저장할 수 있다. 메모리 할당을 그림으로 나타내면 그림 16-1과 같다.

또한 공용체는 그 멤버로 기존의 자료형 뿐 아니라 정의되어 있는 구조체나 공용체의 자료형도 포함할 수 있다.

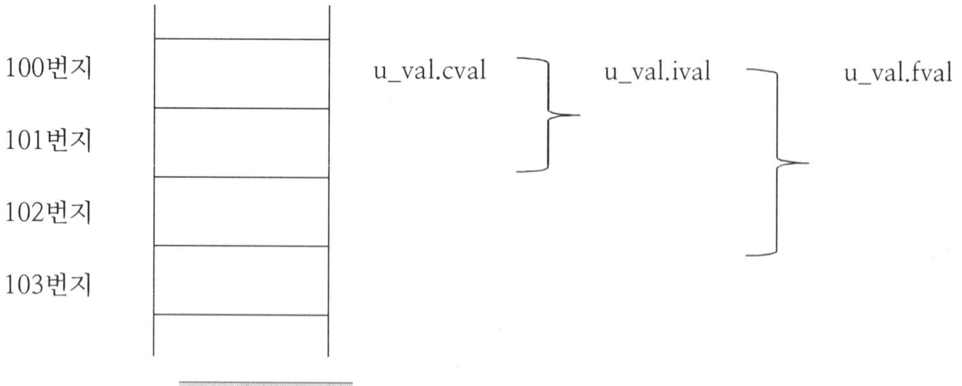

그림 16-1 공용체 변수 uval의 메모리 할당 예

❖ 멤버의 참조

공용체의 멤버를 참조하는 방법은 구조체의 그것과 같다. 즉,

```
uval.ival = 10;
uval.cval = 'A';
uval.fval = 20.1;
```

와 같이 공용체 변수 이름과 그 멤버 사이에 마침표를 찍어 나타낸다. 또한 공용체 포인터 변수인 경우도 구조체 포인터 변수의 멤버 참조와 마찬가지로 -> 참조한다.
다음은 공용체를 사용한 프로그램 예제이다.

[예제 16-1] 공용체의 사용

```
#include <stdio.h>
union   u_tag{
        char   cval;
        int   ival;
        float   fval;
};
main()
{
        union  u_tag  uval;
        uval.cval  =  'A';
        printf("uval  =  %c₩n",  uval.cval);
        uval.ival   =  10;
        printf("uval  =  %d₩n",  uval.ival);
        uval.fval   =  20.1;
        printf("uval  =  %f₩n",  uval.fval);
}
```

실행 결과

```
uval  =  A
uval  =  10
uval  =  20.10000
```

1.2 열거형

또 하나의 사용자 자료형 정의 방법으로 열거형(enumeration)이 있다. 열거형의 정의 방법은 예약어 enum를 사용한다. 열거형의 정의 형식은 다음과 같다.

```
enum  tag_name{
          member1,  member2,  ...

};
```

enum : 열거형 정의 예약어
tag_name : 정의하는 자료형의 이름
member : 열거형 tag_name의 멤버

다음은

```
enum  spectrum{
          red,  orange,  yellow,  green,  blue,  violet

};
```

열거형 spectrum를 정의한 예이다. 다음 이 자료형에 대한 변수를 선언한다.

```
enum spectrum color;
```

이후 변수 **color**는 열거형 **spectrum**에 정의되어 있는 멤버 중 한 값을 가질 수 있다. 즉,

```
color = orange;
```

혹은

```
color = green;
```

등이 가능하다. 열거형 변수는 정의되어 있는 멤버 중 한 값만을 가질 수 있다. 실제로

열거형의 멤버는 정의되어 있는 순서에 따라 차례로 0, 1, 2, 3..과 같이 정수 상수 값을 갖는다. 즉,

red == 0, orange == 1, yellow == 2, green == 3, bule == 4, violet == 5 와 같다.

다음 예제16-2는 열거형 자료의 사용 예제를 보여주고 있다.

[예제 16-2] 열거형 자료 사용

```
#include <stdio.h>
enum  spectrum {
        red, orange, yellow, green, blue, violet
};
main()
{
        int  i;
        enum  spectrum  color;
        color = yellow;
        i = orange + blue;
        printf(" Color = %d, i = %d ₩n", color,i);
        color = 5;
        if( color == violet)
                printf(" The color is violet. ₩n");
}
```

실행 결과

```
Color = 2, i = 5
The color is violet.
```

02 선행처리기 : #define, #include

2.1 선행처리기란?

우리는 지금까지 프로그램을 작성할 때 마다 매번 맨 앞 부분에

```
#include <stdio.h>
```

라는 문장을 사용하였다. 이와 같이 #표시로 시작하는 것을 선행처리기라 한다. 여기서 선행처

리기의 의미에 대하여 알아보기로 한다.

우리가 이미 알고 있다시피, C 언어로 원시프로그램(source program)를 작성하여 이를 실행시키기 위해서는 다음과 같은 과정을 거친다. 첫째 단계로 Turbo-C나 Visual C++같은 C 언어 컴파일러가 제공하는 편집기나 일반 문서 편집기를 이용하여 원시 프로그램을 작성한다. (한 프로그램을 하나의 파일 또는 여러 개의 파일로 분리해서 작성할 수 있다).

두번째 단계로 위에서 작성한 원시 프로그램을 컴퓨터가 이해할 수 있는 기계어로 번역하는 컴파일 과정을 거치면 목적 프로그램(object program)을 얻는다. (하나의 파일마다 하나의 목적 파일이 생성된다). 세번째 단계로 위에서 얻은 목적 프로그램들과 필요로 하는 라이브러리를 연결하여 하나의 실행 파일을 생성하는 링크(link) 작업을 거치면 실제 실행가능한 실행파일이 생성된다.

위에서 열거한 과정에는 실제로 선행처리 과정을 이야기하고 있지 않다. 컴파일 과정은 선행처리 과정을 거친 후에 이루어진다. 즉, 우리가 작성한 원시 프로그램에서 #표시로 시작한 문장들은 컴파일 과정이 이루어지지 건 선행처리 과정에서 처리된다. 선행 처리기는 컴파일러와 분리되어있다. 본 장에서는 C 언어에서 제공하는 여러 선행처리기에 대하여 알아본다.

2.2 #define, #undef

#define은 문자열을 치환할 때 사용한다. 긴 문장을 하나의 단어로 대신하는 것을 매크로(macro)라 한다. #define은 매크로를 정의하는데 사용한다.

❖ 단순 문자열 치환

#define을 단순히 문자열을 치환하는데 사용할 수 있다. 그 선언 형식은 다음과 같다.

```
#define   문자열1   문자열2
```

예 #define MSG Input maximum integer

위의 예와 같이 선언되었다면 프로그램의 이후에 나오는 MSG는 컴파일하기 전에 Input maximum integer라는 문자열로 치환된다. 매크로는 일반 변수와 구분하기 위하여 대문자로 선언하는 것이 관행이다. 다음의 예제16-3은 1에서 임의의 값(MAX)까지 더하는 프로그램에 #define를 이용한 예이다.

일반 C 문장과는 달리 매크로 정의에 있어서 프리프로세서는 한 줄만을 인식한다. 매크로 정의가 2줄 이상 넘어갈 때는 줄의 끝에 역슬래쉬(\)를 붙여 주어야 한다.

#define MSG "A teacher who is attempting to teach without inspiring the student \
with a desire to learn is hammering on cold iron."

[예제 16-3] #define 사용(단순 문자열 치환)

```
#include <stdio.h>
#define  MSG  "The result of  1+2+…+100"
#define  MAX  100
main()
{
        int  n, result=0;
        for(n = 1; n <=MAX; n++)
                result = result + n;
        printf("%s : %d ₩n", MSG,result);
}
```

실행 결과 The result of 1+2+...+100 : 5050

예제16-3에서 프로그램에 있는 매크로 MAX와 MSG는 이 프로그램이 컴파일 되기 전 선행 처리 과정에서 다음과 같이 치환된다.

for(n = 1; n <=MAX; n++) → for(n=1; n<=100; n++)
printf("%s : %d \n" , MSG,result); → printf("%s : %d \n", "The result of 1+2+...+100",result);

❖ 인수를 표현하는 매크로 정의

#define은 인수를 포함하는 매크로를 정의할 수 있다. 그 선언 형식은 다음과 같다.

```
#define  매크로이름(인수) 인수를 포함한 문자열
```

예 #define SQUARE(x) ((x) * (x))

위의 예와 같이 선언되었다면 프로그램의 이후에

n = SQUARE(5);

와 같은 문장이 있다면 이는

```
n = ((5) * (5));
```

와 같이 치환된다. 다음의 예제16-4를 보자.

[예제 16-4] #define 사용(인수를 포함하는 매크로 정의)

```
#include <stdio.h>
#define  SQUARE(x)  ((x) * (x))
#define  PR(x)  printf("x is %d. ₩n", x)
main()
{
        int x = 4;
        PR(SQUARE(x + 2));
        PR(100 / SQUARE(2));
        PR(SQUARE(++x));
}
```

실행 결과

```
x is 36
x is 25
x is 30
```

여러분들은 위의 실행 결과를 보고 의아해 할 수도 있다. 그러나 다음과 같이 매크로를 치환해 보면 그 이유가 확실해 진다.

```
PR(SQUARE(x + 2)); → printf("x is %d. \n", ((x+2) * (x+2)));
PR(100 / SQUARE(2)); → printf("x is %d. \n", 100/((2) * (2)));
PR(SQUARE(++x)); → printf("x is %d. \n", ((++x) * (++x)));
```

이와 같이 매크로를 사용할 때는 세밀한 부분까지 주의를 기울여야 원하지 않은 결과가 나오는 것을 방지할 수 있다. 또한 위의 예에서 " " 내의 x는 치환되지 않는 것을 볼 수 있다. 이와 같이 " " 내의 인수는 치환되지 않는다. " " 내의 인수도 매크로로 치환시키기 위해서는 인수에 #연산자를 붙이면 된다. 따라서 위 프로그램의 매크로를

```
#define PR(x) printf(#x " is %d. \n", x)
```

와 같이 바꾸면 그 실행결과는 다음과 같을 것이다.

● **실행결과**

```
SQUARE(x+2) is 36
100/SQUARE(2) is 25
SQUARE(++x) is 30
```

● **#undef**

이미 앞에서 정의되어 있는 매크로를 취소할 때 #undef를 사용한다. 그 사용법은 다음과 같다.

```
#undef 매크로이름
```

예
```
#define MAX 100
#undef MAX
#define MAX 200
```

위의 예와 같이 정의된 매크로 MAX를 취소시키고 MAX를 재 정의할 수 있다.

2.3 #include

우리는 지금까지 프로그램을 작성할 때 마다 매번 맨 앞 부분에

```
#include <stdio.h>
```

라는 문장을 사용하였다. 이의 의미는 stdio.h 파일을 복사해 와서 이 곳에 붙여 넣기하는 것이다. 즉, 이 곳에 stdio.h 파일의 내용을 그대로 써주는 것과 같은 효과를 가져온다.
#include 의 사용 방법은 다음과 같은 두 가지가 있다.

```
#include <화일명>
#include "화일명"
```

〈파일명〉과 같이 기술할 경우 미리 지정되어 있는 표준 디렉토리(TC인 경우 tc\include\)에서 그 파일을 찾는다. "파일명"과 같은 방법으로 기술할 경우 우선 현재 작업 디렉토리에서 파일을 찾고 다음으로 표준 디렉토리에서 찾는다. 또한 "파일명"과 같이 기술할 경우 다음과 같이 파일의 절대 경로를 명시하는 방법과 현재 작업 디렉토리로부터의 상대 경로를 명시하는 방법이 있다.

```
#include "c:\users\kim\myheader.h" /* 절대 경로 명시 */
#include "..\test\test.h"            /* 상대 경로 명시 */
```

일반적으로 컴파일러가 제공하는 헤더파일(xxx.h)를 사용한다. 이 헤더 파일에는 표준함수들의 원형이나 매크로가 정의되어 있다. 그러나 텍스트 파일이면 어떤 파일도 #include를 사용하여 포함시킬 수 있다.

지금까지는 제공되는 표준 헤더 파일만을 사용하였지만 사용자가 필요에 따라 헤더파일을 만들어 사용할 수 있다. 일반적으로 하나의 프로그램을 여러 개의 파일로 쪼개어 프로그램할 경우, 여러 파일에 공통적으로 포함되는 부분들, 즉 선행처리기 부분, 사용자 자료형 정의 부분, extern 변수선언 부분 등을 하나의 헤더파일로 만들어 각각의 필요한 파일에 포함시키는 방법을 사용한다.

실습 16-1 #include 사용

아래프로그램에서 main() 함수를 main.c 파일로, old()를 old.c 파일로 분리하고 구조체 정의 부분과 #include 부분, typedef 부분을 myheader.h 파일로 분리하여 프로그램을 컴파일해 봅시다.

```
#include <stdio.h>
struct student{
        char *name;
        long int id;
        int year;
        int age;
};
typedef struct student STUDENT, *STUDENTPTR;
STUDENTPTR old(STUDENTPTR st, int i);
main()
```

```
{
   STUDENT st[] = {{"Kim",9800001,1,20},
                  {"Lee",9800002,1,25},
                  {"Park",9800003,1,22}};
   STUDENTPTR stptr;

   stptr = old(st,3);
   printf("Oldest student name : %s",stptr->name);
}
STUDENTPTR old(STUDENTPTR st, int size)
{
        int i;
        STUDENTPTR stptr;
        stptr = st;
        for( i= 1;i<size;i++){
                if(stptr->age<(st+i)->age)
                        stptr = st+i;
        }
        return stptr;
}
```

03 선행처리기 : 조건컴파일

컴파일할 때 선택적으로 일부 코드를 포함시킬 수 있도록 하는 다음과 같은 선행처리 지시자들을 제공한다.

    #if, #else, #elif, #endif, #ifdef, #ifndef, #if defined, #if !defined

이 명령들은 제어문의 if 문과 같은 방법으로 사용할 수 있다. 다음 예를 보자.

```
#define ACTIVE_COUNTRY US
main()
{
    #if ACTIVE_COUNTRY ==US
    char currency[] = "dollar";
    #elif ACTIVE_COUNTRY == ENGLAND
    char currency[] = "pound";
    #else
    char currency[] = "franc";
    #endif
            :
            :
```

위 예에서 ACTIVE_COUNTRY는 US로 정의되어 있기 때문에 위 프로그램은 컴파일 시 char currency[] = "dollar" ; 만 컴파일된다. 다음의 예를 보자.

```
#ifdef MAVIS
#include "horse.h"
#define STABLES 5
#else
#include "cow.h"
#define STABLES 15
#endif
```

만일 MAVIS가 선행처리기로 정의되어 있으면

```
#include "horse.h"
#define STABLES 5
```

를 처리하고, MAVIS가 정의되어 있지 않으면

```
#include "cow.h"
```

#define STABLES 15

를 처리하게 된다. #ifdef와 #if defined는 같으며, #ifdef는 #if !defined와 같다. #ifndef는 #ifdef와 반대의 의미로 사용된다.

04 내장 매크로

C 언어에서는 다음과 같은 5개의 내장되어 있는 매크로를 제공한다.
LINE , _FILE_ , _DATE_ , _TIME_ , _STDC_
각각의 매크로의 의미는 다음과 같다.

LINE : 현재 컴파일하고 있는 프로그램의 줄 번호 (정수)
FINE : 현재 컴파일하고 있는 파일 이름(문자열)
DATE : 현재의 시스템 날짜(문자열)
TIME : 컴파일이 시작된 시간(문자열 : 시:분:초 형식)
STDC : 컴파일러가 ANSI C표준을 따를 경우 그 값은 1

다음 예제16-5를 실행시켜 보자.

[예제 16-5] 내장 매크로

```
#include <stdio.h>
main()
{
        printf("__LINE__ : %d ₩n", __LINE__);
        printf("__FILE__ : %s ₩n", __FILE__);
        printf("__DATE__ : %s ₩n", __DATE__);
        printf("__TIME__ : %s ₩n", __TIME__);
        printf("__STDC__ : %d ₩n", __STDC__);
}
```

복습문제

01 구조체와 공용체는 그 정의 방법이 유사하다. 둘의 차이점을 설명하시오.

02 원시 프로그램으로부터 실행 프로그램을 생성하는 과정을 설명하시오.

03 #include의 의미를 설명하시오.

연습문제

01 #define 을 이용하여 절대값을 구하는 매크로 ABS(x)를 정의하시오.
이 매크로를 이용하여 입력 받은 실수의 절대값을 출력하는 프로그램을 작성하시오.

02 #define를 사용하여 상수 PI를 3.141592로 정의하고 원의 면적을 구하는 매크로를 정의하여 표준입력으로부터 원의 반지름을 입력 받아 그 면적을 출력하는 프로그램을 작성하시오.

제 17 장

파일 입·출력

01 파일 열기와 닫기

1.1 파일 열기

파일의 자료를 읽거나 쓰기 위해서는 우선 접근할 파일을 열어야 한다. 파일을 여는 작업은 다음과 같은 fopen() 함수를 이용하여 이루어진다.

● fopen() 함수

```
#include <stdio.h>
FILE *fopen(char *filename, char *openmode);
  • 설명 : filename에 지정한 파일을 openmode에 지정한 모드로 연다.
  • 인수 : filename - 개방한 파일명
           openmode - 파일 개방시 접근 모드
  • 반환값 : 정상개방시 - 개방한 파일의 포인터
             오류발생시 - 널 포인터(NULL)
```

파일의 접근(access)은 파일 포인터(file pointer)를 이용하여 이루어진다. 파일 포인터란 파일의 크기, 현재 위치, 접근 방법 등 파일에 관한 여러 정보를 저장하고 있는 구조체의 포인터를 말한다. 이 구조체는 stdio.h 파일에 FILE 형으로 정의되어 있다.

또한, 파일을 열 때는 그 사용 용도를 명시해야 한다. 즉, 파일에 자료를 저장할 것인가 파일에 있는 자료를 읽어올 것인가 아니면 파일에 어떤 자료를 추가할 것인가에 따라 파일의 접근 모드를 지정하여야 한다.

아래 코드는 test.dat란 파일을 읽기 모드로 파일 열기 예를 보여주고 있다. 이와 같이 읽기모드로 연 파일은 파일에 자료를 저장하거나 추가할 수 없고, 단지 기존의 자료를 읽어올수만 있다.

```
FILE *fp
if((fp = fopen("test.dat" , "r")) == NULL){
    printf("File open Error \n");
    exit(1);
}
```

파일을 열기 위해서는 우선 파일포인터를 저장할 변수(fp)를 선언한다. 파일 열기하는 도중 오류가 발생하면(파일 열기가 실패하면) NULL를 반환하기 때문에 반드시 이를 점검하여야 한다.

파일의 접근모드를 정리하면 표 17-1과 같다.

표 17-1 파일의 접근 모드

모드	내 용	처리 방법
r	읽기로 텍스트 파일 열기	지정한 파일이 없을 경우 NULL 반환
w	쓰기로 텍스트 파일 열기	파일이 없을 경우 파일을 생성하고, 파일의 있을 경우 기존의 자료는 지움
a	추가로 텍스트 파일 열기	파일이 없을 경우 파일을 생성하고, 파일이 있을 경우 기존의 자료 뒤에 추가함
r+	읽기와 쓰기로 텍스트 파일 열기	r 모드와 같음
w+	쓰기와 읽기로 텍스트 파일 열기	w 모드와 같음
a+	추가를 위한 읽기 쓰기로 텍스트 파일 열기	a 모드와 같음
rb	읽기로 이진 파일 열기	r 모드와 같음
wb	쓰기로 이진 파일 열기	w 모드와 같음
ab	추가로 이진 파일 열기	a 모드와 같음
r+b	읽기와 쓰기로 이진 파일 열기	r 모드와 같음
w+b	쓰기와 읽기로 이진 파일 열기	w 모드와 같음
a+b	추가를 위한 읽기 쓰기로 이진 파일 열기	a 모드와 같음

파일 입출력에는 텍스트 모드와 이진 모드가 있다. 텍스트 모드인 경우 뉴라인문자('\n')을 파일에 저장할 때 캐리지리턴(CR)과 라인피드(LF) 두 문자로 번역하여 저장한다. 파일에서 읽을 때도 캐리지리턴(CR)과 라인피드(LF) 두 문자는 뉴라인문자 한 문자로 번역하여 읽어낸다. 이와 같이 텍스트 모드인 경우 읽거나 쓸 때 일부 문자에 대하여 번역이 일어나나 이진 모드일 경우 이와 같은 번역을 하지 않는다.

1.2 파일 닫기

더 이상 입출력이 필요치 않는 파일은 닫아 주어야 한다. 파일을 닫는 작업은 다음과 같은 fclose() 함수를 이용하여 이루어진다.

● fclose() 함수

```
#include <stdio.h>
 int fclose(FILE *fp);
  • 설명 : 열려 있는 파일(fp)를 닫는다.
  • 인수 : fp - 닫을 파일의 파일 포인터
  • 반환값 : 정상시 - 0
             오류발생시 - EOF (파일의 끝에 도달 시)
```

fclose() 함수는 버퍼의 내용을 자동으로 디스크에 쓰고 버퍼를 비운다. 프로그램 종료시 모든 열려 있는 파일은 자동적으로 닫혀진다.

02 파일 입·출력 함수

2.1 바이트 단위 입·출력

열려 있는 파일의 자료를 입·출력하는 함수에 대하여 알아보자. 우선 바이트 단위의 입·출력 함수로는 fputc()와 fgetc() 함수가 있다.

● fgetc() 함수

```
#include <stdio.h>
int fgetc( FILE *fp);
  • 설명 : fp가 가리키는 파일로부터 한 바이트를 unsigned char 형으로 읽어
           정수로 반환한다.
  • 인수 : fp - 자료를 읽을 파일의 파일 포인터
  • 반환값 : 정상실행시 - 읽은 문자 반환
             오류발생시 - EOF
```

● fputc() 함수

```
#include <stdio.h>
int fputc( int ch, FILE *fp);
  • 설명 : fp가 가리키는 파일에 ch를 unsigned char 형으로 쓴다.
  • 인수 : ch - 파일에 쓸 문자
          fp - 자료를 쓸 파일 포인터
  • 반환값 : 정상실행시 - 쓴 문자
            오류발생시 - EOF
```

getc(), putc() 함수도 fgetc(), fputc()와 근본적으로 같은 역할을 하는 함수이다. ANSI표준 파일입출력 함수는 f로 시작하므로 통일성을 주기 위하여 fgetc(), fputc() 함수를 만든 것이다. 예제17-1은 test.dat파일에 문자열 s를 저장하고, 저장된 자료를 출력하는 프로그램이다.

[예제 17-1] 파일 입 · 출력(1)

```
#include <stdio.h>
#include <stdlib.h>
main()
{
        char *s = "What is learned in the cradle ₩n is carried to the grave";
        char c;
        FILE *fp;
        if((fp = fopen("test.dat", "w")) == NULL){
                        printf("File open Error ₩n");
                        exit(1);
        }
        while(*s){
                if(fputc(*s++, fp) == EOF){
                        printf("File writing Error ₩n");
                        exit(1);
                }
        }
        fclose(fp);
```

```
        if((fp = fopen("test.dat", "r")) == NULL){
                printf("File open Error ₩n");
                exit(1);
        }
        while((c = fgetc(fp)) != EOF)
                putchar(c);
}
```

실행 결과

```
What is learned in the cradle
is carried to the grave
```

실습 17-1

키보드로부터 파일 이름을 입력 받아 그 파일의 자료를 모니터에 출력하는 프로그램을 작성해 봅시다.

2.2 문자열 단위 입 · 출력

파일에 문자열 단위로 입 · 출력하는 함수로는 fgets(), fputs(), fprintf(), fscanf()가 제공 되고 있다.

● fgets() 함수

```
#include <stdio.h>
char *fgets(char *s, int n, FILE *fp);
```

- 내용 : fp가 가리키는 파일로부터 최대 n-1개의 문자를 읽어 s에 저장한 후 끝에 null를 붙인다.
  (뉴라인문자를 만나거나, 파일의 끝에 도달할 때 까지 읽어 들임)
- 인수 : s - 읽은 문자열을 저장할 변수
  n - 읽을 문자열의 최대 개수
  fp - 자료를 읽을 파일의 파일 포인터
- 반환값 : 정상실행시 - 문자열 s

```
            오류발생시 - 널 포인터(NULL)
```

● fputs() 함수

```
#include <stdio.h>
char *fputs(char *s, FILE *fp);
  • 내용 : fp가 가리키는 파일에 문자열 s의 자료를 저장.
  • 인수 : s - 저장할 문자열 변수
          fp - 자료를 저장할 파일의 파일 포인터
  • 반환값 : 정상실행시 - 문자열 s
            오류발생시 - 널 포인터(NULL)
```

● fprintf() 함수

```
#include <stdio.h>
char *fprintf(FILE *fp, char *format, ....);
  • 내용 : fp가 가리키는 파일에 format에 맞추어 저장
  • 반환값 : 정상실행시 - 저장한 바이트 수
            오류발생시 - 음수
```

● fscanf() 함수

```
#include <stdio.h>

int fscanf(FILE *fp, char *format, ....);
  • 내용 : fp가 가리키는 파일로부터 format에 맞추어 지정한 변수에 자료 입력
  • 반환값 : 정상실행시 - 입력한 바이트 수
            오류발생시 - EOF
```

fprintf(), fscanf() 함수는 입·출력 파일을 지정한다는 것 이외에는 printf(), scanf()와 동일한 기능을 가지고 있다. C 프로그램 언어는 다음과 같은 세 개의 파일을 기본으로 제공하고 있다. 이들 파일 포인터는 열지 않아도 자동으로 개방된다.

stdin : 표준입력으로 작용하며 통상 키보드를 가리킨다.
stdout : 표준출력으로 작용하며 통상 모니터를 가리킨다.
stderr : 표준오류로 작용하며 모니터를 가리킨다.

따라서, 아래와 같은 문장은 동일한 작용을 한다.

fprintf(stdout, "Two identical statements \ n"); ≡ printf("Two identical statements \ n");
fscanf(stdin, "%d" , #&n); ≡ scanf("%d", &n);

[예제 17-2] 파일 입 · 출력(2)

```
/*(예17-2) 파일 입출력(2)*/
#include <stdio.h>
#include <stdlib.h>
main()
{
        int i,j,k;
        char c, s[80];
        FILE *fp;
        if((fp = fopen("test.dat", "w")) == NULL){
                printf("File open Error ₩n");
                exit(1);
        }
        i = 10000;  j = 20000;
        fprintf(fp,"%d₩n",i);
          fprintf(fp,"%d",j);
        fclose(fp);
        if((fp = fopen("test.dat", "r")) == NULL){
                printf("File open Error ₩n");
                exit(1);
        }
          fgets(s, 7, fp);
          fscanf(fp,"%d",&k);
          printf("%s,%d",s, k);
}
```

실행 결과	10000, 20000

예제17-2을 보면 알 수 있는 바와 같이 fprintf()와 fscanf() 함수는 숫자를 파일에 저장하거나 읽어 올 때 숫자를 텍스트 형식으로 변환한다.

2.3 이진 자료의 입 · 출력

파일에 자료를 입·출력할 때 입·출력 크기를 지정할 수 있는 함수 fread(), fwrite()가 제공된다.

● fread() 함수

```
#include <stdio.h>
size_t fread(void *buffer, size_t size, size_t n, FILE *fp);
  • 내용 : fp가 가리키는 파일로부터 size 바이트의 자료를 n개
          (즉, size * n 바이트)읽어 들여 buffer에 저장한다.
  • 인수 : buffer - 읽은 자료를 저장할 변수
          size - 자료 당 바이트 수
          n - 읽을 자료의 개수
          fp - 자료를 읽을 파일의 포인터
  • 반환값 : 정상실행시 - 읽은 자료의 개수
            오류발생시 - 오류발생시나 파일 끝일 경우 성공적으로 읽은
                        자료의 수 반환 (읽을 자료 수보다 작은 수)
```

● fwrite() 함수

```
#include <stdio.h>
size_t fwrite(void *buffer, size_t size, size_t n, FILE *fp);
  • 내용 : buffer의 자료 중 size 바이트의 자료를 n개(즉, size * n 바이트) 읽어
          fp가 가리키는 파일에 저장한다.
  • 인수 : buffer - 읽은 자료를 갖는 변수
          size - 자료 당 바이트 수
          n - 저장할 자료의 개수
          fp - 자료를 저장할 파일의 포인터
```

- 반환값 : 정상실행시 - 저장할 자료의 개수
  오류발생시 - n(저장할 자료 수)보다 작은 수

fread(), fwrite() 함수는 fprintf(), fscanf() 함수와 달리 파일에 자료를 입· 출력할 때 자료를 텍스트 형태로 변환하지 않고 이진 자료를 그대로 입· 출력한다.

[예제 17-3] fread(), fwrite() 함수의 사용

```
#include <stdio.h>
#include <stdlib.h>
main()
{
        int n[5] = {1, 2, 3, 4, 5};
        int i, m[5];
        FILE *fp;
        if((fp = fopen("test.dat", "w")) == NULL){
                printf("File open Error ₩n");
                exit(1);
        }
        if(fwrite(n, sizeof(int), 5, fp) != 5){
                printf("Error");
                exit(1);
        }
        fclose(fp);
        if((fp = fopen("test.dat", "r")) == NULL){
                printf("File open Error ₩n");
                exit(1);
        }
        if(fread(m, sizeof(int), 5, fp) != 5){
                printf("Error");
                exit(1);
        }
        for(i=0; i<5; i++)
                printf("%d, ",m[i]);
```

```
}
```

실행 결과 1, 2, 3, 4, 5,

예제17-3에서

fwrite(n, sizeof(int), 5, fp)

는 배열 n의 값을 sizeof(int) 의 크기로 5개(int 형이 2바이트인 경우, 2 * 5 = 10바이트) 즉, 정수를 5개 읽어 파일 fp에 저장하는 문장이다. 저장할 때 이진 값이 그대로 저장되므로 읽은 바이트 수와 저장된 자료의 바이트 수는 같다.

fread(m, sizeof(int), 5, fp)

는 파일 fp로부터 sizeof(int) 의 크기로 5개(int 형이 2바이트인 경우, 2 * 5 = 10바이트)를 읽어 배열 m에 저장하는 문장이다.

03 오류 처리 함수

파일에 자료를 입· 출력할 때 발생하는 오류를 검출할 수 있는 표준 함수들이 제공되고 있다. 파일을 열 때 지정한 모드와 다른 모드로 파일에 접근한다든가 접근 범위를 벗어난 상황이 발생할 때 혹은 파일의 끝에 도달했을 때 이를 알아내어 적절한 처리를 해주어야 한다. fgetc() 함수의 반환값으로는 파일 읽기 오류가 발생했는지 파일의 끝에 도달했는지를 분간할 수 없기 때문에 이와 같은 상황을 검출할 수 있는 함수 feof()와 ferror()이 사용된다.

● feof() 함수

```
#include <stdio.h>
int feof(FILE *fp);
```

- 내용 : fp가 가리키는 파일에 끝을 검출
- 반환값 : 파일의 끝일 경우 – 0이 아닌 값

파일의 끝이 아닌 경우 - 0

● ferror() 함수

```
#include <stdio.h>
int ferror(FILE *fp);
  • 내용 : fp가 가리키는 파일에 끝을 검출
  • 반환값 : 정상시 - 0
            오류발생시 - 0이 아닌 값
```

(예제17-1)에 이와 같은 함수를 이용하여 오류검출 기능을 추가하면 예제17-2와 같다.

[예제 17-4] 파일의 오류 검출

```
#include <stdio.h>
#include <stdlib.h>
main()
{
        char *s = "What is learned in the cradle ₩nis carried to the grave";
        char c;
        FILE *fp;
        if((fp = fopen("test.dat", "w")) == NULL){
                printf("File open Error ₩n");
                exit(1);
        }
        while(*s){
                if(fputc(*s++, fp) == EOF){
                        printf("File writing Error ₩n");
                        exit(1);
                }
        }
        fclose(fp);
        if((fp = fopen("test.dat", "r")) == NULL){
                printf("File open Error ₩n");
```

```
                exit(1);
        }
        while(!feof(fp)){
                c = fgetc(fp);
                putchar(c);
                if(ferror(fp)){
                        printf("File Error₩n");
                        break;
                }
        }
}
```

실행 결과

```
What is learned in the cradle
is carried to the grave
```

이외에도 아래와 같은 여러 오류처리함수가 있다.

● perror() 함수

```
#include <stdio.h>
void perror(char *s);
```

· 내용 : stderr에 문자열 s와 발생한 시스템 오류 메시지를 출력

● strerror() 함수

```
#include <stdio.h>
char *strerror(int errnumber);
```

· 내용 : 오류 번호 errnumber에 대한 오류 메시지 반환
· 인수 : errnumber – 오류 번호
· 반환값 : 오류 번호 errnumber에 대한 오류 메시지 문자열

04 임의 접근 함수

지금까지 공부한 파일 입출력 함수들은 열려진 파일의 처음에서 끝까지 차례대로 자료를 입·출력하는 함수들이었다. 이러한 파일 입출력 방식을 순차 접근(sequential access) 방식이라 한다. C 언어는 이러한 순차접근 방식뿐만 아니라 파일의 임의의 위치에 자료를 입·출력 할 수 있는 임의 접근(random access) 방식의 함수도 제공한다. 이와 같이 파일의 임의의 위치로 이동할 수 있도록 하는 함수가 fseek()이다.

fseek() 함수를 이용하여 파일의 임의의 위치로 이동하여 그 위치에 자료를 입·출력 할 수 있다.

이러한 임의 접근 함수는 이진 모드의 파일에서만 정확한 위치로 이동할 수 있다. 텍스트 모드인 경우 입·출력할 때 자료의 변환이 일어나기 때문에 일반적으로 그 정확한 위치로 찾아가지 못한다.

● fseek() 함수

```
#include <stdio.h>
int fseek(FILE *fp, long offset, int origin);
```

- 설명 : 파일 fp의 접근 위치를 origin를 기준으로 offset 바이트 만큼 이동한다.
- 인수 : fp - 접근할 파일의 포인터
  offset - 이동할 바이트 수
  origin - 기준 위치
- 반환값 : 정상실행시 - 0
  오류발생시 - 0이외의 값

이 fseek() 함수의 origin값으로 사용하기 위하여 다음과 같은 매크로가 정의되어 있다.

매크로	값	의 미
SEEK_SET	0	파일의 처음 위치
SEEK_CUR	1	파일의 현재 접근 위치
SEEK_END	2	파일의 끝

매크로를 사용한 fseek() 함수의 사용 예를 열거해 보면 다음과 같다.

문장	의 미
fseek(fp,0,SEEK_SET);	파일의 처음부터 0번째 바이트 즉, 처음으로 접근위치를 옮김
fseek(fp,100,SEEK_CUR);	현재 위치에서 100바이트 뒤로 접근 위치를 옮김
fseek(fp,-100,SEEK_END);	파일의 끝에서 앞으로 100바이트 접근 위치를 옮김

이 외에도 자주 사용하는 임의 접근 함수를 소개하면 다음과 같다.

● ftell() 함수

```
#include <stdio.h>
long ftell(FILE *fp);
```

- 설명 : 파일 fp의 현재 접근 위치를 반환한다.
- 반환값 : 정상실행시 - 현재 접근 위치
  오류발생시 - -1L

● rewind() 함수

```
#include <stdio.h>
void rewind(FILE *fp);
```

- 설명 : 파일 fp의 접근 위치를 처음으로 되돌림

[예제 17-5] fseek() 함수의 사용

```
#include <stdio.h>
#include <stdlib.h>
typedef struct  book{
        char title[41];
        char author[41];
        unsigned int  value;
} BOOK;
#define RECLEN 86
#define FORMAT "%-40s%-40s%6d"
```

```
FILE *fp;
void datawrite(int, char *, char, int);
void dataread(BOOK *);
main()
{
        int i;
        BOOK text;
        if((fp = fopen("test.dat", "wb")) == NULL){
                printf("File open Error ₩n");
                exit(1);
        }
        datawrite(0,"Introduction to C language","Hong gil dong", 15000);
        datawrite(1,"Fundamentals of Data Structure","Hong il dong", 20000);
        datawrite(2,"Computer Network", "Hong sam dong", 25000);
        fclose(fp);
        if((fp = fopen("test.dat", "rb")) == NULL){
                printf("File open Error ₩n");
                exit(1);
        }
        for(i=0;i<3;i++){
                dataread(&text);
                printf("Title = %40s ₩nAuthor = %20s ₩nvalue = %d ₩n",text.title,
                        text.author, text.value);
        }
}
void datawrite(int recno,char *title, char *author, int value)
{
        fseek(fp,RECLEN*recno,SEEK_SET);
        fprintf(fp,FORMAT,title, author, value);
}
void dataread(BOOK *text)
{
       fgets(text->title,41,fp);
       fgets(text->author,41,fp);
```

```
        fscanf(fp,"%d",&text->value);
    }
```

실행 결과

```
Title = Introduction to C language
Author = Hong gil dong
Value = 15000
Title = Fundamentals of Data Structure
Author = Hong il dong
Value = 20000
Title = Computer Network
Author = Hong sam dong
Value = 25000
```

예제17-5는 자료를 레코드 단위로 저장하고, 저장된 자료를 레코드 단위로 읽어 구조체 변수에 저장하는 형태의 프로그램을 보여주고 있다. 여기서, 한 레코드는 title 40바이트, author 40바이트, value 6바이트의 총 86바이트로 저장된다.

실습 17-2

예제17-5의 dataread() 함수를 원하는 레코드 번호를 받아 그 레코드의 값을 읽는 형태로 바꾸어 봅시다.

datareadO 함수의 프로토타입 : void dataread(int recno, BOOK*);

복습문제

01 파일 포인터란 무엇인가?

02 stdin, stdout, stderr의 의미와 역할은 무엇인가.

03 fgets(), fputs() 함수와 fprintf(), fscanf() 함수의 차이점을 논하시오.

04 fprintf(), fscanf() 함수와 fwrite(), fread() 함수의 차이점을 논하시오.

연습문제

01 키보드로부터 파일 이름을 입력 받아 파일의 자료를 행 단위로 행의 번호를 붙여 모니터에 출력하는 프로그램을 작성하시오.

02 파일을 복사하는 프로그램을 작성하시오. 키보드로부터 원시 파일과 목적파일의 이름을 입력받아 원시 파일의 내용을 목적 파일에 복사한다.

03 이름(name), 학번(id), 학년(year), 나이(age)를 키보드로부터 입력 받아 파일(student.dat)에 저장하는 프로그램을 작성하시오. 최대 5명까지 입력할 수 있도록 프로그램하시오. 자료의 길이는 이름 20바이트, 학번 10바이트, 학년 2바이트, 나이 4바이트로 한 레코드가 총 36바이트가 되도록 한다.

04 이름(name), 학번(id), 학년(year), 나이(age)를 멤버로 갖는 구조체 student를 정의하고, 위 문제 3번에서 저장한 레코드를 읽어 이 구조체 변수에 저장하는 함수를 작성하고, 이 함수를 이용하여 문제 3번 저장 결과를 모니터에 출력하도록 문제3번 프로그램을 고치시오.

05 문제4번 결과에 키보드로부터 입력 받은 이름을 이용하여 파일에 저장되어 있는 같은 이름을 갖는 레코드를 찾아 출력하는 함수를 작성하시오(같은 이름이 없을 경우 "No Match"라 출력할 것).

힌트 이름을 비교하기 위하여 strncmp() 함수를 사용할 것.

```
#include <stdio.h>
int strncmp(char *s1, char *s2, size_t maxlen);
 설명 : 문자열 s1과 s2를 maxlen길이 만큼 비교한다.
```

제 18 장

포인터, 다차원 배열, 함수

01 2차원 배열과 포인터

이미 1차원 배열과 포인터의 관계에 대하여 10장에서 다루었다. 1차원 배열의 이름은 배열의 시작 주소를 가리키는 상수 포인터 값이다. 포인터와 배열은 서로 혼합해서 사용 할 수 있다. 그러면, 2차원 배열은 포인터와 어떤 관계가 있는가? 다음의 예를 보면서 알아보자.

```
int days[12][2] = {{1,31}, {2,28}, {3,31}, {4,30}, {5,31}, {6,30}, {7,31},
              {8,31}, {9,30}, {10,31}, {11,30}, {12,31}};
main(0
{

  int i, j;

  for(i = 0; i < 12 ; i++){
     printf(" Month:");
     for(j = 0;j < 2; j++)
       printf("%d", days[i][j]);
     printf("days \n");
  }
}
```

이 예는 8장에서 살펴 본 것으로 배열을 매월과 그 달의 일수를 동시에 가지고 있는 2차원 배열로 선언하여, 매월과 그 달의 일수를 출력하는 프로그램이다. 2 차원배열 days는 days[0][], days[1][], days[2][], ..., day[11][]과 같이 1차원 배열 12개를 원소로 갖는 또다른 배열이라 볼 수 있다. 즉, days[i]는 days[i][]라는 배열의 이름이며 시작 주소이다. 따라서, days[i]는 days[i][0]를 가리키고 있는 포인터 상수이다. 즉,

days[0] == &days[0][0] : 배열 days[0][]의 시작주소(첫번째 원소의 주소)
days[1] == &days[1][0] : 배열 days[1][]의 시작주소(첫번째 원소의 주소)
:
days[11] == &days[11][0] : 배열 days[11][]의 시작주소(첫번째 원소의 주소)

와 같다. 그러면, 2차원 배열의 이름 days는 어떤 의미를 가지고 있는가?

당연히 days는 2차원 배열의 시작주소이다. 따라서, **days == days[0] == &days[0][0]**와 같다. 또 다른 면으로 days는 days[0][], days[1][], days[2][], ..., day[11][]과 같은 1차원 배열을 원소로 갖는 days[]라는 1차원 배열의 시작 주소이다. 따라서, **days + i == days[i] == &days[i][0]**와 같다.

이와 같이 2차원 배열의 이름 days는 그 자체로 포인터이지만 다른 포인터를 가리키는 포인터이다. 이런 포인터를 이중 포인터라 한다. 이를 그림으로 나타내면 그림18-1과 같다

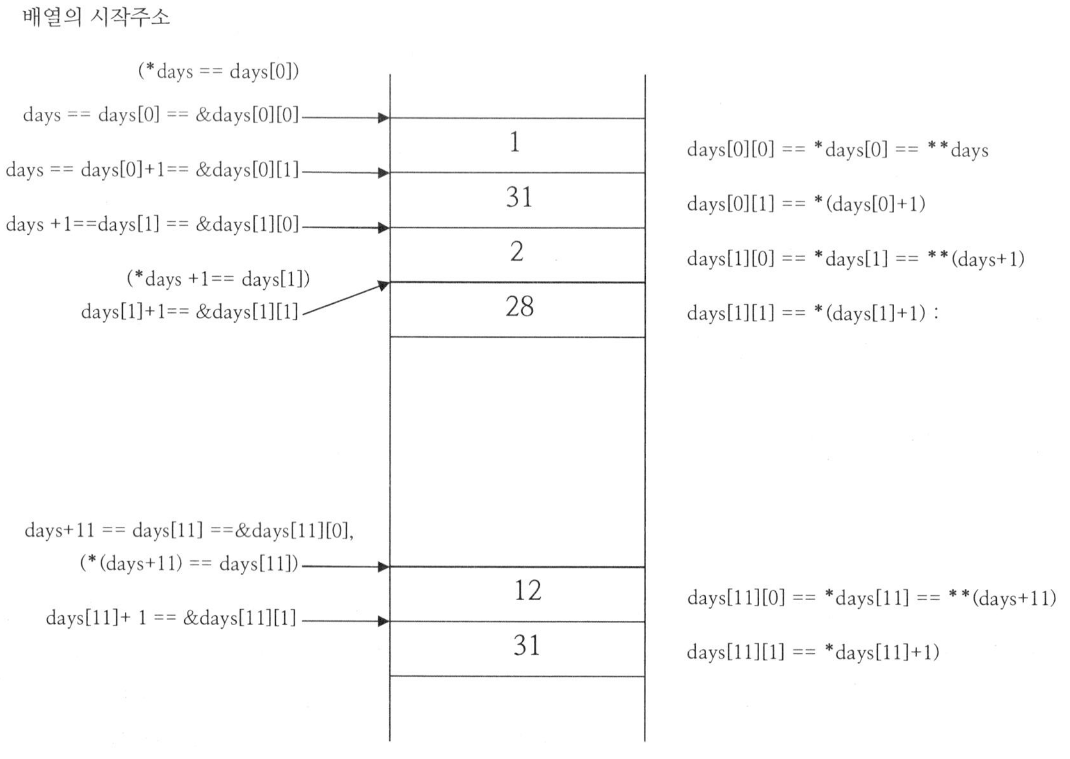

그림 18-1 2차원 배열의 주소 관계

2차원 배열의 이름 days가 가지고 있는 성질을 요약하면 다음과 같다.

- 2차원 배열의 시작 주소이다.
- days[]라는 배열의 첫번째 원소인 days[0]라는 1차원 배열을 가리키는 포인터 이다.
- 정수를 가리키는 포인터가 아니라 정수배열을 가리키는 포인터 즉, 전체의 포인터이다.

days[i]의 성질을 요약하면 다음과 같다.

- 배열 days[i][]의 이름이다.
- days[]는 또하나의 배열이다.
- 첫번째 원소인 정수형 변수 days[i][0]를 가리키는 포인터이다.

이와 같은 사실을 이용하여 위에 제시한 예를 같은 결과를 출력하도록 for문 내의 배열을 포인터 형태로 바꾸어 쓰면 예제18-1과 같다.

[예제 18-1] 2차원 배열과 포인터의 관계

```
#include <stdio.h>
int  days[12][2] = {{1,31}, {2, 28}, {3,31}, {4,30}, {5,31}, {6, 30}, {7,31},
                    {8,31}, {9,30}, {10,31}, {11,30}, {12,31}};
main()
{
        int  i, j;
        for(i = 0; i < 12 ; i++){
                printf(" Month:");
                for(j = 0; j < 2; j++)
                    printf(" %d, ", *(*(days + i) + j));
                printf("days ₩n");
        }
}
```

실행 결과

```
Month : 1, 31days
Month : 2, 28days
Month : 3, 31days
Month : 4, 30days
Month : 5, 31days
Month : 6, 30days
Month : 7, 31days
Month : 8, 31days
Month : 9, 30days
```

```
Month : 10, 31days
Month : 11, 30days
Month : 12, 31days
```

실습 18-1

아래의 프로그램을 실행시켜 보고 그 결과를 분석해 봅시다.

```
#include <stdio.h>
main()
{
   int grade[4][2] = {{1,2},{3,4},{5,6},{7,8}};

  printf("grade[0][0]=%d", grade[0][0]);
  printf(" ==*grade[0]=%d",  *grade[0]);
  printf("==**grade=%d\n", **grade);
  printf("grade[1][0]=%d", grade[1][0]);
  printf(" ==*grade[1]=%d",  *grade[1]);
  printf("==**(grade+1)=%d\n", **(grade+1));

  printf("grade[2][1]=%d", grade[2][1]);
  printf(" ==*(grade[2]+1)=%d",  *(grade[2]+1));
  printf("==**(grade+2)=%d\n", **(grade+2)+1));

  printf("&grade[0][0]=%u", &grade[0][0]);
  printf(" ==*grade=%u",  *grade);
  printf("==grade=%u\n",grade);

  printf("&grade[0][1]=%u", &grade[0][1]);
  printf(" ==*grade+1=%u",  *grade+1);
  printf("==grade[0]+1=%u\n",grade[0]+1);
  printf("&grade[2][1]=%u", &grade[2][1]);
  printf(" ==*(grade+1)+1=%u",  *(grade+2)+1);
```

```
  printf("==grade[2]+1=%u \ n",grade[2]+1);
}
```

02 포인터 배열

한 번에 여러 개의 포인터 변수를 배열로 선언할 수 있다. 즉, 포인터 변수를 원소로 하는 포인터 배열을 사용할 수 있다. 다음과 같이 변수가 선언되었다고 하자.

```
int *px[4];
```

이것은 px[0], px[1], px[2], px[3]과 같은 4개의 포인터 변수가 선언된 것이다.

[예제 18-2] 포인터 배열의 사용

```
#include <stdio.h>
main()
{
        int  grade[4][2] = {{1,2},{3,4},{5,6},{7,8}};
        int  *px[4];
        px[0] = grade[0];
        px[1] = grade[1];
        px[2] = grade[2];
        px[3] = grade[3];
        printf("grade[0][0] == *px[0] = %d ₩n", *px[0]);
        printf("grade[1][1] == *(px[1]+1) = %d ₩n", *(px[1]+1));
        printf("grade[2][0] == *px[2] = %d ₩n", *px[2]);
}
```

실행 결과

```
grade[0][0] = *px[0] = 1
grade[1][1] = *(px[1]+1) = 4
grade[2][0] = *px[2] = 5
```

예제18-2와 같이, 2차원 배열의 grade[0], grade[1], grade[2], grade[3]는 포인터 상수이므로 포인터 배열에 대입하여 사용할 수 있다. 이러한 포인터 배열은 크기가 서로 다른 배열을 저장하는데 편리하게 쓸 수 있다. 다음의 예제18-3은 길이가 서로 다른 문자열을 저장하는 예를 보여 주고 있다.

[예제 18-3] 포인터 배열을 사용한 여러 문자열의 저장

```
#include <stdio.h>
main()
{
        char *week[ ] = {"Sunday", "Monday", "Tuesday","Wednesday",
                          "Thursday", "Friday", "Saturday"};
        int i;
        for(i=0; i< 7; i++)
            printf("week = %s ₩n", week[i]);
}
```

실행 결과

```
Sunday
Monday
Tuesday
Wednesday
Thursday
Friday
Saturday
```

만약, 2차원 배열을 이용하여 위와 같은 요일을 저장한다고 하면, 배열의 열(column) 길이를 요일 중 가장 긴 문자열 만큼 확보하여야 할 것이다. 즉,

```
char week[][10];
```

와 같은 2차원 배열을 사용해야 한다. 이 방법은 포인터 배열을 사용한 것과 비교할 때 많은 쓰지 않는 메모리를 낭비하게 된다.

03 포인터의 포인터

일반적으로 포인터는 다른 일반 변수의 저장 주소를 그 값으로 가지고 있어 그 변수를 가리키게 된다. 그러나, 다른 포인터 변수의 저장 주소를 그 값으로 가지는 포인터 변수가 있다. 즉, 포인터를 가리키는 포인터 변수가 가능하다. 이를 이중 포인터 또는 포인터의 포인터라 한다. 이중 포인터는 다음과 같이 선언한다.

```
int **pp;
```

포인터 변수 pp는 포인터를 가리키는 포인터로 선언되었다. 예제18-4와 같은 프로그램 에서,

[예제 18-4] 이중 포인터의 사용

```
#include <stdio.h>
main()
{
        int  **pp, *p, n;
        n = 10;
        p = &n;
        pp = &p;              /* &p는 포인터 p의 주소 */
        printf("**pp = %d, *p = %d, n = %d", **pp, *p, n);
}
```

실행 결과

```
**pp = 10, *p = 10, n = 10
```

변수들의 관계를 그림으로 나타내면 다음과 같다.

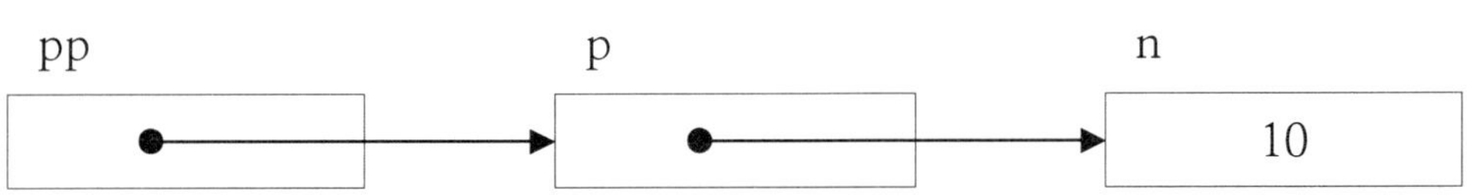

즉, 포인터 pp는 포인터 p를 가리키고, 포인터 p는 변수 n를 가리킨다. 따라서,

**pp == *p == n
과 같은 의미를 갖는다.

실습 18-2

다음의 프로그램은 이중 포인터를 2차원 배열에 적용한 예 입니다. 실행 후 결과를 분석해 봅시다.

```
#include <stdio.h>
main()
{
  int x[2][2] = {{1,2},{3,4}};
  int *px[2], **pp;

  px[0] = x[0];
  px[1] = x[1];

  pp = px;

  printf("x[0][0] =%d",x[0][0]);
  printf(" = *px[0] =%d",*px[0]);
  printf(" = **pp = %d\n",**pp);

  printf("x[0][1] =%d",x[0][1]);
  printf(" = *(px[0]+1) =%d",*(px[0]+1));
  printf(" = *(*pp +1) = %d\n",*(*pp+1));

  printf("x[1][0] =%d",x[1][0]);
  printf(" = *px[1] =%d",*px[1]);

  printf(" = **(pp +1) = %d\n",**(pp+1));

  printf("x[1][1] =%d",x[1][1]);
```

```
    printf(" = *(px[1]+1) =%d",*(px[1]+1));
    printf(" = *(*(pp +1) +1)= %d\n",*(*(pp+1)+1));
}
```

04 함수 사이의 2차원 배열 전달

14장에서 1차원 배열을 함수의 인수로 전달하는 방법에 대하여 공부하였다. 1차원 배열의 이름은 배열의 첫번째 원소를 가리키는 포인터, 즉 배열의 시작 주소이므로 실인수로 배열 이름을 사용하고, 가인수로 포인터 변수를 사용하면 배열의 모든 원소를 함수의 인수를 이용하여 전달할 수 있게 된다. 또한, 포인터만 전달하면 배열의 시작주소만 알 뿐이지 끝을 알 수 없으므로 배열의 크기도 인수로 전달하는 것이 바람직하다.

2차원 배열을 함수의 인수로 전달하는 문제도 1차원 배열과 같은 방법으로 해결할 수 있다. 2차원 배열의 이름은 이중 포인터 상수이므로 실인수로 배열이름을 사용하고, 가인수로 이중 포인터 형태를 사용한다. 예제18-5는 함수 사이의 2차원 배열 전달 방법을 보여준다. 2차원 배열의 원소값을 제곱해서 출력하는 프로그램이다.

[예제 18-5] 함수 사이의 2차원 배열 전달

```
#include <stdio.h>
void sqr(int  nn[][4], int);
main()
{
        int  nn[3][4] = {
                  {2,4,6,8},
                  {3,6,9,12},
                  {4,8,12,16}
        };
        int i, j;
        sqr(nn,3);     /* 실인수로 2차원 배열의 이름과 행의 길이 전달  */

        for(i = 0; i < 3; i++) {
```

```
            for( j = 0; j < 4; j ++)
                printf("%5d", nn[i][j]);
            putchar('₩n');
        }
}
void sqr( int nn[][4], int size)    /* 또는 int (*nn)[4],  int nn[][]는 안됨 */
{
        int i,j;
        for(i = 0; i < size; i++)
            for(j = 0; j <4; j++)
                nn[i][j] *=nn[i][j];
}
```

실행 결과

```
4     16    36    64
9     36    81    144
16    64    144   256
```

예제18-5에서 보는 바와 같이, 함수 sqr()를 호출할 때 실인수로 2차원 배열의 이름과 행의 길이를 전달하였다. 이에 대응하는 sqr() 함수의 가인수로

int nn[][4] 또는 int (*nn)[4]

와 같은 형태의 인수를 사용할 수 있다.

여기서 2차원 배열의 이름을 전달 받기 위하여 가인수는 배열의 열의 길이를 명시해야 함을 알 수 있다.(int nn[][] 또는 int **nn과 같은 형태는 사용할 수 없다.)

예제18-6은 또 다른 문제로 포인터 배열을 이용한 여러 문자열을 함수간에 전달하는 예를 보여주고 있다. 포인터 배열 변수 ss에의 문자열 저장 결과를 보면 다음과 같다.

```
ss[0] = "I love you"    ss[1] = "You love me"
ss[2] = "me too"        ss[3] = "me three"
```

여기서, 배열 이름 ss는 문자열 배열을 가리키는 이중 포인터이다. 따라서, 이를 전달 받을 가인수는

char *ss[] 또는 char **ss

와 같은 형태를 가져야 한다.

[예제 18-6] 함수 사이의 2차원 배열 전달

```
#include <stdio.h>
void dub2(char *ss[]);
main()
{
        char *ss[] = {"I love you", "You love me", "me too", "me three"};
        int i, j;
        dub2(ss);  /* 포인터 배열 이름 ss 의 실인수 전달 */
}
void dub2( char *ss[])  /* 또는 char **ss */
{
        int i,j;
        for(i = 0; i < 4; i++)
                printf("%s ₩n", *ss++);
}
```

실행 결과

```
I love you
You love me
me too
me three
```

05 명령문 라인 매개 변수

함수 main()은 두 개의 인수를 가질 수 있다. 이 매개 변수는 다음과 같이 규정되어 있다.

argc : 그 프로그램을 호출한 명령문 라인 매개 변수의 개수. 선언 : int argc
argv : 각 매개 변수를 가지는 문자열의 배열을 가리키는 포인터. 선언 : char *argv[] 또는 char **argv

따라서, main() 함수에 매개 변수를 전달하기 위해서는

    main(int argc, char *argv[])

와 같이 매개 변수를 써준다.
이 두 인수는 DOS나 UNIX의 명령 프롬프트 상에서 실행 파일을 실행시킬 때 인수로 제공한다.
예를 들어, 실행파일의 이름이 copy.exe 라 할 때, DOS상에서 다음과 같이 프로그램을 실행시킨다면

```
C:\> copy argu1 arg2
```

프로그램 copy는 실행시 인수argc는 정수값 3가 되고, argv[0]는 문자열 "copy", argv[1]은 문자열 "argv", argv[2]는 문자열 "argv2"를 가리키게 된다.
예제18-7의 프로그램을 컴파일하여 echo.exe라는 실행파일을 얻었다고 하자. DOS 프롬프트 상에서 이 실행 프로그램을 다음과 같이 실행할 때,

```
C:\> echo Good, morning
```

그 매개 변수는 다음과 같은 값을 갖게 된다.

argc ==3, argv[0] = "echo", argv[1] = "Good", argv[2] = "morning"

[예제 18-7] echo 프로그램

```
#include <stdio.h>
main(int argc,char *argv[])     /*  **argv; 과 같이 선언해도 됨  */
{
        int i;
        for(i = 1; i < argc; i++)
        printf("%s%c", argv[i], (i< argc -1) ? ' ' : '₩n');
}
```

실행 결과

실행 : echo Good, morning
출력 : Good, morning

예제18-7은 다음과 같이 고쳐 쓸 수 있다.

```
#include <stdio.h>
main(int argc,char *argv[]) /* **argv;과 같이 선언해도 됨 */
{

   while(--argc > 0)
        printf("%s%c", *++argv, (argc > 1) ? ' ': '\n');
}
```

실습 18-3

명령문 라인에서 주어진 파일에 저장되어 있는 자료를 모니터에 출력하는 프로그램을 작성해 봅시다. 작성한 소스파일을 컴파일하여 실행 파일명을 mycopy.exe라 하고 파일 test.dat의 저장 자료를 출력하고 싶다고 할 때,

mycopy test.dat

와 같이 실행시키면, test.dat의 저장자료가 모니터에 출력되도록 한다.

복습문제

01 아래와 같이 포인터 배열이 선언되어 있을 때 물음에 답하시오.

```
char *mon[] = {"January", "February", "March", "April",
              "May", "June", "July", "August", "September",
              "October", "November", "December"};
```

(1) printf("%c", mon[11][0]);의 출력 결과는?

(2) printf("%c", *mon[4]);의 출력 결과는?

(3) printf("%c", (*mon)[4]);의 출력 결과는?

(4) printf("%s", mon[8]);의 출력 결과는?

(5) 문자형 포인터변수 s가 있을 때 다음 명령을 수행하고 나면 출력결과는?

```
while(*++month[0] != 'M' );
s = month[0] +1;
puts(s);
```

02 다음의 각각의 경우 *ptr과 *(ptr+2)의 값은 얼마인가?

(1)
```
int *ptr;
int nn[] = {11,22,33,44,55}
ptr = nn;
```

(2)
```
float *ptr;
float ff[][2] = {{11.0,22.0},{33.0,44.0,}};
ptr = ff[0];
```

(3)
```
float *ptr;
float ff[][2] = {{11.0,22.0},{33.0,44.0,}};
ptr = ff[1];
```

03 int nn[30][100]이라 선언된 변수에서 nn[22][0]의 주소를 세 가지 방법으로 표현하라.

연습문제

01 nxn 2차원 배열을 인수로 받아, 그 중 홀수의 총합, 짝수의 총합을 구하여 인수로 넘겨주는 함수를 작성하시오. 이 함수를 이용하여 임의의 개수의 정수를 입력받아 2차원 배열에 저장하고, 홀수의 총합과 짝수의 총합을 구하여 출력하는 프로그램을 작성하시오.(최대 입력정수는 100개로 한다)

◉ 입력
2차원 배열의 차수(n) : 3
1 2 9 8 3 4 6 7 5
◉ 출력
홀수합 : 25
짝수합 : 20

02 nxn 2차원 배열을 인수로 받아, 행렬형식으로 출력하고, 대각선에 있는 수의 합을 계산하여 반환하는 함수를 작성하시오. 이 함수를 이용하여 임의의 개수의 정수를 nxn의 2차원 배열로 읽어들여 저장한 후 출력하고 대각선에 있는 수의 합을 출력하는 프로그램을 작성하시오.(최대 입력정수는 100개로 한다)

◉ 입력형식
2차원 배열의 차수(n) : 3
1 2 3 4 5 6 7 8 9
◉ 출력형식
1 2 3
4 5 6
7 8 9
◉ 대각선의 수 합 : 25

힌트

대각선의 수 합이라 함은

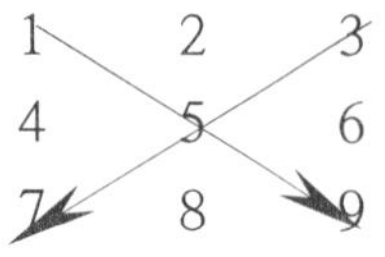

와 같이 화살표 위의 수 합을 말한다. 즉,
1 + 5 + 9 + 3 + 7 = 25

03 키보드의 입력문자를 대문자, 소문자, 숫자, 기타문자로 구분하는 프로그램을 작성한다. 변수 char *ss[] = {" is a Capital letter","is a Small letter","is a Digit","is an Another character"}; 를 이용하여 구분한 결과를 출력하도록 하시오. 예를 들어, A를 입력하셨다면, "A is a Capital letter"와 같이 출력된다. 'q' 라 입력될 때까지 입출력을 반복한다.

04 명령문 라인에서 주어진 파일을 복사하는 프로그램을 작성하시오. 즉, 작성한 소스파일을 컴파일하여 실행 파일명을 mycopy.exe라 하고, 파일 test.dat의 저장 자료를 출력하고 싶다고 할 때,
mycopy sour.dat dest.dat
와 같이 실행시키면, 파일 sour.dat와 같은 자료를 갖는 dest.dat 파일을 생성하도록 한다.

05 명령문 라인 add 프로그램을 작성하라. 이 프로그램은 명령문 라인에서 받은 두 정수를 더한 결과를 출력하는 프로그램이다(힌트 : 함수 atoi()를 사용한다).

◉ 실행 예
실행 : add 2 3
출력 : 5

제 19 장

기억장소의 동적 할당

01 기억장소 할당 함수

1.1 기억장소의 사용

우리가 실행시키고자 하는 프로그램은 디스크와 같은 보조기억장치에 저장되어 있다. 우리가 프로그램을 실행시키면 우선 그 프로그램은 기억장소(메모리)에 저장된다. 또한 그 프로그램의 외부 변수와 정적변수도 기억장소를 할당받아 그 값을 저장하게 된다. 프로그램 내의 자동 변수들은 프로그램 실행 중 필요할 때 기억장소를 할당받고 그 변수의 통용범위를 넘어서면 기억장소에서 지워지게 된다. 이와 같이 프로그램의 실행 코드나 모두 변수들은 프로그램이 실행될 때 기억장소에 그 값을 저장하게 된다.

실제로 변수의 종류에 따라 기억장소의 할당 영역이 구분되어 있다. 이를 요약하면 다음과 같다.

- 프로그램(text) 영역 : 프로그램의 실행 코드가 저장되는 영역
- 데이터(data) 영역 : 프로그램의 실행이 시작될 때 그 프로그램의 외부 변수(extern)와 정적변수(static)를 저장하는 영역.
- 스택(stack) 영역 : 프로그램의 실행 중 자동 변수를 저장하는 영역.

이외의 운영체제가 기억장소의 할당을 요구할 수 있는 힙(heap)이라는 기억장소 영역이 있다. C 언어는 프로그램 실행 도중 필요할 때 함수를 통하여 이 영역에 기억장소의 할당을 요구할 수 있다. 이를 기억장소의 동적 할당이라 한다.

1.2 동적 기억장소 할당 내장 함수

프로그램 실행 시 1000개의 정수를 저장하기 위해서는 다음과 같이 정수형 배열로 변수를 선언하는 것이 일반적일 것이다.

```
int number[1000];
```

이와 같이 변수를 선언하면 프로그램 실행 시 1000개의 정수를 저정할 수 있는 기억장소가 할당될 것이다. 여기에서 발생할 수 있는 몇가지 문제점에 대하여 생각해 보자.

우선, 이와 같은 정수형 배열에는 1000개 이상의 정수를 저장할 수 없다. 만일 더 많은 정수의

저장이 필요하면 배열의 크기를 늘여야 한다. 그러기 위해서는 원시 프로그램을 수정하여 새로히 실행 프로그램을 만들어야 한다. 다음 문제점으로 이 배열에 100개의 정수만 저장한다면 나머지 기억장소는 활용하지 않게 된다. 즉, 기억장소의 낭비가 발생하게 된다.

이와 같은 문제점을 해결하기 위해서 C 언어에서는 프로그램 실행 시 필요할 때 마다 새로이 기억장소의 할당을 요구하고 필요 없을 시에는 기억장소를 반납할 수 있는 방법을 제공한다.

이후 기억장소의 동적 할당 함수에 대하여 알아본다.

동작 할당 함수들은 stdlib.h파일에 선언되어 있으며, 함수의 반환값은 void * 형으로 선언되어 있다. 이 자료형은 모든 자료형과 호환되는 것으로 반환값을 받기 전에 cast 연산자를 이용하여 적절한 자료형으로 변환시켜야 한다. 이 파일에는 size_t형이 정의되어 있다. 이는 일반적으로 unsigned int형과 동일하다.

● malloc() 함수

```
#include <stdio.h>
void *malloc(size_t size);
  • 설명 : 인수 size 바이트 크기의 기억장소를 할당
  • 반환값 : 정상실행시 - 할당한 기억장소의 시작주소 반환
             오류발생시 - 널 포인터 반환
```

함수 malloc()은 기억장소의 힙 영역에 size 크기의 기억장소를 할당하고 그 시작주소를 반환한다. 만일 기억장소가 부족하다면 널 포인터를 반환한다. 따라서 malloc() 함수를 호출할 때는 그 반환값이 널인지를 확인하는 것이 바람직하다.

[예제 19-1] malloc() 함수의 사용

```
#include <stdio.h>
#include <stdlib.h>
main()
{
        int  *p, i;
        if((p = (int *)malloc(sizeof(int)*10)) == NULL){
                printf("Memory allocation Error");
                exit(1);
```

```
        }
        for(i = 0; i<10;i++)
                *(p+i) = i*100;
        for(i = 0; i<10;i++)
                printf("%d ",*p++);
}
```

실행 결과 0 100 200 300 400 500 600 700 800 900

예제19-1에서

p = (int *)malloc(sizeof(int)*10);

문장을 살펴보면, malloc() 함수는 sizeof(int)*10의 크기 즉, 정수형 변수 10개의 크기를 할당하여 그 시작 주소를 정수형 포인터 p에 반환한다. 포인터 p는 정수형이므로 포인터를 반환하기 전 cast연산자를 이용하여 포인터의 자료형을 정수형으로 변환하였다.

● calloc() 함수

```
#include <stdio.h>
void *calloc(size_t num, size_t size);
```
- 설명 : 인수 size크기의 기억장소를 num 개수 만큼, 즉 size*num바이트의 기억장소를 할당하고 그 시작주소를 반환한다.
- 반환값 : 정상실행시 - 할당한 기억장소의 시작주소 반환
  오류발생시 - 널 포인터 반환

만일 기억장소가 부족하다면 널 포인터를 반환한다. 따라서 calloc() 함수를 호출할 때는 그 반환값이 널인지를 확인하는 것이 바람직하다. 예제19-1에서 malloc() 함수 호출 부분을 calloc() 함수를 이용하여 바꾸어보면 다음과 같다.

p = (int *)malloc(sizeof(int)*10) --> p = (int *)calloc(10, sizeof(int))

● realloc() 함수

```
#include <stdio.h>
void *realloc(void *orignalblock, size_t size);
```
- 설명 : malloc()이나 calloc() 함수에 의하여 할당된 기억장소의 크기를 줄이거나 늘린다. 즉 이미 기억장소를 할당 받은 포인터 orginalblock가 가리키는 기억장소의 크기를 size바이트 크기로 변경하여 그 시작주소를 반환한다. 기억장소 할당이 완료되면 originalblock 은 없어진다.
- 반환값 : 정상실행시 - 할당한 기억장소의 시작주소 반환
  오류발생시 - 널 포인터 반환

함수 realloc()는 인수 size의 크기가 원래의 값보다 클 경우 할당하는 기억장소의 블록 위치가 변경될 수 있다. 이 경우에 이전의 블록에 있던 내용을 모두 새로운 블록으로 복사하므로 정보의 손실이 발생하지 않는다. 만일 기억장소가 부족하다면 널 포인터를 반환한다.

● free() 함수

```
#include <stdio.h>
void free(void *ptr);
```
- 설명 : malloc()이나 calloc() 함수에 의하여 할당된 기억장소를 해체한다. 즉, 포인터 ptr이 가리키는 기억장소를 해체한다.

함수 free()에 의하여 해체된 기억장소는 다음 번의 할당에 이용될 수 있다.

[예제 19-2] realloc(), free() 함수의 사용

```
#include <stdio.h>
#include <stdlib.h>
#include <string.h>
main()
{
        char *p;
        if((p = (char *)malloc(17)) == NULL){
```

```
                printf("Memory allocation error");
                exit(1);
        }
        strcpy(p,"This is 16 chars");
        if((p = (char *)realloc(p,18)) == NULL){
                printf("Memory allocation error");
                exit(1);
        }
        strcat(p,".");
        printf(p);
        free(p);
}
```

실행 결과 This is 16 chars.

예제19-2 프로그램은 malloc() 함수를 이용하여 17 바이트의 기억장소를 할당하여 문자열 "This is 16 chars"를 할당한 기억장소에 저장한 이후 문자열의 끝에 마침표를 추가하기 위하여 realloc() 함수를 호출하여 기억장소의 크기를 18 바이트로 변경한다. 마지막으로 free() 함수를 이용하여 할당한 기억장소를 해체한다.

02 연결 리스트의 구성

본 절에서는 자료구조에서 많이 사용하고 리스트의 한 종류인 연결 리스트를 구현해 보고자 한다. 리스트를 구성하는 요소를 노드(node)라 한다. 리스트 내의 모든 노드가 다음 노드의 위치를 가리키고 있는 리스트를 연결 리스트(linked list)라 한다.

연결 리스트는 리스트 내의 노드들을 포인터에 의하여 상호 연관지을 수 있으므로 노드들을 기억장소에 연속적으로 저장할 필요가 없다. 따라서 연결리스트의 각 노드는 자료를 저장하는 자료(data) 필드와 노드들간의 연결을 위한 포인터를 저장하는 연결(link) 필드로 구성된다.

각각의 노드가 A, B, C, D라는 자료를 가지는 연결 리스트를 그림으로 표현하면 다음과 같다.

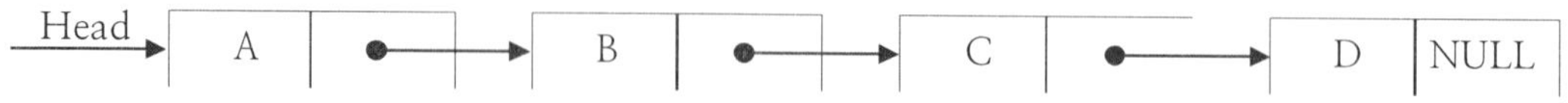

이 그림에서 헤드노드는 연결 리스트의 첫번째 노드를 가리키는 포인터이며, 마지막 노드의 연결 필드는 리스트의 마지막을 나타내기 위하여 널 포인터로 값을 부여한다. 일반적으로 연결 리스트의 첫번째 노드를 가리키는 포인터를 헤드(head), 마지막 노드를 가리키는 포인터를 테일(tail)이라 한다.

2.1 단순 연결 리스트의 구현

앞에서 알아 보았듯이 연결 리스트의 한 노드는 자료와 다음 노드를 가리키는 포인터를 저장해야 한다. 따라서 C 언어에서는 노드를 표현하기 위하여 구조체를 사용하면 편리하다.
자료로 정수를 저장하는 연결리스트를 구현해 보자. 노드는 다음과 같이 구조체를 정의하여 멤버로 정수형 변수와 그 구조체의 포인터 변수를 구성한다.

```
struct node{
        int data;
        struct node *link;
}
```

또한, 연결 리스트는 새로운 노드가 필요할 때 마다 새로운 노드를 생성해야 하므로 동적 메모리 할당 함수를 이용하여 노드를 생성한다.

[예제 19-3] 2개의 노드를 가진 단순 연결 리스트 구현

```
#include <stdio.h>
        #include <stdlib.h>

typedef struct  node{
                int  data;
                struct  node *link;
} *NODEPTR;
main()
{
                NODEPTR head = NULL,temp;
```

```
            if((head = (NODEPTR)malloc(sizeof(struct node))) == NULL){
                    printf("Memory allocation error");
                    exit(1);
            }
            head->data = 10;
            if((temp = (NODEPTR)malloc(sizeof(struct node))) == NULL){
                    printf("Memory allocation error");
                    exit(1);
            }
            temp->data = 30;
            temp->link = NULL;
            head->link = temp;
            for(temp = head; temp != NULL; temp = temp->link)
                    printf("data = %d₩n",temp->data);
}
```

실행 결과

```
data = 10
data = 30
```

예제19-3은 위의 구조체를 이용한 정수를 저장하는 연결 리스트 구성 예이다. 이 프로그램의 연결 리스트 구성을 그림으로 나타내면 다음과 같다.

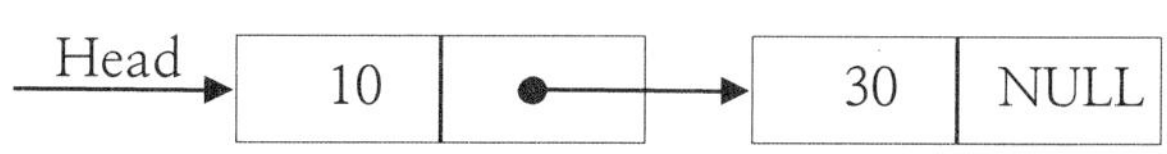

2.2 연결 리스트의 노드 삽입

연결 리스트의 임의의 노드 다음에 새로운 노드를 삽입하는 과정을 살펴보자. 위의 그림과 같은 연결 리스트의 10과 30 사이에 20를 삽입한다고 하자. 이를 그림으로 나타내면 그림19-1과 같다.

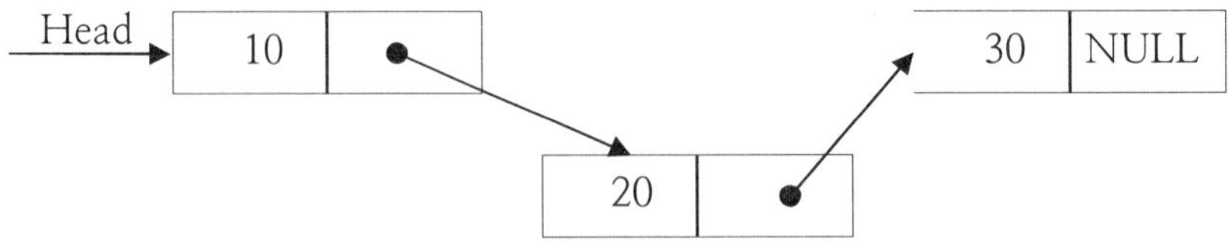

그림 19-1 연결리스트 노드 삽입

이 삽입 과정을 일반화하면 예제19-4와 같은 함수를 구성할 수 있다.

[예제 19-4] 노드 삽입 함수

```
NODEPTR insert(NODEPTR head, NODEPTR prev, int item)
{
        NODEPTR temp;
        if((temp = (NODEPTR)malloc(sizeof(struct node))) == NULL){
                printf("Memory allocation error");
                exit(1);
}
temp->data = item;
if(head == NULL){               /* 연결 리스트에 노드가 하나도 없을 경우 */
        temp->link = NULL;
        head = temp;
}else{          /* prev 노드 다음에 새로운 노드 삽입 */
        temp->link = prev->link;
        prev->link = temp;
}
return head;            /* head 포인터 반환 */
}
```

이 함수는 포인터prev가 가리키는 노드의 다음에 item값을 갖는 새로운 노드를 삽입하는 함수이다. 이 함수에서 주목할 것은 기존의 연결리스트에 노드가 하나도 없을 경우와 기존의 노드가 있을 경우를 나누어서 생각해야 한다는 것이다. 함수의 반환값은 리스트의 첫번째 노드를 가리키는 포인터 head이다.

2.3 노드의 제거

연결 리스트의 임의의 노드 다음에 새로운 노드를 삽입하는 과정을 살펴보자. 위의 그림과 같은 연결 리스트의 20를 제거한다고 하자. 이를 그림으로 나타내면 아래와 같다.

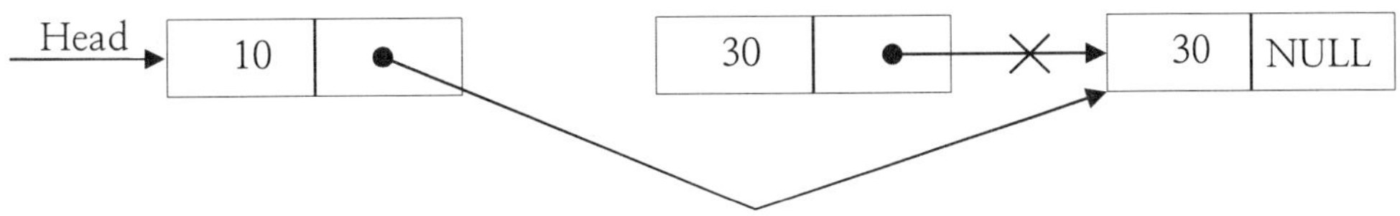

그림 19-2 연결리스트 노드 제거

이 제거 과정을 일반화하면 예제19-5와 같은 함수를 구성할 수 있다.

[예제 19-5] 노드 삭제 함수

```
/* pde: 제거할 노드
prev : pdel의 바로 앞 노드, 제거할 노드가 head노드일 경우 NULL값을 가짐
        head : 헤드노드
*/
NODEPTR delete(NODEPTR head, NODEPTR prev, NODEPTR pdel)
{
      if(prev == NULL)                    /* 헤드 노드 제거 */
            head = head->link;
      else                          /* 중간 노드 제거 */
            prev->link = pdel->link;
      free(pdel);
      return head;
}
```

이 함수에서 포인터 pdel은 제거할 노드를 가리키며, 포인터 prev는 제거할 노드의 전노드를 가리킨다. 만일 제거할 노드가 head 노드인 경우 인수 prev를 NULL값으로 이 함수를 호출하여야 한다. 또한, 제거한 노드는 함수 free()를 호출하여 할당된 메모리를 해체한다. 함수의 반

환값은 리스트의 첫번째 노드를 가리키는 포인터 head이다.

실습 19-1 연결 리스트 구현

예제19-4의 함수insert()를 응용하여 알파벳 대문자 A~Z를 순서대로 자료로 갖는 연결 리스트를 구현하고, 이 연결 리스트의 자료를 출력하는 프로그램을 작성해 봅시다(연결 리스트의 마지막 노드를 가리키는 포인터 tail를 이용)

실습 19-2 연결 리스트의 노드 제거

예제19-5의 함수 delete()를 이용하여 실습19-1연결 리스트에서 모음을 제거하는 프로그램을 추가해 봅시다.

연습문제

01 다음에 제시한 함수 getline()은 최대 max 개의 문자를 입력받아 문자열 s에 저장하는 기능을 가지고 있다. 이를 이용하여 입력되는 자료를 한 라인씩 연결리스트로 저장하여 모니터에 출력하는 프로그램을 작성하시오.

```
int getline(char *s,int max)
{
  int c, i;
  i = 0;
  while(--max>0&&((c=getchar())!=EOF)&& c != '\n')
      s[i++]=c;
  if(c == '\n')
      s[i++]=c;
  s[i]='\0';

  return(i);
}
```

02 1번의 결과 프로그램에 입력된 문자열을 정렬하여 linked list로 저장하여 모니터에 출력하는 프로그램으로 바꾸어라.

03 2번의 결과 프로그램에 정렬되어 있는 자료 중 선택된 자료를 삭제하는 기능을 추가하라.

04 다음에 제시한 프로그램은 학생의 신상 자료를 입력받아 test.dat 파일에 저장한 후 저장된 자료를 읽어 구조체 변수에 저장하여 출력하는 기능을 가지고 있다. 이 프로그램을 다음과 같은 구조체 node의 변수를 노드로 하는 연결리스트에 파일에 저장된 자료를 읽어 저장한 후 출력하는 형태로 바꾸시오.

```
struct node{
      struct student st;
      struct node *link;
};
#include <stdio.h>
#include <stdlib.h>

#define FORMAT "%-20s%-10ld%-2d%-4d"
#define RECLEN 36
struct student{
      char name[21];
      long int id;
      int year;
      int age;

};
typedef struct student STUDENT, *STUDENTPTR;
FILE *fp;
void datawrite(int recno,char *name,long,id,int year, int age);
void dataread(int recno,STUDENT *st);

main()

{
     char c, name[40];
     long id;
     STUDENT st;
     int i,year,age, count=0;
```

```
    if((fp = fopen("test.dat","wb")) == NULL){
        printf("File open Error \n");
        exit(1);

    }

printf("Input Data(y/n):");
while((c=getchar()) == 'y' && count <5){
    while(getchar() != '\n');
    printf("-------------------------\n");
    printf("Enter name:");
    scanf("%s",name);
    printf("Enter id:");
    scanf("%ld",&id);
    printf("Enter year:");
    scanf("%d",&year);
    printf("Enter age:");
    scanf("%d",&age);
    datawrite(count,name,id,year,age);
    printf("Input Data(y/n): ");
    while(getchar() != '\n');
    ++count;

}

fclose(fp);

if((fp = fopen("test.dat", "rb")) == NULL){
    printf("File open Error \n");
    exit(1);
}

for(i=0;i<count;i++){
```

```
        dataread(i,&st);
        printf("Name= %20s ID = %ld Year = %2d Age = %4d \n", st.name,
    st.id,st.year,st.age);

    }

}

    void datawrite(int recno,char *name,long id,int_year,int age)

    {

        fseek(fp,RECLEN*recno,SEEK_SET);
        fprintf(fp,FORMAT,name,id,year,age);

    }

    void dataread(int recno,STUDENT *st)

    {

        fseek(fp,RECLEN*recno,SEEK_SET);
        fgets(st->name,21,fp);
        fscanf(fp,"%ld",&st->id);
        fscanf(fp,"%d",&st->year);
        fscanf(fp,"%d",&st->age);

    }
```

부록 A

표준 C 언어 문법

A.1 문자(Character)

A.1.1 Escape 문자

일반적인 방법으로 표현할 수 없는 문자나 특별한 의미를 갖는 문자는 표와 같이 이스케이프(escape)문자를 이용하여 나타낸다.

문자	16진수	이름	의미
\	000		널(null)문자 출력
\a	07	경고(Alert)	내장되어 있는 벨 울림
\b	08	후퇴(Back Space)	커서를 뒤로 한 칸 옮김
\t	09	수평 탭(Horizontal Tab)	커서를 한 탭 다음으로 수평 옮김
\n	0A	개행(New Line)	커서를 다음 줄의 처음 칸으로 옮김
\v	0B	수직 탭(Vertical Tab)	커서를 한 탭 다음으로 수직 옮김
\f	0C	새 페이지(Form Feed)	커서를 다음페이지의 처음으로 옮김
\r	0D	복귀(Carriage Return)	커서를 현재 줄의 처음 칸으로 옮김
\"	22		이중인용부호 출력
\'	27		단일인용부호 출력
\?	3F		의문부호 출력
\\	5C		백슬래쉬(\) 출력

A.1.2 주석(Comments)

원시코드(source code) 내에 있는 주석(comments)은 컴파일러가 무시한다. 주석은 /*로 시작하여 */로 끝난다. ANSI 표준에서 주석 안에 주석을 겹쳐 쓸 수 없도록 되어 있다.

ANSI 표준에는 정의되어 있지 않지만, 한 줄의 주석을 표시할 때 일반적으로 //기호를 사용한다. //기호로부터 그 줄 끝까지 주석으로 작용한다.

A.2 식별자(Identifier)

A.2.1 예약어(Keyword)

ANSI C 표준 예약어(keyword)는 다음과 같으며, 이는 변수 이름 등의 다른 목적으로 사용할 수 없다.

auto	double	int	long	break	else	long	switch	cas	eenum
register	typedef	char	extern	return	union	const	float	short	unsigned
continue	for	signed	void	default	goto	sizeof	volatile	do	if
static	while								

A.2.2 변수(Variable)

변수는 영문자(대, 소문자), 숫자(0에서 9), 밑줄(_)로 이루어진다. 변수의 첫문자는 영문자로 시작하여야 한다.

변수의 사용 영역(scope)은 그 변수가 정의되어 있는 위치에 따라 달라진다. 변수가 블록의 외부에 선언되어 있다면, 그 파일 내의 선언된 아래 부분에서 사용할 수 있다. 이러한 변수를 전역변수(global variable)이라 한다. 전역변수는 일반적으로 소스 코드의 시작부분에서 정의한다. 변수가 블록 안에 선언되어 있다면, 사용 영역은 선언된 이후부터 블록 끝까지로 한정된다. 이러한 변수를 지역변수(local variable)라 한다.

정의되어 있는 변수를 다른 파일에서 참조하기 위해서는 그 참조하고자 하는 파일에서 예약어 extern를 이용하여 선언해 주어야 한다.

기억 클래스 지정자(storage class specifier) static으로 시작하여 선언된 변수는 프로그램이 실행되어 종료될 때까지 살아 있다. 그러나 그 사용 영역은 그 선언된 블록 내로 한정된다.

변수의 정의 방법은 다음과 같다.

기억클래스지정자(storage-class-specifier) 형지정차(type-specifier) 변수이름(variable-names),..;

● 기억클래스지정자(storage-class-specifier)

기억클래스 지정자	내 용
extern	변수가 현재 파일의 외부에 정의되어 있음을 나타낸다. 그 변수를 현재 파일에서 사용할 수 있도록 하며, 새로운 변수를 만들지 않는다.
static	변수는 프로그램의 실행이 시작되어 종료될 때까지 살아 있으며, 그 사용 영역은 선언된 블록 내부로 한정한다.
auto	지역변수를 정의하며, 생존기간(lifetime)을 블록이 실행되는 기간으로 한정한다. 즉, 블록이 실행되면 만들어지고 종료되면 없어진다.
register	변수가 CPU의 register내에 저장된다.
typedef	"변수이름"이 "형지정자"의 형 지정자가 되도록 한다. 새로운 변수가 만들어지지는 않는다.

● 형지정자(type-specifier)

형지정자	내용
void	자료형이 정해지지 않은 값을 정의한다.
char, signed char	한 문자를 저장할수 있는 자료형
unsigned char	char와 같으나 부호없는 값만 저장
short, signed short, short int, signed short int	짧은 정수형을 정의한다. 저장 크기가 int형과 같거나 그 반이다.
unsigned short, unsigned short int	부호없는 짧은 정수형을 정의한다.
int, signed, signed int	정수형을 정의한다.
unsigned int, unsignedint	형과 같으나 부호없는 값만 저장한다.
long, signed long, long int, signed long int	부호있는 긴 정수형을 정의한다. 저장 크기는 int형과 같거나 그 두배이다.
unsigned long, unsigned long int	부호없는 긴 정수형을 정의한다.
float	부동소수점(floating point)수를 정의한다.
doublefloat	형보다 정확한 수를 저장할 수 있다. 저장크기는 일반적으로 float의 두배이다.
long double	저장크기를 double형보다 크게 한 자료형이다.

각 자료형의 일반적인 저장크기와 저장할 수 있는 수의 범위는 다음 표와 같다.

자료형	저장크기	저장범위(range)
unsigned char	8 bits	0 to 255
char	8 bits	-128 to 127
unsigned int	16 bits	0 to 65,535
short int	16 bits	-32,768 to 32,767
int	16 bits	-32,768 to 32,767
unsigned long	32 bits	0 to 4,294,697,295
long	32 bits	-2,147,483,648 to 2,147,483,647
float	32 bits	1.17549435 * (10^-38)to 3.40282347 * (10^+38)
double	64 bits	2.2250738585072014 * (10^-308) to 1.7976931348623157 * (10^+308)
long double	80 bits	3.4 * (10^-4932) to 1.1 * (10^4932)

A.2.3 열거형(Enumeration)

열거형(Enumeration)은 여러 연속적인 정수형 상수를 쉽게 저장할 수 있도록 한다. 열거형을 정의하는 형식은 다음과 같다.

```
enum identifier {enumerator-list};
```

Enumerator-list는 변수의 리스트이며, 정수로 이루어진다. 첫 변수는 0값을 가지며 순서대로 앞 변수에 1를 더한 값을 갖는다.

사용예

예 1 enum {joe, mary, bob, fran};

의미 4개의 변수를 만든다. joe 는 0, mary 는 1, bob 은 2, fran 은 3의 값을 갖는다.

예 2 enum test {larry, floyd=20, ted};

의미 3개의 변수를 만든다. larry 는 0, floyd 는 20, ted 는 21의 값을 갖는다.

A.2.4 배열(Array)

배열은 같은 자료형의 여러 변수를 한꺼번에 정의하며, 그 선언 형식은 다음과 같다.

자료형 배열이름[배열크기]..;

대괄호 안에 배열의 크기를 표시한다. 대괄호가 하나인 경우 1차원 배열이며, 대괄호를 추가하여 다차원 배열을 선언할 수 있다. 배열의 첨자(index)는 0부터 시작하여 배열크기보다 1작은 값까지 쓸 수 있다.

사용예

예1 int x[5];

의미 x[0]에서 시작하여 x[4]로 끝나는 5개의 정수 변수를 정의한다.

예2 char str[16]="Blueberry";

의미 문자열을 정의한다. str[8]의 값은"y"이며, str[9]는 null문자이다. str[10]에서 str[15]의 값은 정의되어 있지 않다.

예3 char s[]="abc";

의미 배열의 크기는 4(문자열 "abc"와 끝에 null문자를 저장한다.)이며, 배열에 문자열을 저장한다.

예4 int y[3]={4};

의미 y[0]에 4를 저장하고 y[1]과 y[2]에 0를 저장한다.

예5

```
    int joe[4][5]={
        {1,2,3,4,5},
        {6,7,8,9,10},
        {11,12,13,14,15}
  };
```

의미 : 첫행은 joe[0], 둘째행은 row joe[1]과 같은 순서로 초기화한다. joe[3]는 5개의 0으로 초기화 한다. 아래와 같이 선언하면 같은 효과를 가져온다.
int joe[4][5]={1,2,3,4,5,6,7,8,9,10,11,12,13,14,15};

A.2.5 구조체(Structure)와 공용체(Union)

구조체와 공용체는 변수들을 그룹으로 묶어 처리할수 있는 방법을 제공한다.

❖ 구조체 정의

```
struct structure-name {

        member-bariables,...

} structure-variables,...;
```

구조체 이름(structure-name)은 정의하지 않아도 무방하다. 구조체 멤버변수(member-variables)는 세미콜론으로 분리하여 여러 개 정의할 수 있으며, 중괄호 뒷 부분에서 구조체 변수(structure-variables)를 선언한다. 여러 개의 변수를 동시에 선언하려면 변수 사이를 쉼표로 분리하면 된다. 위와 같이 구조체 정의와 함께 구조체 변수를 선언할 수 있지만, 다음과 같이 이후에 따로 구조체 변수를 선언할 수도 있다.

```
struct structure-name new-structure-variable;
```

구조체 변수의 멤버에 접근하기 위해서는 구조체변수 이름과 멤버변수 사이에 마침표(.)를 찍는다.

공용체는 구조체와 같은 방법으로 정의하나(예약어 struct대신 union를 사용함), 모든 멤버 변수들이 같은 기억공간을 공유한다는 점이 구조체와 다르다. 따라서, 공용체 변수는 멤버 변수 중 기억 공간이 가장 큰 변수의 크기 만큼 기억공간을 할당받는다.

사용예

```
struct my-structure {
    int fred[5];
    char wilma, betty;
    float barny=1;
}
```

이는 멤버변수로 fred, wilma, betty, barny를 갖는 구조체 my-structure를 정의하며, 구조체 변수는 선언하지 않았다.

```
struct my-structure account1;
```

은 구조체 my-structure에 대한 변수 account1를 선언한 것이다

```
union my-union {
        char character_num;
        int integer_num;
        long long_num;
        float float_num;
        double double_num;
} number;
```

은 공용체 my-union를 정의하고, 그에 대한 변수 number를 선언한 것이다. 이 공용체 변수 number는 멤버변수 중 기억공간이 가장 큰 변수 double_num이 저장될 수 있는 크기의 기억공간을 할당받는다.

```
number.integer_num=1;
```

는 변수integer_num 에 1를 대입한다.

```
number.float_num=5;
```

는 변수 float_num 에 5를 대입한다. 이후

```
printf("%i" ,number.integer_num);
```

와 같은 문장에서 number.integer_num 값은 number.float_num가 덮어썼기 때문에 정의되지 않는다.

A.2.6 상수(Constant)

상수는 프로그램의 다른 곳에서 그 값을 바꿀 수 없는 값을 말한다. 상수는 변수 선언시 앞 부분에 예약어 const를 붙여서 선언한다. 변수 선언 시 const 다음에 예약어 volitle를 붙이면, 외부의 하드웨어(시스템 시계, 인터럽트 등)가 그 값을 변경할 수 있도록 하는 의미이다. 또한, 컴파일러로 하여금 그 값을 최적화하지 않고 참조할 때마다 매번 변수의 값을 검색하도록 한다.

상수값은 다음과 같이 정의 한다.

* 16진수(Hexadecimal constant) : 0x 또는 0X로 시작하며, 0~9와 A~F로 구성된다.
* 10진수(Decimal constant) : 0이외의 숫자로 시작한다.
* 8진수(Octal constant) : 0으로 시작하며, 0~7로 구성된다.
* 부동소수점수(Floating constant) : 소수점있는 실수로 표현하거나, E나 e이후 지수로 표현한다.(예 : 3.141562, 5.2e−12)

또한, 숫자 뒤에 다음과 같은 접미사를 붙여 표현한다.

* U또는 u : unsigned long int형 상수임을 나타낸다(예 : 321U, 321u)
* L 또는 l : 부동 소수점 수이면 long double, 그 외에는 unsigned long integer형 임을 나타냄.
* F 또는 f : 부동 소수점 수임을 나타낸다.

사용예

예1	const float PI=3.141;
의미 :	변수 PI는 3.141를 가지며, 이후 변경할 수 없다.
예2	const int joe=0xFFFF;
의미 :	변수 joe를 10진수 65535으로 정의한다. 이후 변경할 수 없다.
예3	const float penny=7.4e5;
의미 :	penny를 740000.000000으로 정의한다. 이후 변경할 수 없다.

A.2.7 문자열(String)

문자열은 겹따옴표 내부에 여러 문자들을 표현한 것이다. 문자열의 끝에는 null 문자가 자동으로 추가된다.

사용예

```
char fred[25]="He said, \"Go away!\"";
의미 : fred[9]의 값은 겹따옴표, fred[20]의 값은 null문자이다.
```

A.2.8 예약어 sizeof

❖ 선언

size_t sizeof 수식 또는 size_t sizeof (type)

예약어 sizeof는 주어진 수식이나 type의 저장 바이트 수를 반환한다.

사용예

```
printif("The number of bytes in an int is %d.\n",sizeof(int));
```

A.3 함수(Function)

A.3.1 함수의 정의

함수는 다음과 같은 형태로 선언한다.

```
return-type function-name(parameter-list,...) { body... }
```

여기서, return-type 은 함수 반환값의 자료형이며, 명시하지 않을 경우 int 형으로 간주 한다. function-name은 함수의 이름이다. parameter-list는 매개 변수의 리스트이며 여러 개 있을 경우 컴마로 분리한다. 매개 변수가 없을 때는 빈 중괄호를 사용하거나 중괄호 내에 예약어void를 써넣는다.

함수가 정의되어 있는 이전에서 그 함수를 호출하기 위해서는 그 프로토타입(prototype)을 선언하여 컴파일러에게 함수에 대하여 알려주어야 한다. 프로토타입은 일반적으로 프로그램의 시작부분에 선언하며, 다음과 같은 방식으로 선언한다.

```
return-type function-name(paramater-type-list);
```

return-type 과 function-name은 실제 정의된 함수와 일치하여야 한다. parameter-type-list는 매개 변수의 리스트로 실제 정의된 매개 변수와 같은 이름을 자을 필요는 없으며, 다만 매개 변수와 같은 순서로 그 자료형만 명시하면 된다.

사용예

예1 int joe(float, double, int);
위 문장은 함수 joe()의 프로토타입을 선언한 것이며. 이에 대한 실제 함수 정의는 다음과 같다.

```
int joe(float coin, double total, int sum)
{
/*...*/
}
```

예2 int mary(void), *lloyd(double);

함수 may()와 lloyd()의 프로토타입을 선언하였다. 함수mary()는 매개 변수를 가지지 않고, 반환값의 자료형은 int이다. 함수 lloyd()는 1개의 double형 매개 변수를 가지며 반환값은 int의 포인터형이다.

예3 int(*peter)();
함수에 대한 포인터로서 peter를 선언한다. peter의 값은 다른 함수를 나타내기 위하여 바뀔 수 있다.

A.3.2 프로그램의 시작

프로그램은 main() 함수를 호출하며 실행을 시작한다. main() 함수의 프로토타입은 필요치 않다. 매개 변수가 없는 main() 함수는 다음과 같이 정의 된다.

```
int main(void) { body... }
```

매개 변수를 갖는 main() 함수는 다음과 같다.

```
int main(int arge, char *argv[]) { body... }
```

argc는 음이 아닌 정수이며, argc가 0보다 크다면, 문자열 agrv[0]는 프로그램의 이름이다 argc가 1보다 크다면, argb[1] 에서argv[argc-1]는 시스템에 의하여 프로그램에 전달된 매개 변수들이다. 명령문 라인에서 echo라는 실행파일을 다음과 같이 실행시켰을 때,

```
echo arg1 arg2
```

argc는 3, argv[0] = "echo", argv[1] = "arg1", argv[2] = "arg2"와 같은 값을 갖는다. 즉, argc는 프로그램 실행시 인수의 개수를 나타낸다.

실행예

```
#include <stdio.h>
int main(int argc, char *argv[])
{

        int loop;
```

```
	if(argc>0)
		printf("My program name is %s.\n",argv[0]);
	if(argc>1)
	{
		for(loop=1;loop<argc;loop++)
			printf("Parameter #%i is %s.\n",loop,argv[loop]);
	}
}
```

A.4 참조(Reference)

A.4.1 포인터(Pointer)와 주소 연산자(Address Operator)

포인터는 다음 변수의 메모리 주소를 그 값으로 가지는 변수이다. 포인터는 다른 변수와 같은 형태로 선언되나 변수이름 앞에 별표(*)를 붙여 선언한다. 포인터 변수의 자료형은 이 포인터가 가리키는 변수의 자료형을 나타낸다.

주소연산자는 변수의 메모리 주소를 나타내며, 변수의 이름 앞에 &기호를 붙여 사용한다.

```
int *my_pointer;
int barny;
my_pointer=&barny;
```

와 같은 경우, 포인터 변수 my_pointer는 그 값으로 변수 barny의 메모리 주소를 갖는다.
포인터를 이용하여 포인터 변수의 앞에 *기호를 붙여 그 포인터가 가리키고 있는 변수의 값을 간접적으로 참조할 수 있다.

```
*my_pointer=3;
```

위 문장은 변수 barny에 3을 대입한 것이며, 변수 my_pointer의 값은 변하지 않는다.

포인터는 배열의 주소를 다루는 방법을 제공한다. 다음과 같이 배열이 선언되어 있을때,

```
int my_array[3];
```

배열의 원소에 값을 대입하는 다음과 같은 문장은

```
my_array[2]=3;
```

아래와 같은 방법으로 표현할 수 있다.

```
*(my_array+2)=3;
```

여기서, 배열의 이름 my_array 는 배열의 시작 주소를 가리키는 포인터 상수이다. 이 값은 상수이므로 바꿀 수 없다. 즉,

```
my_array++;
```

은 잘못된 문장이다.
그러나, 다음과 같이 포인터 변수를 선언하면,

```
int *some_pointer=my_array;
```

아래와 같이 배열의 다음 원소를 가리키도록 포인터 변수를 증가시킬 수 있다.

```
*(some_pointer++)=3;
```

위 문장은 my_array[1]에 3을 대입하는 문장이다. int형으로 2바이트를 가지는 시스템에서 som_pointer에 1를 더하면, 실제로는 배열의 다음 원소를 가리키도록 2(int형의 크기는 2바이트이므로)가 증가된다.

함수도 포인터로 표현할 수 있다. 함수 포인터는 함수의 프로토타입과 같은 방법으로 정의 하나, 다음과 같은 형태를 갖는다.

```
int (*fptr)(int, char);
fptr=some_function;
```

이 함수는 아래와 같이 호출한다.

```
(*ftpr)(3,'A');
```

위 문장은 다음 문장과 같은 의미를 갖는다.

```
some_function(3,'A');
```

구조체나 공용체도 포인터형으로 표현할 수 있다.

```
struct some_structure homer;
struct some_structure *homer_pointer;
```

```
homer_pointer=&homer;
```

위 문장들은 구조체의 포인터 변수 homer_pointer가 구조체 변수 homer를 가리키도록 한다. 이 포인터를 사용하여 구조체의 멤버를 참조하기 위해서는 마침표(.) 대신 ->기호를 사용하여야 한다.

```
homer_pointer->an_element=5;
```

위 문장은 아래 문장과 같은 의미를 갖는다.

```
homer.an_element=5;
```

void 포인터는 알려지지 않은 포인터형을 표현할 수 있다.

```
void *joe;
```

위 문장의 포인터 joe는 정해지지 않은 자료형에 대한 포인터이다.

A.4.2 자료형 변환(typecasting)

변수이름 앞에 바꾸고자 하는 자료형을 중괄호 안에 표기하는 방법으로 자료를 강제로 다른 자료형으로 변환할 수 있다.

사용예

```
float index=3; int loop=(int)index;
```

위 문장은 변수index의 float형 자료를 int형으로 변환하여 변수 loop에 대입한다. 이때 변수 index에 저장되어 있는 값은 변하지 않는다.

A.5 연산자(Operator)

A.5.1 후치(Postfix) 연산자

후치 연산자는 수식의 뒤에 오는 연산자를 말한다.

```
operand++;
```

이 문장은 operand의 값을 반환한 후 operand의 값을 1 증가시킨다.

```
operand--;
```

이 문장은 operand의 값을 반환한 후 operand의 값을 1 감소시킨다.

사용예

```
int joe=3;

joe++;
```

여기서, 변수 joe의 값은 1증가하여 4가 된다.

```
printf("%i" joe++);
```

이 문장의 출력값은 4이며, 변수 joe 의 값은 5가 된다.

A.5.2 단항(Unary) 연산자와 전치(Prefix) 연산자

후치 연산자는 수식의 앞에 오는 연산자를 말한다.

```
++operand;
```

위 문장은 operand의 값을 1증가시킨 후, 증가한 값을 반환한다.

```
--operand;
```

위 문장은 operand의 값을 1감소시킨 후, 감소한 값을 반환한다.

!operand

위 문장은 operand에 대하여 논리적 NOT 연산을 행한다. 즉, operand의 논리값이 false인 경우 true값을 반환하고, true인 경우 false를 반환한다.

~operand

위 문장은 operand 의 보수(비트별로 1은 0으로 0은 1로 변환)를 반환한다.

사용예

```
int bart=7;

printf("%i",--bart);

출력결과는 6이다. 변수 bart의 현재값은 6이다.

int lisa=1;

printf("%i",!lisa);

출력결과는 0 (false)이다.
```

A.5.3 일반 연산자

연산식	의 미
수식1 + 수식2	두 피연산자의 값을 합한다.
수식1 - 수식2	수식1에서 수식2를 뺀다.
수식1 * 수식2	두 피연산자의 값을 곱한다.
수식1 / 수식2	수식1를 수식2로 나눈다.
수식1 % 수식2	수식1를 수식2로 나는 나머지를 구한다. 이를 모듈로(modulo)연산자라 한다.
수식1 << shift_value	수식1의 값을 shift_value비트 만큼 왼쪽으로 이동시킨다. 오른쪽의 빈 비트는 0으로 채운다.

A.5.4 논리연산자

논리연산자는 그 결과로 1 (true) 또는 0 (false)를 반환한다.

연산식	의 미
수식1 && 수식2	두 피연산자의 논리합(AND) 연산을 한다. 두 연산자 모두 TRUE이면 결과는 1(true)이고, 그 이외의 경우 결과는 0(false)이다
수식1 || 수식2	두 피연산자의 논리곱(OR) 연산을 한다. 두 연산자 모두 false이면 결과는 0(flase)이고, 그 이외의 경우 결과는 1(true)이다
수식1 < 수식2	수식 1이 수식 2보다 작으면 1(true), 아니면 0(false)
수식1 > 수식2	수식 1이 수식 2보다 크면 1(true), 아니면 0(false)
수식1 <= 수식2	수식 1이 수식 2보다 작거나 같으면 1(true), 아니면 0(false)
수식1 >= 수식2	수식 1이 수식 2보다 크거나 같으면 1(true), 아니면 0(false)
수식1 == 수식2	수식 1이 수식 2와 같으면 1(true), 아니면 0(false)
수식1 != 수식2	수식 1이 수식 2와 같지 않으면 1(true), 같으면 0(false)

A.5.5 대입(Assignment)연산자

대입 연산자는 연산자의 오른쪽 수식의 값을 왼쪽 수식에 대입한다.

연산식	의 미
수식1 = 수식2	수식2의 값을 수식1에 대입
수식1 *= 수식2	수식1와 수식2를 곱하여 수식1에 대입
수식1 /= 수식2	수식1와 수식2를 나누어 수식1에 대입
수식1 %= 수식2	수식1를 수식2로 나눈 나머지를 수식1에 대입
수식1 += 수식2	수식1와 수식2를 더하여 수식1에 대입
수식1 -= 수식2	수식1에서 수식2를 뺀 값을 수식1에 대입
수식1 <<= 수식2	수식1를 shift_value비트 왼쪽으로 이동한 값을 수식1에 대입
수식1 >>= 수식2	수식1를 shift_value비트 오른쪽으로 이동한 값을 수식1에 대입
수식1 &= 수식2	수식1와 수식2를 비트별로 AND연산하여 수식1에 대입
수식1 ^= 수식2	수식1와 수식2를 비트별로 XOR연산하여 수식1에 대입
수식1 != 수식2	수식1와 수식2를 비트별로 OR연산하여 수식1에 대입

A.5.6 연산 우선순위

한 수식에 여러 연산자가 포함되어 있을 때 연산자의 연산 우선순위에 따라 연산이 이루어진다. 중괄호(())로 묶여져 있는 부분을 우선 연산하며, 다음으로 우선 순위에 따라 연산이 이루어진다. 아래 표는 연산자의 연산 우선 순위가 높은 것부터 차례로 정리한 것이다.

연산자	이 름
!	논리부정(NOT)
*,/,%	곱셈, 나눗셈, 나머지 연산자
++,--	증가, 감소 연산자
+,-	덧셈, 뺄셈 연산자
<<, >>	쉬프트 연산자
<, >, <=, >=	부등식 비교
==, !=	등식 비교
&	비트별 논리곱(AND)
^	비트별 배타적 논리합(XOR)
|	비트별 논리합(OR)
&&	논리곱(AND)
||	논리합(OR)
?:	조건부연산자
=, op=	대입 연산자

사용예

```
17 * 5 + !(1 + 1) && 0
결과 값은 0 (false).
5 + 7 > 4
결과값은 1 (true).
a < b < c
(a < b) < c와 같다.
```

A.6 제어문

A.6.1 if

❖ 구문

```
if( 수식 ) statement1;
또는
if( 수식 ) statement1;
else statement2;
```

수식을 평가하여 참(true)인 경우 statement 1을 실행하고 거짓인 경우 statement 1은 실행하지 않는다. else문이 있는 경우, 참일 때 statement 1을 실행하고 거짓일 때 statement2를 실행한다.

사용예

```
예1

    if(loop<3) counter++;

예2

    if(x==y)
      x++;
    else
      y++;

예3:

    if(z>x)
    {
      z=5;
      z=3;
    }else{
      z=3;
      x=5;
    }
```

A.6.2 switch

switch 문은 하나의 변수가 여러 가능한 상수값과 비교할 수 있는 방법을 제공한다. 변수가 상수들 중 하나와 일치하면, 그 지점으로 건너 뛰어 실행하게 된다. 일치하는 값이 없으면 default이후의 문장을 실행한다.

❖ 구문

```
switch ( variable )
{
    case const:
      statements...;
    default:
      statements...;
}
```

사용예

```
switch(betty)
{
case 1:
    printf("betty=1\n");
case 2:
    printf("betty=2\n");
    break;
case 3:
    printf("betty=3\n");
    break;
 default:
    printf("Not sure.\n");
}
```

실행결과 : 만일 변수 betty가 1이면, betty = 1 과 betty = 2 두 줄이 출력되며, betty가 2이면, betty = 2가 출력된다. betty가 3이면 betty = 3이 출력된다. betty가 기 외의 값이면, default 이후의 "Not sure."가 출력된다.

A.6.3 while

while 문은 반복연산을 할 수 있도록 한다.

❖ 구문

```
while( 수식 ) statement...
```

수식을 판정하여 참이면 statement를 실행하고, 다시 수식을 판정하여 참이면 다시 statement를 실행한다. 이 과정을 수식이 거짓이 될 때까지 반복한다.

사용예

```
예1    while(*pointer!='j')pointer++;

예2
    while(counter<5)
    {
       printf("counter=%i",counter);
       counter++;
    }
```

A.6.4 do

❖ 구문

```
do statement... while( 수식 );
```

statement를 실행한 후 수식을 판정하여 참(true)이면 statement를 다시 실행한다. 이 과정을 수식이 거짓일 때 까지 반복한다.

사용예

```
do {
    betty++;
  printf("%i",betty);
```

```
} while (betty<100);
```

A.6.5 for

❖ 구문

```
for( 수식1 ; 수식2 ; 수식3 ) statement...
```

수식 1을 실행하고, 수식 2를 판정하여 참이면, statement를 실행한 후, 수식 3을 실행한다. 이후 수식 2를 판정한다. 이 과정을 수식 2가 거짓이 될 때까지 반복한다. 수식1은 처음 한번만 실행된다. 수식 1과 수식 3은 생략 가능하다. 수식 2를 생략하면, 그 값을 1(true)로 가정한다.

사용예

```
예1
   for(loop=0;loop<1000;loop++)
   printf("%i\n",loop);
   실행결과 : 0에서 999까지의 정수가 출력된다.

예2
   for(x=3, y=5; x<100+y;x++,y--)
   {
     printf("%i\n",x);
     some_function();
   }
실행결과 : 3에서 53까지의 정수가 출력되고, 함수 some_function()은 51번 호출된다.
```

A.6.6 goto

goto문은 프로그램의 실행을 강제로 프로그램 내에 있는 label로 옮긴다.

❖ 구문

```
goto label;
...
label;
```

사용예

```
goto skip_point;
printf("This part was skipped.\n");
skip_point;
printf("Hi there!\m");

실행결과 : "Hi there!"만 출력된다.
```

A.6.7 continue

continue 문은 루프 내에 위치하여, 루프 내의 continue 문 이후의 문장들은 실행하지 않고 건너 뛰도록 한다.

❖ 구문

```
continue;
```

사용예

```
예1
        fot(loop=0;loop<100;loop++)
        {
          if(loop==50)
              continue;
          printf("%i\n",loop);
        }
      실행결과 : 50을 제외한 0에서 99까지의 정수가 출력된다.

예2
        joe=0;
```

```
    while(j대<1000)
    {
      for(zip=0;zip<100,zip++)

    {
    if(joe==500)
      continue;
    printf("%i\n"joe);
    }
    joe++;
  }
```

실행결과 : 500을 제외한 0에서 999사이의 정수가 100번 출력된다.

A.6.8 break

break 문은 switch 문이나 루프문(for, while, do~while 등) 블록 내부에서 사용되어, 블록을 빠져나가도록 한다.

❖ 구문

```
break;
```

사용예

예1

```
switch(henry)
{
   case 1: print("Hi!\n");
           break;
   case 2: printf("Hello\n");
}
```

실행결과 : 변수 henry가 1이면, “Hi"만 출력된다.

예2

```
for(loop=0;loop<50;loop++)
{
  if(loop==10)
```

```
            break;
        printf("%i\n",loop);
        }
실행결과 : 0에서 9까지의 정수만 출력된다.
```

A.6.9 return

return문은 현재 실행중인 함수의 실행을 중단하고, 호출한 함수로 반환값을 반환하는 기능을 가지고 있다. 만일, return문이 함수의 자료형과 다른 값을 가지고 있다면, 자동으로 함수의 자료형으로 형 변환된다.

❖ 구문

```
return 수식;
```

사용예

```
int alice(int x, int y)
{
    if(x<y)
        return(1);
    else
        return(0);
}
실행결과:x>y가 참이면 1을 반환하고, 거짓이면 0를 반환한다.
```

A.7 선행처리 지시자(Preprocessing Directive)

A.7.1 #if, #elif, #else, #endif

이 선행처리 지시자는 조건부로 컴파일할 수 있도록 하는 기능을 제공한다.

❖ 구문

```
#if 상수_수식
#else
#endif

 또는

#if 상수_수식

#elif 상수_수식
#endif
```

컴파일러는 #if의 상수_수식이 참일 때만 #if 이후의 코드를 컴파일한다. 상수_수식이 거짓이면, 다음에 나오는 #else(또는 #elif, #endif)까지 컴파일을 생략한다.

#if와 결합하는 #else가 있고 상수_수식이 거짓이면, #else 와 #endif 사이의 문장들을 컴파일한다. #if와 결합하는 #elif가 있고 앞의 #if가 거짓일 경우, #elif의 상수_수식을 판정하여 참이면 #elif와 #endif 사이의 문장들을 컴파일한다.

사용예

예1

```
int main(void)
{
  #if 1
      printf("Yabba Dabba Do!\n");
#endif
return 0;
}
```

실행결과 : 문자열 "Yabba Dabba Do!"만 출력된다.

예2

```
int main(void)
{
  #if 1
      printf("Checkpoint1\n");
  #elif 1
      printf("Checkpoint2\n");
#endif
return 0;
}
```

실행결과 : 문자열 "Checkpoint1"만 출력된다. 첫 줄이 #if 0이었다면, "Checkpoint2" 만 출력되었을 것이다.

예3

```
#if OS==1
  printf("Version 1.0");
#elif OS==2
  printf("Version 2.0");
#else
  printf("Version unknown")
#endif
```

실행결과:#define에 의하여 정의된 OS의 값에 따라 출력이 정해진다.

A.7.2 #define, #undef, #ifdef, #ifndef

지시자 #define 과 #undef은 매크로를 정의하는데 사용하며, 지시자 #ifdef 와 #ifndef는 매크로의 정의 유무에 따라 조건부로 컴파일 할 수 있도록 한다.

❖ 구문

```
#define 매크로 문자열

#undef 매크로

#ifdef 매크로
#else or #elif
```

```
#endif

#ifndef 매크로
#else or #elif
#endif
```

#ifdef 매크로는 #if defined(매크로)와 같다.

#ifndef 매크로는 #if !defined(매크로)와 같다.

인수를 포함하는 함수 매크로는 다음과 같이 정의한다.

#define 매크로이름(인수리스트) (인수를 포함한 문자열)

#undef는 #define에 의하여 정의된 매크로를 삭제한다.

사용예

```
예1
        #define PI 3.141
        printf("%f",PI);
실행결과:3.141를 출력

예2
        #define DEBUG
        #ifdef DEBUG
          printf("This is a debug message.");
        #endif
실행결과:문자열 “This is a debug message."를 출력

예3
        #define QUICK(x) printf("%s\n",x);
        QUICK("Hi!")
실행결과 : 문자열 “Hi!"를 출력

예4
        #define ADD(x,y) x + y
        z=3 * ADD(5,6)
의미 : 변수z는 3*5+6의 값 즉, 21이다.
```

```
예5
        #define ADD(x,y) (x + y)
        z=3 * ADD(5,6)
의미 : 변수 z는 3*(5+6) 즉, 33이다.
```

A.7.3 #include

지시자 #include는 외부의 헤더 파일을 포함하는 기능을 제공한다.

❖ 구문

```
#include <헤더파일명>

또는

#include "헤더파일명"
```

〈헤더파일명〉과 같은 형태로 기술할 경우 미리 지정되어 있는 디렉토리에서 이 헤더파일을 찾는다. "헤더파일명"과 같이 기술한 경우 현재 작업 디렉토리에서 파일을 찾고 다음으로 표준 디렉토리에서 찾는다. 이 경우 파일의 절대 경로를 지정할 수 있다.

사용예

```
#include <stdio.h>
#include "my_header.h"
```

A.7.4 #line

컴파일러는 소스 코드를 컴파일 할 때 현재 컴파일하는 줄의 번호와 파일의 이름을 저장한다. 지시자 #line은 이 값을 변경시키는데 사용한다.

❖구문

```
#line 라인_번호 "파일명"
```

파일명이 주어지지 않을 경우, 파일이름을 바꾸지 않는다. 라인_번호는 소스 코드의 다음 라인의 번호이다.

사용예

```
#line 50 "user.c"
#line 23
```

A.7.5 #error

지시자 #error는 컴파일을 중지하고, 정해진 오류 메시지를 반환하도록 한다.

❖ 구문

```
#error message
```

사용예

```
#ifndef VERSION
#error Version number not specified.
#endif
```

A.7.6 #pragma

지시자 #pragma는 새로운 지시자를 정의하는데 사용한다. 컴파일러가 pragma를 지원하지 않으면, 이를 무시한다.

❖ 구문

```
#pragma directive
```

A.7.7 내장 매크로(Macro)

ANSI C 표준 컴파일러는 다음과 같은 5개의 매크로를 제공한다.

__LINE__ : 현재 컴파일하고 있는 프로그램의 줄 번호 (정수)
__FILE__ : 현재 컴파일하고 있는 소스 파일 이름(문자열)
__DATE__ : 현재 소스파일을 컴파일 시작한 시스템 날짜(문자열: "mmm dd yyyy"형식)
__TIME__ : 컴파일이 시작된 시간(문자열 : "hh:mm:ss" 형식)
__STDC__ : 컴파일러가 ANSI C 표준을 따를 경우 그 값은 1. 표준 C 컴파일러인지를 나타내는 데 사용

부록 B

ANSI C 라이브러리 : 매크로, 변수, 함수

B.1 assert.h

디버깅(debugging) 목적으로 사용

- **함수** void assert(int expression);
- **내용** 인수expression으로 조건식을 주어 값이 0(false)이면 조건식, 소스파일명, 라인 번호가 표준 오류에 보내져서 abort함수를 호출한다. 매크로 NDEBUG ("no debug")가 #define NDEBUG 형태로 정의되어 있으면 assert 함수는 무효로 되어 처리되지 않는다.

〈일반 오류 출력 형태〉 Assertion failed: expression, file filename, line line-number〉

사용예

```
#inculde <assert.h>

void open_record(char *record_name)
{
assert(record_name!=NULL);
/* Rest of code */
int main(void)
{
open_record(NULL);
}
```

B.2 ctype.h

문자들을 테스트하고 바꿀 때 사용한다. 컨트롤 문자는 일반적인 형태로 출력되지 않는문자의 집합니다. ASCII 문자 집합에서, 컨트롤 문자는 0 (NUL)에서 0x1F (US) 사이의 문자와 0x7F (DEL)문자이다. 출력되는 문자는 0x0 (space)에서 0x7E (tilde) 까지 문자이다.

- 함수

  isalnum(); isalpha(); iscntrl(); isdigit(); isgraph(); islower(); isprint(); ispunct(); isspace(); isupper(); isxdigit(); tolower(); toupper();

- 선언

```
int isalnum(int character);
int isalpha(int character);
int iscntrl(int character);
int isdigit(int character);
int isgraph(int character);
int islower(int character);
int isprint(int character);
int ispunct(int character);
int isspace(int character);
int isupper(int character);
int isxdigit(int character);
```

- **내용** is로 시작하는 함수는 인수로 주어진 문자를 테스트하고, 아래에 열거한 조건을 만족할 때(참일 때) 0이 아닌값을 반환하고, 거짓일 때 0을 반환한다.

- 조건

  isalnum : 알파벳(A to Z or a to z) 이나 숫자(0 to 9)
  isalpha : 알파벳(A to Z or a to z)
  iscntrl : 컨트롤 문자(0x00 to 0x1F or 0x7F)
  isdigit : 숫자(0 to 9)
  isgraph : 스페이스 문자(0x21에서 0x7F)를 제외한 출력되는 문자
  islower : 알파벳 소문자(a to z)
  isprint : 출력되는 문자(0x21to 0x7F)

ispunct : 구두점(punctuation) 문자 즉, 공백 문자와 isalnum를 제외한 출력되는 문자
isspace : 공백문자(whitespace character) (space, tab, carriage return, new line, vertical tab, formfeed)
isupper : 알파벳 대문자(A TO Z)
isxdigit : 16진수(hexadecimal digit) (0 to 9, A to F, or a to f)

■ 선언
int tolower(int character);
int toupper(int character);

■ 내용 to로 시작하는 함수는 문자를 변환하는 함수이다. 문자가 적당한 조건을 만족할 때 변환한 문자를 반환하고, 조건이 만족하지 않으면 원래 문자를 그대로 반환한다.

■ 조건
tolower : 문자가 대문자 이면(A to Z), 소문자(a to z)로 변환한다.
toupper : 문자가 소문자 이면(a to z), 대문자(A TO Z)로 변환한다.

사용예

```
#include <ctype.h>
#include <stdio.h>
#include <string.h>

int main(void)
{
int loop;
char string[]="THIS IS A TEST";

for(loop=0;loop<strlen(string);loop++)
string[loop]=tolower(string[loop]);

printf("%s\n",string);
return 0;
}
```

B.3 errno.h

일반 오류 처리기(error handler)로 사용한다.

- 매크로(macros):

EDOM, ERANGE

- 변수 :

errno

- 매크로 EDOM
- 선언 #define EDOM some_value
- 내용 EDOM은 math 함수에 의하여 발생하는 도메인 오류(domain error)를 표현하는 값.

- 매크로 ERANGE
- 선언 #define ERANGE some_value
- 내용 ERANGE는 math 함수에 의하여 발생하는 구역 오류(range error)를 표현하는 값.

- 변수 errno
- 선언 int errno;
- 내용 errno변수는 프로그램 시작시에는 0값을 갖는다. 오류가 발생하면 발생한 오류번호(error number)를 갖는다.

B.4 math.h

여러 가지 수학 함수를 정의한다.

◘ 함수

acos(); asin(); atan(); atan2(); ceil(); cos(); cosh(); exp(); fabs(); floor(); fmod(); frexp(); ldexp(); log(); log10(); modf(); pow(); sin(); sinh(); sprt(); tan(); tanh();

◘ 오류조건

모든 math.h 함수들은 유사하게 오류를 처리한다.

함수의 인수가 함수의 영역을 넘을 때, errno 변수의 값이 EDOM이 된다.
반환값이 double로 표현하기에 너무 크면, 함수는 매크로 HUGE_VAL를 반환하고 오버플로우(overflow)를 나타내기 위하여 변수 errno값을 ERANGE로 한다.
반환값이 double로 표현하기에 너무 작으면, 함수는 0를 반환한다.
errno, EDOM, ERANGE는 헤더 파일 errno.h에 정의되어 있다.
값에 대한 영역 제한이 언급되어 있지 않으면, 자료형 double의 최대값, 최소값에 대한 제한을 받는다.

B.4.1 삼각함수

◘ 선언 double acos(double x);
◘ 내용 인수 x(radians)의 arc cosine 값을 반환한다.
◘ 값 제한 x 값은 −1과 +1 사이의 값이어야 한다. 반환값은 0과 pi 사이값이다.

◘ 선언 double asin(double x);
◘ 내용 인수 x(radians)의 arc sine 값을 반환한다.
◘ 값 제한 x 값은 −1과 +1 사이의 값이어야 한다.

◘ 선언 double atan(double x);
◘ 내용 인수 x(radians)의 arc tangent 값을 반환한다.
◘ 값 제한 없음

- 선언 double atan2(double x);
- 내용 인수 x(radians)의 arc tangenrt 값을 반환한다.
- 값 제한 x와 y는 0이 아니어야 한다.

- 선언 double cos(double x);
- 내용 인수 x(radians)의 cos값을 반환한다.
- 값 제한 x값 제한 없음. 반환값은 -1과 1 사이값

- 선언 double cosh(double x);
- 내용 인수 x의 hyperbolic cosine값 변환.
- 값 제한 인수 및 반환값 제한 없음.

- 선언 double sin(double x);
- 내용 인수 x(radians)의 sine 값을 반환한다.
- 값 제한 x값 제한 없음. 반환값은 -1과 1사이 값

- 선언 double sinh(double x);
- 내용 인수 x의 hyperbolic sine값 반환
- 값 제한 인수 및 반환값 제한 없음

- 선언 double tan(double x);
- 내용 인수 x(radians)의 tangent값 반환.
- 값 제한 인수 및 반환값 제한 없음

- 선언 double tanh(double x);
- 내용 인수 x의 hyperbolic tangent값 반환.
- 값 제한 x 값 제한 없음. 반환값은 -1과 1사이 값

B.4.2 Exponential, Logarithmic, power 함수

- 선언 double exp(double x);
- 내용 인수 x에 대하여 값 반환.
- 값 제한 인수 및 반환값 제한 없음

- 선언 double frexp(double x);
- 내용 부동소수점 수 x를 지수(exponent)와 가수(mantissa)로 분리한다.
  가수는 반환값이 되고, 지수는 인수 exponent가 가리킨다.

- 선언 double ldexp(double x);
- 내용 값 반환.
- 값 제한 인수 및 반환값 제한 없음

- 선언 double log(double x);
- 내용 x의 자연로그 값(base-e logarithm,)반환.
- 값 제한 인수 및 반환값 제한 없음

- 선언 double log10(double x);
- 내용 x의 상용로그 값(base-10 logarithm,)반환.
- 값 제한 인수 및 반환값 제한 없음

- 선언 double modf(double x);
- 내용 부동소수점 수(floating-point number) x 를 정수부분과 소수부분으로 분리한다.
- 값 제한 인수 및 반환값 제한 없음

- 선언 double pow(double x);
- 내용 값 반환.
- 값 제한 y가 소수(fractional vlaue)이면 x는 0보다 크거나 같아야 한다. y가 0보다 작거나 같으면 x는 0이 아니어야 한다.

- 선언 double sprt(double x);
- 내용 x의 square root()값 반환
- 값 제한 x는 0보다 크거나 같아야 한다. 반환값은 항상 양수이다.

- 선언 double ceil(double x);
- 내용 x와 같거나 큰 가장 작은 정수를 반환.
- 값 제한 인수 및 반환값 제한 없음

- 선언 double fabs(double x);
- 내용 x의 절대값(absolute value) 반환

- 값 제한 인수 제한 없음. 반환값은 항상 양수

- 선언 double floor(double x);
- 내용 x와 가터나 작은 가장 큰 정수를 반환.
- 값 제한 인수 및 반환값 제한 없음

- 선언 double fmod(double x);
- 내용 x를 y로 나눈 나머지를 반환
- 값 제한 y가 0이면 오류가 나거나 0를 반환한다. 반환값 제한 없음.

B.5 stdio.h

입출력에 관한 함수를 제공한다.

- 매크로(macros)

  NULL _IOFBF _IOFBF _IOFBF BUFSIZ EOF FOPEN_MAX FILENAME_MAX L_tmpnam SEEK_CUR SEEK_END SEEK_SET TMP_MAX stderr stdin stdout

- 함수

  clearerr(); fclose(); feof(); ferror(); fflush(); fgetpos(0; fopen(); fread();freopen(); fseek(); fsetops(); ftell(); fwrite(); remove(); rename(); rewind(); setbuf(); setvbuf(); tmpfile(); tmpnam(); fprintf(); fscanf(); printf(); scanf(); sprintf(); sscanf(); vfprintf(); vprintf(); vsprintf(); fgetc(); fgets(); fputc(); fputs(); getc(); getchar(); gets(); putc(); putchar(); puts(); ungetc(); perror();

- 변수

typedef size_t
typedef FILE
typedef fpos_t

B.5.1 변수와 매크로

size_t : 자료형 unsigned int
FILE : 파일 스트림에 대한 정보를 저장할 수 있는 자료형.
fpos_t : 파일 내의 위치를 저장할 수 있는 자료형.
NULL : null pointer 상수값.
_IOFBF, _IOLBF,_IONBF : setvbuf 함수에 사용되는 값.
BUFSIZ : setbuf 함수에 사용되는 버퍼의 크기를 나타내는 정수값.
EOF : 파일의 끝(end-of-file)를 나타내는 음의 정수값.
FOPEN_MAX : 시스템에서 동시에 열 수 있는 파일의 최대 수를 나타내는 정수값
FILENAME_MAX : 가능한 최대 길이의 파일 이름을 저장하기 위한 문자배열의 최대길이를 나타내는 정수값
L_tmpnam : 함수 tmpnam()에 의하여 만들어지는 가능한 최대 길이의 임시 파일 이름을 저장 하기 위한 문자배열의 최대 길이를 나타내는 정수값

SEEK_CUR, SEEK_END, SEEK_SET : fseek 함수에 사용됨.

TMP_MAX : 함수 tmpnam()에 의하여 만들어지는 파일의 최대 수 stderr, stdin, stdout : 표준오류(standartd error), 표준입력(standard input), 표준출력(standard output)를 가리키는 파일 포인터.

B.5.2 스트림(Stream)과 파일(File)

스트림은 프로그램과 입출력 디바이스 사이를 추상화할 수 있도록 하여 여러 형태의 입출력 장치들 사이에 공통적인 방법으로 자료를 보내고 받을 수 있도록 한다. 스트림에는 텍스트(text)와 2진(binary) 두 형태가 있다.

텍스트스트림은 라인들로 이루어진다. 각각의 라인은 0개 이상의 문자들을 가지고 있고 뉴라인(newline)문자로 끝난다. 텍스트스트림은 자료를 입·출력하는 동안 자료의 변환이 일어난다. 텍스트 스트림은 출력할 수 있는 문자, 텝(tap)문자, 뉴라인문자로 이루어져 있다. 한 라인은 뉴라인문자를 포함하여 적어도 254 문자 이상을 지원한다.

2진스트림(Binary streams)은 자료를 1대1로 입출력하므로 문자들 사이에 변환이 일어나지 않는다.

프로그램이 실행되면 표준오류(standard error), 표준입력(standard input), 표준출력(standard output)의 3가지 스트림이 자동 생성된다.

파일은 스트림과 관련되어 있고, 사용하기 전에 열어야 한다. 파일 내의 입출력 지점은 파일 위치자가 결정한다. 파일을 열면 추가(append)동작으로 연 경우를 제외하고 파일 위치자는 파일의 시작 위치를 가리킨다. 추가(append)동작으로 연 경우에는 파일 위치자는 파일의 끝을 가리킨다. 파일 위치는 다음 동작할 곳을 가리키도록 읽기와 쓰기 동작과 함께 움직인다.

파일을 닫으면 파일에 읽기와 쓰기 동작을 할 수 없다. main() 함수가 종료되면 모든 열려있는 파일은 자동으로 닫힌다.

B.5.3 파일 함수

- 선언 void clearerr(FILE *stream);
- 내용 파일의 오류지시자와 EOF플래그를 0으로 한다. 오류지시자 값이 세팅되어 있는한 모든 스트림 동작은 clearerr 이나 rewind 함수가 호출될 때 까지 오류를 반환한다.

- 선언 in fclose(FILE *stream);

- 내용 스트림을 닫고 모든 버퍼를 비운다.
- 반환값 정상실행시0반환, 오류시 EOF반환

- 선언 in feof(FILE *stream);
- 내용 스트림에 대한 EOF지시자(end-of-file indicator)를 검사한다.
- 반환값 스트림이 EOF이면 0이 아닌값 반환, EOF가 아니면 0반환.

- 선언 int ferror(FILE *stream);
- 내용 스트림의 오류 지시자(error indicator)를 검사한다.
- 반환값 오류지시자가 세팅되어 있으면(오류 발생시) 0이 아닌 값 반환, 아니면(정상시) 0 값 반환.

- 선언 int fflush(FILE *stream);
- 내용 버퍼의 모든 자료를stream에 저장한다.
- 반환값 정상실행시 0반환, 오류발생시 EOF반환

- 선언 int fgetpos(FILE *stream, fpos_t *pos);
- 내용 스트림의 현재 파일 위치를 얻어 pos에 저장한다.
- 반환값 정상실행시 0반환, 오류발생시 0이 아닌 값 반환하고 변수 errno에 오류번호를 저장

- 선언 FILE *fopen(const char *filename, const char *mode);
- 내용 filename이 가리키는 파일을 연다.
- 반환값 정상실행시 파일포인터 반환, 오류발생시 널 포인터 반환.

- 선언 size_t fread(void *ptr, size_t size, size_t nmemb, FILE *stream);
- 내용 stream으로부터 size 바이트의 자료를 nmemb개(즉, size * n 바이트)읽어 들여 ptr에 저장한다.
- 반환값 정상실행시 읽은 자료의 개수를 반환, 오류발생시나 파일 끝일 경우 성공적으로 읽은 자료의 수 반환 (읽을 자료 수보다 작은 수)

- 선언 FILE *freopen(const char *filename, const char *mode, FILE*stream);
- 내용 개방되어 있는 stream를 닫고 새로운 filename으로 stream를 연다. stream를 닫을 때 발생하는 오류는 무시한다. 일반적으로 파일포인터 stdin, stdout, stderr가 다른 파일

을 가리키도록 하기 위하여 사용한다.

- 반환값 정상실행시 stream에 대한 포인터 반환, 오류발생시 널 포인터 반환.

- 선언 int fseek(FILE *stream, long int offset, int whence);
- 내용 stream의 파일 위치를 whence를 기준으로 offset 바이트 만큼 이동한다.
- 반환값 정상실행시 0값 반환, 오류발생시 0 이외의 값 반환.

- 선언 int fsetpos(FILE *stream, const fpos_t *pos);
- 내용 stream의 파일 위치를 pos로 이동한다. 인수 pos는 함수 fgetpos()에서 얻은 위치이다.
- 반환값 정상실행시 0를 반환, 오류발생시 0이외의 값을 반환하고 변수 errno를 세팅한다.

- 선언 long int ftell(FILE *stream);
- 내용 stream의 현재 파일 위치를 반환한다. 이진 스트림의 경우, 파일의 시작으로부터 바이트 수이다. 텍스트 스트림인 경우, 함수 fseek()를 이용하여 현재의 파일 위치에 올 수 있도록 하는 값이다.
- 반환값 정상실행시 현재 파일 위치, 오류발생시 -1L이 반환되고 변수 errno가 세팅된다.

- 선언 size_t fwrite(const void *ptr, size_t size, size_t nmemb, FILE *stream);
- 내용 ptr의 자료 중 size 바이트의 자료를 nmemb개(즉, size * n 바이트)읽어 stream에 저장한다.
- 반환값 정상실행시 저장한 자료의 개수, 오류발생시 성공적으로 읽은 자료의 수 반환(읽을 자료 수보다 작은 수)

- 선언 int remove(const char *filename);
- 내용 filename를 삭제한다.
- 반환값 정상실행시 0값, 실패시 0이외의 값 반환

- 선언 int rename(const char *old_filename, const char *new_filename);
- 내용 파일이름을 old_filename에서 new_filename로 바꾼다.
- 반환값 정상실행시 0값 반환, 오류발생시 0이 아닌 값 반환하고 old_filename이 계속 사용된다.

- 선언 void rewind(FILE *stream);

- 내용 stream의 파일 위치를 파일으 l처음을 옹ㄹㅁ긴다. 오류지시자와 EOF지시자는 리셋된다

- 선언 void setbuf(FILE *stream, char *buffer);
- 내용 stream의 파일 위치를 파일의 처음을 옮긴다. 오류 지시자와 EOF지시자는 리셋된다

- 선언 void setbuf(FILE *stream, char *buffer);
- 내용 stream의 버퍼로 인수buffer를 지정한다. 이 함수는 stream를 연 후 다른 파일 동작이 이루어지기 전에 호출해야 한다 .일반적으로 버퍼는 시스템에서 자동적으로 지정하나 이를 사용자가 변경하고 할 때 이 함수를 이용한다. buffer의 크기는 매크로 BUFSIZ만큼 확보되어야 한다. 인수 BUFFER는 버퍼로 쓰일 배열을 가리키다. buffer가 널 포인터이면 stream은 버퍼되지 않는다.

- 선언 int setvbuf(FILE *stream, char *buffer, int mode, size_t size);
- 내용 stream의 버퍼로 인수 buffer를 지정한다. 이 함수는 stream를 연 후 다른 파일 동작이 이루어지기 전에 호출해야 한다. 인수 mode는 stream이 버퍼하는 방법을 지정하며 다음과 같은 매크로를 사용할 수 있다.

  IOFBF : 입 · 출력을 완전 버퍼로 설정한다. 버퍼가 비어 있으면 입력동작은 버퍼를 채운다. 출력동작에서 버퍼가 꽉 차거나 STREAM이 닫혀야만 자료를 파일에 쓴다.

  IOLBF : 입 · 출력을 라인 버퍼로 설정한다. 버퍼가 비어있으면 입력 동작은 버퍼를 채운다. 출력 동작에서 뉴라인(newline) 문자가 쓰여질 때마다 버퍼를 비운다.

  IONBF : 버퍼를 사용하지 않는다.

  인수 buffer는 버퍼로 사용할 배열을 가리킨다. buffer가 널 포인터이면 함수 setbuf()는 malloc() 함수를 이용하여 자신의 버퍼를 만든다.

  인수 size는 배열의 크기를 결정한다.
- 반환값 정상실행시 0를 반환, 오류발생시 0이 아닌 값 반환.

- 선언 FILE *tmpfile(void);
- 내용 이진추가모드(wb+)로 임시 파일을 만든다. 이 파일은 stream을 닫거나 프로그램이 종료되면 종결된다.

- 선언 int fgetpos(FILE *stream, fpos_t *pos);
- 반환값 정상실행시 파일 포인터 반환, 오류발생시 널 포인터 반환.

- 선언 char *tmpnam(char *str);
- 내용 임시파일을 만들어 이름을 인수 str에 저장한다. str은 L_tmpnam값보다 길어야 한다.
- 반환값 인수 str이 널포인터이면 유용한 파일 이름의 포인터를 반환, str이 유용한 포인터이면 인수 str과 같은 값이 반환.

B.5.4 Formatted I/O 함수

..printf 함수

- 선언

```
int fprintf(FILE *stream, const char *format, ...);
int printf(const char *format, ...);
int sprintf(char *str, const char *format, ...);
int vfprintf(FILE *stream, const char *format, va_list arg);
int vprintf(const char *format, va_list arg);
int vsprintf(char *str, const char *format, va_list arg);
```

- 내용

printf 함수는 stream에 형식화된(formatted) 자료으 lcnffur할 수 있게 한다.
fprintf : stream에 형식화된 출력을 보낸다.
printf : stdout에 형식화된 출력을 보낸다.
sprintf : 문자열에 형식화된 출력을 보낸다.
vfprintf : 인수를 이용하여 stream에 형식화된 출력을 보낸다.
vprintf : 인수를 이용하여 stdout에 형식화된 출력을 보낸다.
vsprintf : 인수를 이용하여 문자열에 형식화된 출력을 보낸다.

이 함수들은 형식 문자열을 인수로 가지고 있으며, 이어지는 인수들과 이 형식 문자열의 형식 지정자(format specifier)들을 왼쪽부터 차례로 결합된다. 형식 지정자를 제외한 형식 문자열 내으 lrkr 문자는 stream에 그대로 복사된다.

함수 sprintf()와 vsprintf()는 문자열의 끝에 널 문자를 추가한다. 이 널 문자는 문자열길이에 포함되지 않는다.

형식 지정자는 %문자로 시작하여 다음과 같은 순서로 작성한다.

[flags] 변환 제어(optional).
[width] 출력할 문자의 수를 정의(optional).
[.precision] 출력할 수의 정도(precision)를 정의(optional).
[modifier] 인수의 자료형이나 크기를 무시(optinal).
[type] 변환 자료형(required).

■ 플래그(Flag)

플래그	의 미
–	좌측 맞춤 출력(내정값은 오른쪽맞춤이다).0 플래그는 무시
+	수의 앞에 +,–부호 붙임(내정값은 –부호만 붙임). 공백 플래그는 무시
공백	양수일 경우 +부호 대신 공백 출력. 음수일 경우 –부호 붙임
0	수 출력시 앞의 공백을 0으로 채움
#	다음에 열거한 변환 지정자 형에 따라 출력 형식 자동으로 붙임
	o : 8진수 앞에 0을 붙임 X,x : 16진수의 앞에 0X나 0x를 붙임 E,e,f,g,G : 출력에 소수점을 반드시 붙임 G,g : 소수점 뒤에 붙는 0을 제거

■ 폭(Width)

출력 필드의 폭을 지정한다. 출력 값이 지정한 폭보다 작을 경우 공백으로 한다(0 플래그를 제외하고). 출력값이 지정한 폭을 넘을 경우 이 값에 맞추어 필드 폭이 늘어난다.

필드 지정자로 *가 사용될 경우 다음 인수가 필드폭을 지정한다.

■ 정확도(Precision)

정확도(Precision)는 소수점(.)을 이용하여 필드폭 지정자와 구분한다. 이것은 10진수나 별표(*)를 사용한다. 별표를 사용한 경우 대응되는 인수가 정확도를 지정한다. 변환 지정자 형에 따라 다음과 같은 결과를 가져온다.

정확도	변환지정자형	의 미
미지정	d,i,o,u,x,X	최소한의 자리수로 표시
	f,e,E	소수점 이후 내정되어 있는 자리수 표시
	g,G	모든 자리수 표시
	s	널 문자를 제외한 모든 문자 표시
.0	d,i,o,u,x,X	0값인 경우 출력되지 않는다. 0값을 제외하고 내정되어 있는 정확도에 따라 출력된다.
	f,e,E	소수점과 소수점 이하의 수는 표시하지 않음
	g,G	정확도를 1로 가정함
.n	d,i,o,u,x,X	최소한n자리수 출력(필요에 따라 0값을 넣음)
	f,e,E	소수점 이후 n자리수 출력
	g,G	유효 자리수를 최대 n으로 함
	s	최대 표시 문자수를 n으로 함

▫ 변환자(Modifier)

변환자(modifier)는 변환 지정자 형이 해석되는 방식을 바꾼다.

modifier	변환지정자형	의 미
h	d,i,o,u,x,X	대응되는 인수값이 short int 나 unsigned short int 형으로 바뀜
h	n	대응되는 인수값이 short int형의 포인터로 바뀜
l	d,i,o,u,x,X	대응되는 인수값이 long int 나 unsigned long int 형으로 바뀜
l	n	대응되는 인수값이 long int형의 포인터로 바뀜
L	e,E,f,g,G	대응되는 인수값이 long double형으로 바뀜

■ 변환 지정자 형(Conversion specifier type)

변환 지정자 형은 어떤 자료형의 인수가 취급되는지를 지정한다.

변환지정자형	의 미
d,i	signed int 형
o	unsigned int형을 8진수(octal)로 출력
u	unsigned int형을 10진수로 출력
x	unsigned int형을 16진수로 소문자(a, b, c, d, e, f)를 사용하여 dddd형태로 출력
X	unsigned int형을 16진수로 대문자(A, B, C, D, E, F)를 사용하여 dddd형태로 출력
f	double형을 [-]ddd.ddd형태로 출력
e,E	double형을 [-]d.ddde?d 형태로 소수점 앞자리는 1자리로 출력한다. 지수부는 최소 2자리 수로 출력한다. e는 소문자로 E는 대문자로 출력
g,G	double형을 지수부가 -4이하이거나 표준 정도 이상일 경우 e나 E형으로 출력. 그 외의 경우 f형으로 출력. 끝자리의 0은 제거한다.
c	char형을 단일 문자로 출력
s	배열에 대한 포인터형을 표준 정도에 따라 문자열로 출력
	s 배열에 대한 포인터형을 표준 정도에 따라 문자열로 출력
p	포인터 값을 출력
n	대응하는 인수는 int *형이며, %n이전에 출력된 문자의 수를 대응하는 인수 저장한다. 출력되는 문자는 없다.
%	%가 출력된다.

■ 반환값

정상실행시 출력한 문자수 반환, 오류발생시 -1반환.

..scanf 함수

■ 선언

int fscanf(FILE *stream, const char *format, ...);
int scanf(const char *format, ...);
int sscanf(const char *str, const char *format, ...);

▶ 내용

..scanf 함수들은 stream으로부터 형식화된(formatted) 입력을 읽어 형식화된 자료를 입력할 수 있도록 하는 함수들이다.

scanf() 함수는 stdin으로부터 형식화된 입력을 읽는다. sscanf() 함수는 문자열로부터 형식화된 입력을 읽는다.

이 함수들은 형식인수(format argument)를 가지고 있고, 형식인수에 지정된 각 입력 팔드를 왼쪽에서부터 차례로 대응되는 인수에 저장한다.
각 입력 필드는 입력값이 대응되는 변수에 저장되는 방식을 나타내는 것으로 변환 지정자를 갖는 형식 문자열(format string) 내에 명기되어 있다. 형식 문자열 내의 입력자들이 일치하지 않으면 함수는 실행을 멈추고 반환된다.
입력필드는 %문자로 시작하여 다음과 같은 부분들도 구성된다.

[*] : 대입 억제(optional)
[width] : 읽을 문자들의 최대 길이를 정의(optional)
[modifier] : 인수의 자료형이나 크기를 무시(optional).
[type] 적용할 변환 자료형(required).

▶ 대입억제(Assignment suppressor)

읽은 입력필드를 대응 변수에 저장하지 않고 버린다.

▶ 폭(Width)

필드의 최대 크기를 10진수로 지정한다. 입력이 폭 지정자보다 작으면 지정한 값보다 더 많이 읽어 변수에 저장한다.

▶ 변환자(Modifier)

변환자(Modifier)는 변환 지정자 형이 해석되는 방식을 바꾼다.

modifier	변환 지정자형	의 미
h	d,i,o,u,x	대응되는 인수값이 short int 나 unsigned short int 형으로 바뀜
h	n	대응되는 인수값이 short int형의 포인터로 바뀜
1	d,i,o,u,x	대응되는 인수값이 long int 나 unsigned long int 형으로 바뀜
1	e,f,g	대응되는 인수값이 double형으로 바뀜
1	n	대응되는 인수값이 long int형의 포인터로 바뀜
L	e,f,g	대응되는 인수값이 long double형으로 바뀜

- 변환 지정자 형(Conversion specifier type)
  변환 지정자 형은 인수의 자료형을 지정하고 변환 가능한 문자인가를 제어한다.

변환지정자형	의 미
d,i	signed int 형의 10진수로 입력
o	unsigned int형의 8진수(octal)로 입력
u	unsigned int형의 10진수로 입력
x,X	unsigned int형의 16진수로 입력
e,E,f,g,G	float 형으로 입력
[...]	문자 배열. 대괄호([])내에 지정한 문자(이것을 scanset이라 함)만을 입력 받음. 첫 문자가 carrot (^)으로 시작하면 scanset에 속하지 않는 문자만 입력받음. 데시(-)를 이용하여 scanset에 속하는 문자의 범위를 지정(예, a-z)할 수 있음. 문자 배열의 끝에 널 문자 삽입
c	문자 배열. 필드 폭에 지정된 수 만큼의 문자 입력. 필드 폭이 지정되지 않은 경우 1문자 입력. 문자 배열의 끝에 널 문자 삽입하지 않음.
s	문자 배열. non-whitespace 문자열을 입력. 배열 크기는 문자열과 끝에 널 문자를 저장하기에 충분하여야 함.
p	포인터 값을 입력
n	대응하는 인수는 int *형이며, %n이전에 읽은 문자의 수를 대응하는 인수 저장한다. 입력 stream에서 자료를 읽지는 않는다.
%	입력된 값이 %와 일치하여야 함

- 반환값
  정상실행시 변환되어 저장된 입력 필드의 수를 반환, 오류발생시 EOF반환

B.5.5 문자 I/O 함수

- 선언 int fgetc(FILE *stream);
- 내용 stream으로부터 한 문자를 읽고, stream의 위치 지시자를 하나 증가시킨다.
- 반환값 정상실행시 읽은 문자 반환, 파일의 끝이거나 오류발생시 EOF반환

- 선언 char *fgets(char *str, int n, FILE *stream);
- 내용 stream으로부터 한 라인을 읽어 문자열 str에 저장한다. (n-1)개의 문자를 읽거나 라인 문자를 읽거나 파일의 끝에 도달하면 읽기를 중단한다. 뉴라인 문자는 문자열에 복사한

다. 문자열의 끝에 널 문자를 추가한다.

- 반환값 정상실행시 문자열의 포인터를 반환, 오류발생시 널 포인터를 반환

- 선언 int fgetc(int char, FILE *stream);
- 내용 인수 char의 문자를 stream에 쓰고, 위치 지시자를 증가시킨다.
- 반환값 정상실행시 쓴 문자를 반환, 오류발생시 오류지시자를 세팅하고 EOF를 반환

- 선언 int fgetc(const char *str, FILE *stream);
- 내용 널 문자를 제외하고 문자열 str를 stream에 쓴다. Preprocessing Directive함수의 매크로 버전임.
- 반환값 정상실행시 읽은 문자 반환, 파일의 끝이거나 오류발생시 EOF반환

- 선언 int getchar(void);
- 내용 stdin으로부터 한 문자(an unsigned char)를 읽음.
- 반환값 정상실행시 읽은 문자 반환, 파일의 끝이거나 오류발생시 EOF반환

- 선언 char *gets(char *str);
- 내용 stdin으로부터 한 라인을 읽어 문자열 str에 저장한다. 뉴라인 문자를 읽거나 파일의 끝에 도달하면 읽기를 중단한다. 뉴라인 문자는 문자열에 복사하지 않는다. 문자열의 끝에 널 문자를 추가한다.
- 반환값 정상실행시 문자열의 포인터를 반환, 오류발생시 널 포인터를 반환

- 선언 int putc(int char, FILE *stream);
- 내용 인수 char의 문자를 stream에 쓰고, 위치 지시자를 증가시킨다. fputc() 함수의 매크로 버전임.
- 반환값 정상실행시 쓴 문자를 반환, 오류발생시 오류지시자를 세팅하고 EOF를 반환

- 선언 int putchar(int char);
- 내용 stdout에 인수 char의 문자를 쓴다
- 반환값 정상실행시 쓴 문자를 반환, 오류발생시 오류지시자를 세팅하고 EOF를 반환

- 선언 int puts(const char *str);
- 내용 널 문자를 제외하고 문자열 str를 stdout에 쓴다. 뉴라인 문자가 출력에 추가된다.
- 반환값 정상실행시 음이 아닌 값 반환, 오류발생시 EOF반환

- 선언 int ungetc(int char, FILE *stream);
- 내용 stream에서 읽은 문자를 되돌린다.
- 반환값 정상실행시 되돌린 문자 반환, 오류발생시 EOF반환

B.5.6 Error 함수

- 선언 void perror(const char *str);
- 내용 stderr에 오류 메시지를 출력한다. 먼저 문자열 str이 출력되고 다음으로 콜론, 공백, 변수 errno에 저장되어 있는 오류 메시지 순서로 출력된다.

B.6 stdlib.h

여러 일반 동작함수와 매크로를 정의한다.

- 매크로(Macro)

NULL　EXIT_FAILURE　EXIT_SUCCESS　RAND_MAX　MB_CUR_MAX

- 변수

typedef size_t
typedef wchar_t
struct div_t
struct ldiv_t

- 함수

abort(); abs(); atexit(); atof(); atoi(); bsearch(); calloc(); div(); exit(); free(); getenv(); labs(); ldiv(); malloc(); mblem(); mbstowcs(); qsort(); rand(); realloc(); srand(); strtod(); strtol(); strtoul(); system(); wcstombs(); wctomb();

B.6.1 변수와 매크로

size_t : unsigned int 형
wchar_t : 넓은 문자 상수 크기의 정수형
div_t : 함수 div()에 의하여 반환된 구조체
ldiv_t : 함수 ldiv()에 의하여 반환된 구조체
NULL : 널 포인터 상수의 값
EXIT_FAILURE 와 EXIT_SUCCESS : 종료상태를 반환할 함수 EXIT()를 위한 값
RAND_MAX : 함수 RAND()에 의하여 반환되는 최대값
MB_CUR_MAX : MB_LEN_MAX 보다 크지 않은 multibyte 문자 집합의 최대 바이트 수

B.6.2 문자열 함수

- 선언　double atof(const char *str);
- 내용　인수 str의 문자열을 double형으로 변환한다. 초기의 whitespace 문자들은 건너 뛴다

(space, tab, carriage return, new line, vertical tab, formfeed). 첫 번째 인식할 수 없는 문자에 도달하면 변환을 중단한다.

- 반환값 정상실행시 변환된 값을 반환, 변환이 일어나지 않으면 0을 반환, 값이 double형의 범위를 벗어나면 적절한 부호와 함께 HUGE_VAL값이 반환되고 변수 errno에 ERANGE값이 저장된다. 값이 DOUBLE형으로 반환되기에 너무 작으면 0이 반환되고 변수 ERRNO에 erange값이 저장된다.

- 선언 int atoi(const char *str);
- 내용 인수 str의 문자열을 int형으로 변환한다. 초기의 whitespace 문자들은 건너 뛴다(space, tab, carriage return, ne line, vertical tab, formfeed). 첫 번째 인식 할 수 없는 문자에 도달하면 변환을 중단한다.
- 반환값 정상실행시 변환된 값 반환, 변환이 일어나지 않으면 0을 반환.

- 선언 long int atol(const char *str);
- 내용 인수 str의 문자열을 long int형으로 변환한다. 초기의 whitespace 문자들은 건너 뛴다 (space, tab, carriage return, ne line, vertical tab, formfeed). 첫 번째 인식할수없는 문자에 도달하면 변환을 중단한다.
- 반환값 정상실행시 변환된 값 반환, 변환이 일어나지 않으면 0을 반환.

- 선언 double strtod(const char *str, char **endptr);
- 내용 인수 str의 문자열을 long int형으로 변환한다. 초기의 whitespace 문자들은 건너 뛴다 (space, tab, carriage return, ne line, vertical tab, formfeed). 첫 번째 인식할수없는 문자에 도달하면 변환을 중단한다. 인수 endptr는 읽기를 멈춘 문자의 주소를 저장하고 있는 포인터를 가리킨다.

- 반환값 정상실행시 변환된 값 반환, 변환이 일어나지 않으면 0을 반환, 값이 double형의 범위를 벗어나면(overflow) 적절한 부호와 함께 HUGE_VAL값이 반환되고 변수 errno에 ERANGE값이 저장된다. 값이 double형으로 반환되기에 너무 작으면(underflow) 0이 반환되고 변수 errno에 ERANGE값이 저장된다.

- 선언 long int strtol(const char *str, char **endptr, int base);
- 내용 인수 str의 문자열을 long int형으로 변환한다. 초기의 whitespace 문자들은 건너 뛴다 (space, tab, carriage return, ne line, vertical tab, formfeed). 첫 번째 인식할수없는 문자에 도달하면 변환을 중단한다.
  인수 base가 0일 때, 처음 두 문자가 1에서 9 사이의 값이면 10진수, 첫 문자는 0이고 두

번째 문자는 1에서 7 사이의 값이면 8진수, 처음 두 문자가 0X나 0x로 시작하면 16진수가 된다.

인수 base가 2에서 36 사이의 값이면, 이 값은 읽은 수의 기수로 사용된다.(base가 16이면 16진수로서 ox나 oX로 시작 할 것이다) 이 base를 넘어서는 값이 나오면(예를 들어, base가 16일때 g가 나옴) 변환을 멈춘다.

인수 endptr는 읽기를 멈춘 문자의 주소를 저장하고 있는 포인터를 가리킨다.

- 반환값 정상실행시 변환된 값 반환, 변환이 일어나지 않으면 0을 반환, 값이 long int형의 범위를 벗어난 경우(overflow나 underflow) LONG_MAX나 LONG_MIN 값이 반환되고 변수 errno에 ERANGE를 저장한다.

- 선언 unsigned long int strtoul(const char *str, char **endptr, int base);
- 내용 인수 str의 문자열을 long int형으로 변환한다. 초기의 whitespace 문자들은 건너 뛴다(space, tab, carriage return, ne line, vertical tab, formfeed). 첫 번째 인식할 수 없는 문자에 도달하면 변환을 중단한다.

  인수 base가 0일 때, 처음 두 문자가 1에서 9사이의 값이면 10진수, 첫 문자는 0이고 두 번째 문자는 1에서 7사이의 값이면 8진수, 처음 두 문자가 0X나 0x로 시작하면 16진수가 된다.

  인수 base가 2에서 36사이의 값이면, 이 값은 읽은 수의 기수로 사용된다.(base가 16이면 16진수로서 0x나 0X로 시작할 것이다) 이 base를 넘어서는 값이 나오면(예를 들어, base가 16일 때 g가 나옴)qusghksdmf 멈춘다.

  인수 endptr는 읽기를 멈춘 문자의 주소를 저장하고 있는 포인터를 가리킨다.
- 반환값 정상실행시 변환된 값 반환, 변환이 일어나지 않으면 0을 반환, 값이

  NULL : 널 포인터 상수의 값

  EXIT_FAILURE 와 EXIT_SUCCESS : 종료상태를 반환할 함수 exit()를 위한 값

  RAND_MAX : 함수 rand()에 의하여 반환되 최대값

  MB_CUR_MAX : MB_LEN_MAX 보다 크지 않은 multibyte 문자 집합의 최대 바이트 수

B.6.2 문자열 함수

- 선언 double atof(const char *str);
- 내용 인수 str의 문자열을 long int형으로 변환한다. 초기의 whitespace 문자들은 건너 뛴다(space, tab, carriage return, ne line, vertical tab, formfeed). 첫 번째 인식할 수 없는 문자에 도달하면 변환을 중단한다.

- 반환값 정상실행시 변환된 값 반환, 변환이 일어나지 않으면 0을 반환, 값이 double형의 범위를 벗어나면 적절한 부호와 함께 HUGE_VAL값이 반환되고 변수 errno에 ERANGE 값이 저장된다. 값이 double형으로 반환되기에 너무 작으면 0이 반환되고 변수 errno에 ERANGE값이 저장된다.

- 선언 int atoi(const char *str);
- 내용 인수 str의 문자열을 long int형으로 변환한다. 초기의 whitespace 문자들은 건너 뛴다(space, tab, carriage return, ne line, vertical tab, formfeed). 첫 번째 인식할수없는 문자에 도달하면 변환을 중단한다.
- 반환값 정상실행시 변환된 값 반환, 변환이 일어나지 않으면 0을 반환.

- 선언 long int atol(const char *str);
- 내용 인수 str의 문자열을 long int형으로 변환한다. 초기의 whitespace 문자들은 건너 뛴다(space, tab, carriage return, ne line, vertical tab, formfeed). 첫 번째 인식할수없는 문자에 도달하면 변환을 중단한다.
- 반환값 정상실행시 변환된 값 반환, 변환이 일어나지 않으면 0을 반환.

- 선언 long int strtol(const char *str, char **endptr, int base);
- 내용 인수 str의 문자열을 long int형으로 변환한다. 초기의 whitespace 문자들은 건너 뛴다(space, tab, carriage return, ne line, vertical tab, formfeed). 첫 번째 인식할수없는 문자에 도달하면 변환을 중단한다. 인수 endptr는 읽기를 멈춘 문자의 주소를 저장하고 있는 포인터를 가리킨다.

- 반환값 정상실행시 변환된 값 반환, 변환이 일어나지 않으면 0을 반환, 값이 double형의 범위를 벗어나면(overflow) 적절한 부호와 함께 HUGE_VAL값이 반환되고 변수 errno에 ERANGE값이 저장된다. 값이 double형으로 반환되기에 너무 작으면(underflow)0이 반환되고 변수 errno에 ERANGE값이 저장된다.

- 선언 long int strtol(const char *str, char **endptr, int base);
- 내용 인수 str의 문자열을 long int형으로 변환한다. 초기의 whitespace 문자들은 건너 뛴다(space, tab, carriage return, ne line, vertical tab, formfeed). 첫 번째 인식할수없는 문자에 도달하면 변환을 중단한다.
  인수 base가 0일 때, 처음 두 문자가 1에서 9 사이의 값이면 10진수, 첫 문자는 0이고 두 번째 문자는 1에서 7 사이의 값이면 8진수, 처음 두 문자가 0X나 0x로 시작하면 16진수가 된다.

인수 base가 2에서 36 사이의 값이면, 이 값은 읽은 수의 기수로 사용된다.(base가 16이면 16진수로서 ox나 oX로 시작 할 것이다) 이 base를 넘어서는 값이 나오면(예를 들어, base가 16일때 g가 나옴) 변환을 멈춘다.

인수 endptr는 읽기를 멈춘 문자의 주소를 저장하고 있는 포인터를 가리킨다.

- 반환값 정상실행시 변환된 값 반환, 변환이 일어나지 않으면 0을 반환, 값이 long int형의 범위를 벗어난 경우(overflow나 underflow) LONG_MAX나 LONG_MIN 값이 반환되고 변수 errno에 ERANGE를 저장한다.

- 선언 unsigned long int strtoul(const char *str, char **endptr, int base);
- 내용 인수 str의 문자열을 long int형으로 변환한다. 초기의 whitespace 문자들은 건너 뛴다(space, tab, carriage return, ne line, vertical tab, formfeed). 첫 번째 인식할수없는 문자에 도달하면 변환을 중단한다.

  인수 base가 0일 때, 처음 두 문자가 1에서 9사이의 값이면 10진수, 첫 문자는 0이고 두 번째 문자는 1에서 7사이의 값이면 8진수, 처음 두 문자가 0X나 0x로 시작하면 16진수가 된다.

  인수 base가 2에서 36사이의 값이면, 이 값은 읽은 수의 기수로 사용된다.(base가 16이면 16진수로서 0x나 0X로 시작할 것이다) 이 base를 넘어서는 값이 나오면(예를 들어, base가 16일 때 g가 나옴)qusghksdmf 멈춘다.

  인수 endptr는 읽기를 멈춘 문자의 주소를 저장하고 있는 포인터를 가리킨다.
- 반환값 정상실행시 변환된 값 반환, 변환이 일어나지 않으면 0을 반환, 값이 unsigned long int 형의 범위를 벗어난 경우(overflow나 underflow) ULONG_MAX 값이 반환되고 변수 errno에 ERANGE를 저장한다.

B.6.3 메모리 함수

- 선언 void *calloc(size_t nitems, size_t size);
- 내용 요구하는 메모리를 할당하고 그 포인터를 반환한다. 즉, size 바이트의 영역을 nitems개(총 nitem * size 바이트)gkfekdgksek. 확보한 공간은 0으로 초기화한다.
- 반환값 정상실행시 확보한 공간의 시작 주소를 반환, 오류발생시 널 포인터 반환.

- 선언 void free(void *ptr);
- 내용 함수 calloc(), malloc(), realloc()등을 이용하여 할당받은 메모리를 되돌려준다. 인수ptr은 되돌려 줄 메모리를 가리키다.

- 선언 void *realloc(void *ptr, size_t size);
- 내용 함수 malloc()이나 calloc()을 이용하여 할당받은 메모리의 크기를 인수 size크기로 변경한다. 인수 ptr이 널 포인터이면 함수 malloc()과 같은 동작을 한다. 포인터 ptr이 가리키는 곳의 자료는 보존된다.
- 반환값 정상실행시 메모리 블록의 포인터 반환(기존의 위치와 다를 수 있다), 실패할 경우나 크기가 0인 경우 널 포인터 반환.

B.6.4 환경(Environment) 함수

- 선언 void abort(void);
- 내용 SIGABRT 신호를 발생시키고 비정상적으로 프로그램을 종료한다.

- 선언 int atexit(void (*func)(void));
- 내용 프로그램 종료시 호출되어질 함수들을 등록한다(적어도 32개까지 가능). 이 함수들은 last-in, first-out 방식으로 호출된다.
- 반환값 정상실행시 0값 반환, 실패시 0이 아닌 값 반환.

- 선언 void exit(int status);
- 내용 프로그램을 종료한다. 열려 있는 모든 스트림은 비운 후 닫는다. 모든 임시 파일은 제거한다. 인수 status가 EXIT_SUCCESS인 경우는 정상 종료를 의미하고, EXIT_FAILURE는 비정상 종료를 의미한다.

- 선언 char *getenv(const char *name);
- 내용 인수 string이 가리키는 명령(command)을 명령 프로세서에 의해 실행한다. 널 포인터(string 값)는 명령 프로세서가 존재하는 지를 조사하는데 사용한다.
- 반환값 string이 널 포인터이고 명령 프로세서가 존재하는 경우 0를 반환

B.6.5 검색, 정렬 함수

- 선언 void *bsearch(const void *key, const void *base, size_t nitems, size_t size, int(*compar)(const void *, const void *));
- 내용 인수 base가 가리키는 배열에서 인수 key값을 찾는 이진 검색(binary search)을 수행한다. 배열 내의 원소는 nitems개이고 원소의 길이는 size바이트를 갖는다. 비교하는 방식은 compar() 함수에 지정한다. compar() 함수의 첫 번째 인수는 key의 포인터, 두 번째

인수는 배열 내의 현재 비교되는 원소를 나타내며 다음과 같이 동작하도록 사용자가 작성하여야 한다.

key 〉 비교값 --〉 양수 반환
key == 비교값 --〉 0 반환
key 〈 비교값 --〉 음수 반환

인수 base가 가리키는 배열은 오름차순으로 정렬되어 있어야 한다.

- 반환값 일치하는 값이 발견되면 그 포인터를 반환, 실패하면 널 포인터 반환, 일치하는 값이 여러 개이면 어떤 값이 반환될지 예상할 수 없음.

- 선언 void qsort(void *base, size_t nitems, size_t size, int (*compar)(const void *, const void*));
- 내용 인수 base가 가리키는 배열에 대하여 정렬을 수행한다. 배열내의 원소는 nitems개이고 원소의 길이는 size바이트를 갖는다.
  원소들은 compar() 함수에 따라 오름차순으로 정렬한다. compar() 함수는 두 개의 인수를 가지며 다음과 같이 동작하도록 사용자가 작성하여야 한다.

  첫 번째 인수 〉 두 번째 인수 --〉 양수 반환
  첫 번째 인수 == 두 번째 인수 --〉 0 반환
  첫 번째 인수 〈 두 번째 인수 --〉 음수 반환

사용예

```
#include <stdlib.h>
#include <stdio.h>
#include <string.h>

int main(void)
{

char string_array[10][50]={ "John",
                  "Jane",
                  "Mary",
                  "Rogery",
                  "Dave",
                  "Paul",
                  "Beavis",
```

```
                "Astro",
                "George",
                "Elroy"};
/* Sort the list */
qsort(string_array,10,50,strcmp);
/* Search for the item "Elroy" and print it */
printf("%s",bsearch("Elroy",string_array,10,50,strcmp));


return 0;
}
```

B.6.6 수학 함수

- 선언 int abs(int x);
- 내용 인수 x의 절대값 반환

- 선언 div_t div(int numer, int denom);
- 내용 numer (numerator)을 denom (denominator)로 나눈다. 결과값이 구조체 div_t에 저장되며, 이 구조체는 다음과 같은 두 개의 멤버를 가지고 있다.
  int qout; int rem;

  qout는 몫을 저장하고, rem은 나머지를 저장하는 멤버 변수이다.

- 선언 long int labs(long int x);
- 내용 인수 x의 절대값을 반환

- 선언 ldiv_t ldiv(long int numer, long int denom);
- 내용 numer (numerator)을 denom (denominator)로 나눈다. 결과값이 구조체 div_t에 저장되며, 이 구조체는 다음과 같은 두 개의 멤버를 가지고 있다.
  int qout; int rem;

  qout는 몫을 저장하고, rem은 나머지를 저장하는 멤버 변수이다.

- 선언 int rand(void);
- 내용 0에서 RAND_MAX 사이의 정수 값 중 의사 난수(pseudo-random number)를 반환한다.

- 선언 void srand(unsigned int seed);
- 내용 함수 rand()이 의사 난수(pseudo-random number) 발생에 사용할 시작 값으로 인수 seed값을 배정한다. srand() 함수로 같은 seed값을 배정하면 같은 수의 난수가 발생한다. srand() 함수를 호출하지 않으면 srand(1)를 호출한 것과 같은 효과를 갖는다.

문자열을 다루는 함수들을 정의한다.

- 매크로(Macros)

NULL

- 변수

typedef size_t

- 함수

memchr(); memcmp(); memcpy(); memmove(); memset(); strcat(); strncat(); strchr(); strcmp(); strncmp(); strcoll(); strcpy(); strncpy(); strcspn(); strerror(); strlen(); strpbrk(); strrchr(); strspn(); strstr(); strxfrm();

B.7 string.h

B.7.1 변수와 매크로

size_t : unsigned int형
NULL : 널 포인터 상수 값

B.7.2 함수

- 선언 void *memchr(const void *str, int c, size_t n);
- 내용 인수 str이 가리키는 문자열의 처음 n 바이트 중에서 처음으로 나타나는 문자 c를 찾는다.
- 반환값 찾았을 경우 찾은 문자의 포인터 반환, 없을 경우 널 포인터 반환

- 선언 int memcmp(const void *str1, const void *str2, size_t n);
- 내용 문자열 str1 과 str2의 앞에서 n바이트를 비교한다. 널 문자가 나와도 비교를 중단하지 않는다.
- 반환값 비교 결과에 따라 아래와 같은 값을 반환한다.
  str1 > str2 --> 양수
  str1 == str2 --> 0
  str1 < str2 --> 음수

- 선언 void *memcpy(void *str1, const void *str2, size_t n);
- 내용 문자열 str2에서 n개의 문자를 문자열 str1에 복사한다.
- 반환값 문자열 str1를 반환

- 선언 void *memmove(void *str1, const void *str2, size_t n);
- 내용 문자열 str2에서 n개의 문자를 문자열 str1에 복사한다. str1과 str2의 자료가 중복 되어도 복사한다.
- 반환값 문자열 str1를 반환

- 선언 void *memset(void *str, int c, size_t n);
- 내용 문자 c를 n개 문자열 str의 시작 부분에 복사한다.
- 반환값 문자열 str를 반환

- 선언 char *strcat(char *str1, const char *str2);
- 내용 문자열 str2를 문자열 str1의 끝부분에 추가한다.
- 반환값 문자열 str1를 반환

- 선언 char *strncat(char *str1, const char *str2);
- 내용 문자열 str2중 처음 n문자를 문자열 str1의 끝부분에 추가한다.
- 반환값 문자열 str1를 반환

- 선언 char *strchr(char char *str, int c);
- 내용 문자열 str에서 처음 나오는 문자c를 찾는다.
- 반환값 찾았을 경우 찾은 문자의 포인터 반환, 없을 경우 널 포인터 반환

- 선언 int strcmp(const char *str1, const char *str2);
- 내용 문자열 str1과 str2를 비교한다.
- 반환값 비교 결과에 따라 아래와 같은 값을 반환한다.

  str1 〉 str2 --〉 양수
  str1 == str2 --〉 0
  str1 〈 str2 --〉 음수

- 선언 int strncmp(const char *str1, const char *str2, size_t n);
- 내용 문자열 str1과 str2의 앞에서 n바이트를 비교한다. 널 문자가 나오면 비교를 중단한다.
- 반환값 비교 결과에 따라 아래와 같은 값을 반환한다.

  str1 〉 str2 --〉 양수
  str1 == str2 --〉 0
  str1 〈 str2 --〉 음수

- 선언 int strcoll(const char *str1, const char *str2);
- 내용 문자열 str1과 str2를 비교한다. 결과는 LC_COLLATE값에 의존한다.
- 반환값 비교 결과에 따라 아래와 같은 값을 반환한다.

  str1 〉 str2 --〉 양수
  str1 == str2 --〉 0
  str1 〈 str2 --〉 음수

- 선언 char *strcpy(char *str1, const char *str2);

- 내용 문자열 str2을 문자열 str1에 복사한다.
- 반환값 문자열 str1를 반환

- 선언 char *strncpy(char *str1, const char *str2, size_t n);
- 내용 문자열 str2에서 n개의 문자를 문자열 str1에 복사한다.
- 반환값 문자열 str1를 반환

- 선언 size_t strcspn(const char *str1, const char *str2);
- 내용 문자열 str1에서 문자열 str2에 있는 문자가 들어있지 않는 최초의 문자열을 찾는다.
- 반환값 찾은 문자열의 길이를 반환

- 선언 char *strerror(int errnum);
- 내용 오류 번호 errnum에 대한 오류 메시지 문자열을 찾아 반환한다.
- 반환값 오류 메시지 문자열을 반환

- 선언 size_t strlen(const char *str);
- 내용 문자열 str의 길이를 계산한다. 널 문자는 포함하지 않는다.
- 반환값 문자열의 길이

- 선언 char *strpbrk(const char *str1, const char *str2);
- 내용 문자열 str의 길이를 계산한다. 널 문자는 포함하지 않는다.
- 반환값 문자열의 길이

- 선언 char *strpbrk(const char *str1, const char *str2);
- 내용 문자열 str2에 포함되어 문자 중 문자열 str1의 맨 처음 나오는 문자를 찾는다.
- 반환값 찾은 문자의 위치를 반환, str1에 str2에 포함되어 있는 문자가 없을 경우 널 포인터 반환.

사용예

```
#include <string.h>
#include <stdio.h>



int main(void)
{

char string[]="Hi there, Chip!";
char *string_ptr;


while((string_ptr=strpb가(string, " "))!=NULL)
*string_ptr='-';


printf("New string is \"%s\".\n",string);
return 0;
}
```

- 선언 char *strrchr(const char *str, int c);
- 내용 문자열 str1에서 마지막으로 나오는 문자 c를 찾는다. 널 문자도 문자열의 일부로 간주한다.
- 반환값 str1dp 포함되어 있는 문자c 중 마지막에 있는 c의 위치를 반환, 없는 경우 널 포인터 반환.

- 선언 size_t strspn(const char *str1, const char *str2);
- 내용 문자열 str1에서 문자열 str2에 포함되어 있는 문자로 이루어진 최초의 문자열을 찾는다.
- 반환값 찾은 문자열의 길이를 반환

사용예

```
#include <string.h>

#include <stdio.h>

int main(void)

{

char string[]="7803 Elm St.";

printf("The number length is %d.\n",strspn(string,"1234567890"));
return 0;
}
출력 : The number length is 4.
```

- 선언 char *strstr(const char *str1, const char *str2);
- 내용 문자열 str1의 내부에 포함되어 있는 문자열 str2를 찾는다(최초로 발견되는 것).
- 반환값 찾은 문자열의 포인터를 반환, 검색 실패시 널 포인터 반환. 문자열 str2의 길이가 0이라면, 인수 str1이 반환됨.

- 선언 char *strtok(char *str1, const char *str2);
- 내용 문자열 str2 내에 포함된 문자들을 분리 문자로 이용하여 문자열 str1를 토큰(token)들로 분리한다. str1과 str2가 널(null)이 아니면, 다음과 같은 검색 과정이 진행된다.
  먼저, str1에서 str2에는 없는 문자를 찾는다. str1이 str2에 포함된 문자들로만 이루어져 있다면 토큰은 존재하지 않는다. 문자를 찾았으면 이것을 첫 번째 토큰의 시작으로 지정한다. 이후, str2에 포함된 다음 문자를 str1에서 검색해 나간다. str1의 문자 대신 널 문자를 쓰고 현재의 토큰을 끝낸다. 함수는 내부적으로 이 위치를 저장하고 반환된다.
  문자열 str1에 널을 지정하여 다시 이 함수를 호출하면 이전에 저장되어 있는 위치에서부터 다시 토큰 찾기 작업을 한다. 이 함수를 다시 호출 할 때 str2의 값을 바꿀수 있다.
- 반환값 최초로 찾은 토큰의 포인터 반환, 토큰이 없다면 널 포인터 반환.

사용예

```
#include <string.h>
#include <stdio.h>
#include <stdlib.h>
int main(void)
{
char search_string[]="Woody Norm Cliff";
char *array[50];
int loop;


array[0]=strtok(search_string," ");
if(array[0]==NULL)
{
printf("No test to search.\n");
exit(0);
}


for(loop=1;loop<50;loop++)
{
array[loop]=strtok(NULL," ");
if(array[loop]==NULL)
break;
}


for(loop=0;loop<50;loop++)
{
if(array[loop]==NULL)
break;
printf("Item #%d is %s.\n",loop.array[loop]);
}


return 0;
}
```

B.8 time.h

현재의 시간과 날짜를 읽거나 변경하기 위한 유용한 함수들을 제공한다.

- 매크로(Macros)

NULL　CLOCKS_PER_SEC

- 변수

typedef size_t
typedef clock_t
typedef size_t
struct tm

- 함수

asctime(); clock(); ctime(); difftime(); gmtime(); localtime(); mktime(); strftime(); time();

B.8.1 변수와 매크로

NULL : 널 포인터 상수값
CLOCKS_PER_SEC : 초당 프로세서 시계(Processro clock)의 수
size_t : unsigned integer형
clock_t : 프로세서 시간을 저장하기에 적합한 자료형
time_t : 달력 시간을 저장하기에 적합한 자료형
struct tm : 시간과 날짜를 저장하는 구조체로 다음과 같은 멤버로 구성되어 있다.

```
int tm_sec;   /* seconds after the minute (0 to 61) */
int tm_min;   /* minutes after the hour (0 to 59) */
int tm_hour;  /* hours since midnight (0 to 23) */
int tm_mday;  /* day of the month (1 to 31) */
int tm_mon;   /* months since January (0 to 11) */
int tm_year;  /* years since 1900 */
int tm_wday;  /* days since Sunday (0 to 6 Sunday=0) */
int tm_yday;  /* days since January 1 (0 to 365) */
int tm_isdst; /* Daylignt Savings Time */
```

B.8.2 함수

- 선언 char *asctime(const struct tm *timeptr);
- 내용 구조체 timeptr의 날짜와 시간을 나타내는 문자열의 포인터를 반환한다. 이 문자열은 다음과 같은 형식을 갖는다.

  [형식] DDD MMM dd hh:mm:ss YYYY
  DDD : 요일 (Sun, Mon, Tue, Wed, Thu, Fri, Sat)
  MMM : 달 (Jan, Feb, Mar, Apr, May, Jun, Jul, Aug, Sep, Oct, Nov, Dec)
  dd : 일자(1,...,31)
  hh : 시간(0,...,23)
  mm : 분(0,...,59)
  ss : 초(–,...59)
  YYYY : 연도

문자열은 뉴라인 문자와 널 문자로 끝난다. 문자열의 길이는 뉴라인문자와 널 문자를 포함하여 26문자이다.

- 반환값 문자열의 포인터 반환

사용예

```
include <time.h>
#include <stdio.h>


int main(void)
{
            time_t timer;


            timer=time(NULL);
            printf("The current time is %s.\n",asctime(localtime(&timer)));
             return 0;

}
```

- 선언 clock_t clock(void);
- 내용 프로그램 실행 시작을 기점으로 하는 프로세서 시계의 시간을 반환한다. 반환값을

CLOCKS_PER_SEC로 나누면 초로 환산된다.

- 반환값 시간 반환, 오류시 -1반환.

사용예

```
include <time.h>
#include <stdio.h>


int main(void)
{
            clock_t ticks1, ticks2;


            ticks1=clock();
            ticks2=clock1();
            while((ticks2/CLOCKS_PER_SEC-ticks1/CLOCKS_PER_SEC)<1)
               ticks2=clock();
      printf("Took %ld ticks to wait one second.\n",ticks2-ticks1);
      printf("This value should be the same as CLOCKS_PER_SEC
         which is %ld.\n",CLOCKS_PER_SEC);
      returen 0;
}
```

- 선언 char *ctime(const time_t *timer);
- 내용 인수 timer를 기초로 현지시간을 나타내는 문자열을 반환한다.
  asctime(localtime(timer)); 과 같다. 반환값의 형식은 다음과 같다.
  [형식] DDD MMM dd hh:mm:ss YYYY
  DDD : 요일 (Sun, Mon, Tue, Wed, Thu, Fri, Sat)
  MMM : 달 (Jan, Feb, Mar, Apr, May, Jun, Jul, Aug, Sep, Oct, Nov, Dec)
  dd : 일자(1,...,31)
  hh : 시간(0,...,23)
  mm : 분(0,...,59)
  ss : 초(-,...59)
  YYYY : 연도

문자열은 뉴라인 문자와 널 문자로 끝난다. 문자열의 길이는 뉴라인문자와 널 문자를 포함하여 26문자이다.

- 반환값 문자열의 포인터 반환

- 선언 double difftime(time_t time1, time_t time2);
- 내용 time1과 time2의 시간 차를 초로 계산한다.
- 반환값 초

- 선언 struct tm *gmtime(const time_t *timer);
- 내용 인수 timer값을 구조체 tm형의 그리티치 표준시(Greenwich Mean Time, GMT)로 알려진 세계표준시(Coordinated Universal Time, UTC)로 변환한다.
- 반환값 구조체 tm의 포인터 반환, YTC가 유효하지 않을 경우 널 포인터 반환

- 선언 struct tm *localtime(const time_t *timer);
- 내용 인수 timer값을 구조체 tm형의 현지시간으로 변환한다.
- 반환값 구조체 tm의 포인터 반환

사용예

```
#include <time.h>
#include <stdio.h>


int main(void)
{
   time_t timer;


timer=time(NULL);
printf("The current time is %s.\n",asctime(localtime(&time)));
return 0;
}
```

- 선언 time_t mktime(struct tm *timeptr);
- 내용 구조체형의 시간인 인수 timeptr를 현지시간에 따라 time_t형의 값으로 변환한다.

■ 반환값 변환된 time_t형의 값이 반환, 달력 시간을 표현할수 없을때 -1 반환

사용예

```
#include <time.h>
#include <stdio.h>


/* find out what day of the week is January 1, 2001
   (first day of the 21st century) */


int main(void)
{
        struct tm time_struct;
        char days[7][4]={"Sun", "Mon", "Tue", "Wed", "Thu", "Fri", "Sat"};


        time_struct.tm_year=2001-1900;
        time_struct.tm_mon=0;
        time_struct.tm_mday=1;
        time_struct.tm_sec=0;
        time_struct.tm_min=0;
        time_struct.tm_hour=0;
        time_struct.tm_isdst=-1;


        if(mktime(&time_struct)==-1)
           {
           printf("Error getting time.\n");
           exit(0);
           }


        printf("January 1, 2001 is a %s.\n",days[time_struct.tm_sday]);
        return 0;
}
```

■ 선언 size_t strftime(char *str, size_t maxsize, const char *format, const struct tm *timeptr);

■ 내용 구조체 timeptr값을 형식 규칙에 맞추어 형식화하고 str에 저장한다. str에는 최대 maxsize크기의 문자를 저장한다. 변환문자들을 제외한 형식문자열에 있는 모든 문자들은 문자열str에 복사된다. 변환 문자는 %부호로 시작하여 대체될 값을 표시하는 문자로 이루어진다. 변환문자와 대체될 값을 정리하면 다음과 같다.

%a : 줄인 요일 이름
%A : 요일 이름
%b : 줄인 월 이름
%B : 월 이름
%c : 적절한 날짜와 시간 표현
%d : 일자(01-31)
%H : 시 (00-23)
%I : 시 (01-12)
%j : 1년중 날짜 (001-366)
%m : 월 (01-12)
%M : 분 (00-59)
%p : AM/PM 지정
%S : 초 (00-61)
%U : 일요일을 첫째날로 하는 1년 중 주일 수(00-53)
%w : 요일 수, 일요일이 0(0-6)
%W : 월요일을 첫째날로 하는 1년 중 주일 수(00-53)
%x : 적절한 날짜 표현
%X : 적절한 시간 표현
%y : 세기를 표시하지 않은 연도(00-99)
%Y : 세기를 표시하는 연도
%Z : time zone
%% : %

■ 반환값 str에 저장된 문자수를 반환, 오류시 0 반환

■ 선언 time_t time(struct_t *timer);
■ 내용 현재의 시간을 계산하여 인수 timer에 저장한다.
■ 반환값 인수 timer와 같은 값 반환, 오류시 -1반환

부록 C

ASCII 코드표

10진법	16진법	8진법	2진법	문자	내 용
0	0x00	000	000 0000	^@	NUL(null 문자)
1	0x01	001	000 0001	^A	SOH(헤더 개시)
2	0x02	002	000 0010	^B	STX(텍스트 개시)
3	0x03	003	000 0011	^C	ETX(텍스트 종료)
4	0x04	004	000 0100	^D	EOT(전송 종료)
5	0x05	005	000 0101	^E	ENQ(조회)
6	0x06	006	000 0110	^F	ACK(수식 OK)
7	0x07	007	000 0111	^G	BEL(경고) \a
8	0x08	010	000 1000	^H	BS(후퇴) \b
9	0x09	011	000 1001	^I	HT(수평 탭) \t
10	0x0A	012	000 1010	^J	LF(개행) \n
11	0x0B	013	000 1011	^K	VT(수직 탭) \v
12	0x0C	014	000 1100	^L	FF(새 페이지) \f
13	0x0D	015	000 1101	^M	CR(복귀) \r
14	0x0E	016	000 1110	^N	SO(쉬프트 아웃(Shift Out))
15	0x0F	017	000 1111	^O	SI(쉬프트 인(Shift In))
16	0x10	020	001 0000	^P	DLE(자료 링크 이스케이프)
17	0x11	021	001 0001	^Q	DC1(장치 제어 1)
18	0x12	022	001 0010	^R	DC2(장치 제어 2)
19	0x13	023	001 0011	^S	DC3(장치 제어 3)
20	0x14	024	001 0100	^T	DC4(장치 제어 4)
21	0x15	025	001 0101	^U	CAK(수신 실패)
22	0x16	026	001 0110	^V	SYN(동기)
23	0x17	027	001 0111	^W	ETB(전송 블록 종료)
24	0x18	030	001 1000	^X	CAN(취소)
25	0x19	031	001 1001	^Y	EM(매체 종료)
26	0x1A	032	001 1010	^Z	SUB(치환)
27	0x1B	033	001 1011	^[	ESC(이스케이프)
28	0x1C	034	001 1100	^\	FS(파일 분리)
29	0x1D	035	001 1101	^]	GS(그룹 분리)
30	0x1E	036	001 1110	^^	RS(레코드 분리)
31	0x1F	037	001 1111	^_	US(유닛 분리)

10진법	16진법	8진법	2진법	문자	내 용
32	0x20	040	010 0000		SP(공백)
33	0x21	041	010 0001	!	감탄 부호
34	0x22	042	010 0010	"	이중 인용부호
35	0x23	043	010 0011	#	샵(sharp)
36	0x24	044	010 0100	$	달러 표시
37	0x25	045	010 0101	%	퍼센트 표시
38	0x26	046	010 0110	&	엠퍼센드(ampersand)
39	0x27	047	010 0111	'	단일인용부호
40	0x28	050	010 1000	(	좌측괄호
41	0x29	051	010 1001	)	우측괄호
42	0x2A	052	010 1010	*	애스터리스크(asterisk)
43	0x2B	053	010 1011	+	덧셈 기호
44	0x2C	054	010 1100	,	코머(comma)
45	0x2D	055	010 1101	-	뺄셈 부호
46	0x2E	056	010 1110	.	점
47	0x2F	057	010 1111	/	슬래쉬(slash)
48	0x30	060	011 0000	0	숫자 0
49	0x31	061	011 0001	1	숫자 1
50	0x32	062	011 0010	2	숫자 2
51	0x33	063	011 0011	3	숫자 3
52	0x34	064	011 0100	4	숫자 4
53	0x35	065	011 0101	5	숫자 5
54	0x36	066	011 0110	6	숫자 6
55	0x37	067	011 0111	7	숫자 7
56	0x38	070	011 1000	8	숫자 8
57	0x39	071	011 1001	9	숫자 9
58	0x3A	072	011 1010	:	콜론(colon)
59	0x3B	073	011 1011	;	세미콜론(semicolon)
60	0x3C	074	011 1100	<	'작음' 부호
61	0x3D	075	011 1101	=	등호
62	0x3E	076	011 1110	>	'큼' 부호
63	0x3F	077	011 1111	?	의문 부호

10진법	16진법	8진법	2진법	문자	내 용
64	0x40	100	100 0000	@	엣 표시(atsign)
65	0x41	101	100 0001	A	대문자 A
66	0x42	102	100 0010	B	대문자 B
67	0x43	103	100 0011	C	대문자 C
68	0x44	104	100 0100	D	대문자 D
69	0x45	105	100 0101	E	대문자 E
70	0x46	106	100 0110	F	대문자 F
71	0x47	107	100 0111	G	대문자 G
72	0x48	110	100 1000	H	대문자 H
73	0x49	111	100 1001	I	대문자 I
74	0x4A	112	100 1010	J	대문자 J
75	0x4B	113	100 1011	K	대문자 K
76	0x4C	114	100 1100	L	대문자 L
77	0x4D	115	100 1101	M	대문자 M
78	0x4E	116	100 1110	N	대문자 N
79	0x4F	117	100 1111	O	대문자 O
80	0x50	120	101 0000	P	대문자 P
81	0x51	121	101 0001	Q	대문자 Q
82	0x52	122	101 0010	R	대문자 R
83	0x53	123	101 0011	S	대문자 S
84	0x54	124	101 0100	T	대문자 T
85	0x55	125	101 0101	U	대문자 U
86	0x56	126	101 0110	V	대문자 V
87	0x57	127	101 0111	W	대문자 W
88	0x58	130	101 1000	X	대문자 X
89	0x59	131	101 1001	Y	대문자 Y
90	0x5A	132	101 1010	Z	대문자 Z
91	0x5B	133	101 1011	[	좌측 대괄호
92	0x5C	134	101 1100	＼	백슬래쉬(backslash)
93	0x5D	135	101 1101	]	우측 대괄호
94	0x5E	136	101 1110	^	캐럿(carat)
95	0x5F	137	101 1111	_	언더스코어(underscore)

10진법	16진법	8진법	2진법	문자	내 용
96	0x60	140	110 0000	'	좌측 단일 인용 부호(back quote)
97	0x61	141	110 0001	a	소문자 a
98	0x62	142	110 0010	b	소문자 b
99	0x63	143	110 0011	c	소문자 c
100	0x64	144	110 0100	d	소문자 d
101	0x65	145	110 0101	e	소문자 e
102	0x66	146	110 0110	f	소문자 f
103	0x67	147	110 0111	g	소문자 g
104	0x68	150	110 1000	h	소문자 h
105	0x69	151	110 1001	i	소문자 i
106	0x6A	152	110 1010	j	소문자 j
107	0x6B	153	110 1011	k	소문자 k
108	0x6C	154	110 1100	l	소문자 l
109	0x6D	155	110 1101	m	소문자 m
110	0x6E	156	110 1110	n	소문자 n
111	0x6F	157	110 1111	o	소문자 o
112	0x70	160	111 0000	p	소문자 p
113	0x71	161	111 0001	q	소문자 q
114	0x72	162	111 0010	r	소문자 r
115	0x73	163	111 0011	s	소문자 s
116	0x74	164	111 0100	t	소문자 t
117	0x75	165	111 0101	u	소문자 u
118	0x76	166	111 0110	v	소문자 v
119	0x77	167	111 0111	w	소문자 w
120	0x78	170	111 1000	x	소문자 x
121	0x79	171	111 1001	y	소문자 y
122	0x7A	172	111 1010	z	소문자 z
123	0x7B	173	111 1011	{	좌측 중괄호(left brace)
124	0x7C	174	111 1100	|	수직바(vertical bar)
125	0x7D	175	111 1101	}	우측 중괄호(rignt brace)
126	0x7E	176	111 1110	~	틸더(tilde)
127	0x7F	177	111 1111	^?	DEL(삭제)

(ㄱ)

(ㄴ)

(ㄷ)

(ㄹ)

(ㅁ)

(ㅂ)

(ㅅ)

(ㅇ)

(ㅈ)

(ㅊ)

(ㅋ)

(ㅍ)

(ㅎ)

(#)

(1)

(8)

(A)

(B)

(C)

(D)

(E)

(F)

(T)

(U)

(W)

모바일 앱의 시작 C 프로그래밍

2011년 8월 10일 인쇄
2011년 8월 12일 발행
저 자 안 동 찬 저
펴낸이 오 성 걸
펴낸곳 오성미디어
주 소 132-916 서울시 도봉구 창 3동 491-1
전 화 02) 997-0136
FAX 02) 997-0137
등 록 2000. 5. 12 제 7-212 호
ISBN 978-89-6628-005-6 값 20,000원